Johannes Thiele

Wortbildung der französischen Gegenwartssprache

LANGENSCHEIDT · VERLAG ENZYKLOPÄDIE
Leipzig · Berlin · München · Wien · Zürich · New York

3., durchgesehene Auflage

Druck: Interdruck Leipzig GmbH
Printed in Germany
ISBN 3-324-00433-0

Vorwort

Die „Wortbildung der französischen Gegenwartssprache" richtet sich in erster Linie an Dozenten und Studierende der französischen Sprache.

Ihr Ziel ist es, durch die Analyse und Beschreibung des französischen Wortes Regularitäten der Wortbildung auf morphologischer, syntaktischer und semantischer Ebene faßbar zu machen.

Die Darstellung ist zunächst nach Wortarten gegliedert, innerhalb deren wiederum nach Arten der Wortbildung unterschieden wird. Diese systematische Beschreibung von Wortbildungsmitteln und -modellen wird durch tabellarische Übersichten ergänzt, die in alphabetischer Reihenfolge Herkunft und Bedeutung der französischen Wortbildungsmorpheme erläutern.

Eine Einführung in die Aufgabenstellung der Wortbildungslehre macht den Abriß auch all jenen Lesern zugänglich, die der Wortbildungslehre bisher nur wenig Aufmerksamkeit gewidmet haben. Das ausführliche Literaturverzeichnis verweist den interessierten Leser auf weiterführende Titel zur französischen Wortbildung.

Das vorliegende Werk ermöglicht es dem Romanisten, neue Wortbildungen zu analysieren und ihre Bedeutung zu erschließen; es gibt ihm somit ein ideales Instrument zum Studium der Wortbildung an die Hand.

Verfasser und Verlag

Inhaltsverzeichnis

1. Aufgabenstellung der Wortbildungslehre

Die Wortbildungslehre ist ein Teilbereich der Linguistik, der diejenigen Morphemkombinationen erfaßt, beschreibt und analysiert, die nicht als freie syntaktische Fügungen angesehen werden können, sondern dem intuitiven Wortbegriff entsprechen. Es handelt sich um einen Wortbegriff, der lexikalisch-semantische Einheiten meint. Die in diesem Teilbereich zu behandelnden Einheiten bestehen aus mehr als einem Morphem. Anders gesagt, es werden nur solche „Wörter" in Betracht gezogen, die eine Kombination aus mindestens zwei Morphemen darstellen, z. B. /bavard/ + /age/, /ré/ + /organ/ + /is/ + /ation/, /mono/ + /culture/, /stylo/ + /graphe/, /chauffe/ + /eau/. Einmorphemige lexikalische Einheiten sind nicht Gegenstand der Wortbildung in unserem Sinne: /table/, /poisson/ usw. Nicht unbeachtet hingegen dürfen die sogenannten subtraktiven Modelle, d. h. Rückbildungen, wie pli < plier, accueil < accueillir, und Kurzwörter, wie auto < automobile, sana < sanatorium, in einer Wortbildungslehre bleiben.

Um die Vielfalt der Phänomene der Wortbildung im Französischen erfassen zu können, ist es nötig, daß man von einem lexikalisch-semantischen Wortbegriff ausgeht, der über das Wort als graphische Einheit – zweitrangiges Kriterium gegenüber der gesprochenen Wirklichkeit der Sprache – weit hinausgreift.

Das Wort als lexikalische Grundeinheit befindet sich im Schnittpunkt mehrerer sprachlicher Ebenen und kann daher schwerlich in der Mannigfaltigkeit seiner Beziehungen einheitlich definiert werden. Nur im Idealfall erweist es sich als Einheit auf der phonemisch-graphemischen, morphemischen, syntaktischen und lexikalischen Ebene zugleich (vgl. Schippan, S. 28!). Für unsere Zwecke zeigt sich die Bestimmung des Wortes als lexikalisch-semantische Einheit gegenüber anderen Wortdefinitionen als ausschlaggebend.

Des weiteren ist zu bemerken, daß das *Wort* in unserem Sinne eine Abstraktion ist, da es als Wörterbucheinheit begriffen werden muß, die mit der ihr zugrunde liegenden lexikalischen Bedeutung alle *Wortformen* zu einer Einheit, zu einem *Paradigma* zusammenfaßt (bon/bonne; gentilhomme/gentilshommes; cheval-vapeur/chevaux-vapeur usw.). In diesem Sinne werden wir vorzugsweise den Terminus *Lexem* verwenden, der gegenüber dem vorwissenschaftlichen Begriff „Wort" den Vorteil größerer definitorischer Strenge aufweist.

Unter *Lexem* als lexikalischer Grundeinheit ist demnach eine kleinste, relativ selbständige bedeutungstragende Einheit zu verstehen. Lexeme können im Französischen auftreten als 1) einmorphemige Bildungen (in der Terminologie von Pottier sogenannte *lexies simples*); sie sind nur Gegenstand der Wortbildung, wenn es sich um subtraktive Ableitungen handelt (brouille < brouiller, prof < professeur), 2) komplexe Zeichen, die aus Basismorphem + Affix(en) (révolutionn/aire, dé/coll/age) bzw. aus zwei gebundenen Morphemen – im Falle von gelehrten Konstruktionen aus griechischen und lateinischen Wurzeln (hétéro/gène, socio/

logie) – bestehen (bei Pottier wird diese Art von Morphemkombination *lexie composée* genannt), 3) komplexe Zeichen, die sich aus zwei oder mehreren freien Morphemen zusammensetzen (sourd-muet, vol cosmique, chemin de fer, bonhomme, sauve-qui-peut) (bei Pottier *lexie complexe*).
Es sind also auch solche Gefüge wie pomme de terre, machine à laver und espace cosmique als segmentierbare Lexeme aufzufassen. Die Suggestivkraft der Orthographie (Getrenntschreibung; man vergleiche dt. einsteigen: /steigt/ ... /ein/, /ein/ + /zu/ + /steigen/!) bei diesen Beispielen täuscht leicht darüber hinweg, daß es sich auch in diesen genannten Fällen um lexikalische Grundeinheiten handelt. Genau so wie bei der Verschmelzung gentilhomme ist aber auch bei pomme de terre, machine à laver usw. mit analysierbaren Zeichen zu rechnen, die als Ganzheiten vom Sprecher memorisiert werden. Der einzige Unterschied beruht auf dem Schriftbild – zum einen haben wir es mit Zusammenschreibung, zum anderen mit Getrenntschreibung zu tun. Diese gemeinhin als Komposita bezeichneten Benennungen werden auch in diesem Abriß im Kapitel der Komposition beschrieben. Ihre Aufnahme als Komposita ist begründet in der morphologisch-semantischen Motivation ihrer Bestandteile. Solange diese morphologisch-semantische Analysierbarkeit gegeben ist – wenngleich häufig in einer schwer abzusteckenden Spannweite der stufenweisen Demotivierung – sind sie Gegenstand einer Wortbildungslehre.
Manche Linguisten sprechen im vorliegenden Falle auch von Wortbildungen im weiteren Sinne (LGL, S. 146). Solche zwei- oder mehrgliedrigen Lexeme werden nicht selten auch als *Mehrwortbenennungen* bezeichnet. Entscheidend für ihre Auffassung als lexikalische Grundeinheiten ist ihre nominative Funktion. Sie dienen ebenso wie nicht in *Teilformative* zerlegbare sprachliche Einheiten zur Benennung von Gegenständen, Eigenschaften, Sachverhalten usw. und können auf der syntagmatischen Ebene durch monomorphematische sprachliche Zeichen oder Derivate ersetzt werden (*pas grand-chose* = *peu*; il parle *à tort et à travers* = il parle *inconsidérément*). Andererseits lenken – wie schon angedeutet – solche komplexen Einheiten wie vol cosmique (Raumflug), cuisine par éléments (Anbauküche), permanente à froid (Kaltwelle), classe de neige (Skilager für Schulen) usw. den Blick auf den Teilbereich „Phraseologie", wo ebenso semantisch untrennbare Einheiten beschrieben werden, die jedoch bezüglich ihrer Konstituenten eine schon weitgehende semantische Umdeutung erfahren haben. Der Prozeß der Demotivierung ist bei ihnen viel weiter vorangeschritten bzw. völlig abgeschlossen. Die Problematik der Grenzfälle läßt sich ohne weiteres erahnen.

1.1. Synchronie und Diachronie

Die Darlegung der Wortbildungsmuster im nachfolgenden Abriß erfolgt hauptsächlich vom synchronischen Standpunkt. Die synchronische Sicht bestimmt daher auch den größten Teil der Gliederung. Gegenstand einer solchen Betrachtungsweise ist die Wortbildung der französischen Gegenwartssprache.
Neben den Entlehnungen aus anderen Sprachen, dem Bedeutungswandel sowie

der Bildung von phraseologischen Wortverbindungen muß die Wortbildung als ein Hauptweg der Bereicherung des französischen Wortschatzes betrachtet werden.

„Wortbildung vollzieht sich heute als Kombination vorhandener Wörter oder Stämme miteinander oder mit besonderen – frei beweglich im Satz nicht vorkommenden – Bildungselementen“ (Fleischer, Wortbildung, S. 9): superstructure aus super und structure, jugement aus jug-(er) und ement, internationalisation aus inter, nation, al, is und ation.

In der traditionell historisch angelegten Wortbildungslehre wurden die Wörter in ihrer Entwicklung betrachtet und die Wortbestandteile in bezug auf ihre Einzelbedeutung(en) untersucht. Die betreffenden Arbeiten analysierten die Umgebungen der einzelnen Affixe nach historischen Wortbelegen und erörterten die Wortbildungselemente hinsichtlich ihrer eigentlichen und ursprünglichen Bedeutung sowie eventueller Veränderungen. Eine solche atomistische, d. h. am isolierten Morphem semasiologisch ausgerichtete Methodik war der Etymologie verpflichtet und ließ es in den seltensten Fällen zur zusammenhängenden Beschreibung synchroner Wortbildungssysteme kommen. Diese Grundhaltung gegenüber dem Wissenschaftsobjekt, die sich in einer meist faktographischen und inventarisierenden Wortbildungslehre äußerte, herrscht grosso modo unverändert vor bis in die erste Hälfte unseres Jahrhunderts. Das im 19. Jahrhundert und in den ersten Jahrzehnten unseres Jahrhunderts angehäufte Wissen war jedoch eine unentbehrliche Vorbedingung für weiterführende Analysen des sprachlichen Materials und neue Erkenntnisse in sprachtheoretischer Hinsicht.

Noch heute können diachronische Aspekte auch in einer synchronisch angelegten Wortbildungslehre eine nicht unerhebliche Rolle spielen. So werden sie unsere Darlegungen in synchroner Perspektive dort nützlich ergänzen, wo sie zum besseren Verständnis der heutigen Wortverwendungen beitragen. Wo das Verfolgen geschichtlicher Entwicklung von Wortbildungsmitteln und -konstruktionen zu neuen Einsichten in das Wesen der Sprache, in die Zusammenhänge von Sprache und Gesellschaft oder von Sprache und Denken führen kann, sollte die diachronische Seite der Erscheinungen einbezogen werden. So bedeutet bereits die Feststellung, daß atterrissage von atterrir abgeleitet ist, Beschreibung von Entwicklung im sprachlichen System.

Da in einer synchronen Wortbildungslehre auch die Grundsätze und Verfahren, die bei der Bildung neuer Wörter angewandt werden, darzustellen und die Gesetzmäßigkeiten zu erforschen sind, nach denen neue, regelhafte Morphemkombinationen auftreten, kann von einer Beleuchtung gewisser historischer Aspekte auch in dieser Hinsicht nicht völlig abgesehen werden. Die zusammenhängenden Erscheinungen von Statik und Dynamik einerseits als Ergebnis des sprachschöpferischen Prozesses und andererseits als Prozeß der Erzeugung selbst werden durch die große Beweglichkeit der Wortbildungssysteme verdeutlicht. Eine Gruppe von französischen Sprachwissenschaftlern (Dubois, Guilbert, Mitterand, Pignon) hat in der Zeitschrift Le Français Moderne (April–Juli 1960) anschaulich nachgewiesen, daß in den Jahren 1948–1960 ein Viertel des gesamten französischen Wortschatzes einschließlich der Wortbildungssubsysteme Veränderungen durchgemacht hat.

Der Zusammenhang zwischen Statik und Dynamik in der Wortbildung ergibt sich auch aus der Notwendigkeit, die Erscheinungen der Wortbildung unter analytischem und prozessualem Gesichtspunkt zu verfolgen. Der analytische Aspekt hat im Rahmen dieser für den Hochschulunterricht und als Hilfsmittel für den Fachlehrer bestimmten Wortbildungslehre den Vorrang. In der Mehrzahl der Fälle geht es darum, in der Rede reproduzierte „fertige“ Wörter, soweit sie für den Gegenwartssprecher durchsichtig, d. h. morphematisch analysierbar sind, in ihrer Struktur, Bedeutung und Funktion zu beschreiben. Die gewonnenen Wortbildungsmuster gewährleisten nicht nur das Verstehen von neu gehörten unbekannten Wörtern (Analyseaspekt), sondern auch weitgehend die Neubildung von Wörtern (Erzeugungsaspekt). Es sind somit die Bildungsmuster und -mittel sowie ihr Zusammenspiel innerhalb des französischen Sprachsystems zu analysieren und darzustellen. So ist es z. B. wichtig zu wissen, daß das Präfix „re“ nicht mit jedem beliebigen Stammorphem verknüpft werden kann, sondern daß die lexikalische Kategorie der Basis hierbei Restriktionen unterliegt. Das genannte Bildungselement kann nur an Verbstämme (/re/venir/, /ré/jouir/), aber nicht an Nominal- oder Adjektivstämme (*/re/gentil/, */re/bête/ bzw. */re/matin/, */re/jour/) treten. Die Existenz von Substantiven wie réorganisation, restructuration, recul, rejet usw. erklärt sich daraus, daß sie ihrerseits (z. T. subtraktive) Ableitungen von Verben (réorganiser, restructurer, reculer, rejeter) sind. Bei einzelnen Lexemen ist das Verb untergegangen (rechute < rechoir, refrain < refraindre). Bisweilen liegt eine direkte Entlehnung des Mittelfranzösischen aus dem Italienischen vor (it. rabbuffo > mfr. rebuffe > nfr. rebuffade. Das alte Modell, nach dem auch Nominal- oder Adjektivalstämme substantivische Derivate bilden, ist heute nicht mehr produktiv. Die wenigen heute noch existierenden Lexeme sind kaum noch bzw. gar nicht mehr motiviert: réchaud, recoin, regain, relent, remugle, renouveau und die Fachtermini regros, repic, revif, replat.

Untersuchungsfeld par excellence der Wortbildungslehre sind die sogenannten „offenen“ Wortklassen „Substantiv“, „Adjektiv“, „Verb“ und „Adverb“, die im Gegensatz zu anderen Wortklassen, wie Numeralia, Pronomina, aber auch Präpositionen und Konjunktionen, neue Wortkonstruktionen in beinahe unbegrenzter Zahl zulassen.

Andererseits ist der prozessuale Aspekt nicht zu vernachlässigen, da auch gezeigt werden soll, welche Gesetzmäßigkeiten bei der Bildung von Neologismen wirken, wie unterschiedlich die einzelnen Bildungsmodelle und -elemente in bestimmten Phasen der sprachlichen Entwicklung genutzt werden.

Die heutige Synchronie muß als das Ergebnis eines langen Entwicklungsprozesses verstanden werden. In ihr spiegelt sich das grundlegende Verhältnis zwischen Sprache, Kommunikation und Gesellschaft wider. Die Feststellung, daß die Sprachentwicklung primär auf äußeren, durch die Gesellschaftsentwicklung bedingten Ursachen beruht, die sich ihrerseits aus den Widersprüchen zwischen dem Zustand und den Anforderungen an das Sprachsystem ergeben, kann auch durch die Dynamik der Bildungsmodelle und der unterschiedlichen Verwendung der Bildungselemente in verschiedenen Sprachperioden bekräftigt werden. Das Suffix -erie (seit dem 16. Jahrhundert ist die Morphemvariante -ie nicht mehr produktiv) diente zunächst der Bildung von Bezeichnungen für Produktionsstätten des Hand-

werks (bijouterie, chemiserie, cokerie, minoterie, verrerie). Mit der Entwicklung der kapitalistischen Großindustrie verliert jedoch dieses Suffix seine Vitalität.
Eine Verschiebung in der Wertigkeit der Bildungsmittel und -modelle ergibt sich aus gleichen gesellschaftlichen Bedingungen bei -oir einerseits und -eur m/-euse f andererseits. Das erste verkörpert die seit dem 19. Jahrhundert zurücktretende unmechanisierte Produktion des Handwerks (arrosoir, binoir, déplantoir), während -eur/-euse (aspirateur, arroseuse) das rasche Anwachsen von Benennungen für Geräte, Apparate oder Maschinen verdeutlichen.
Das letztgenannte Suffixpaar seinerseits sieht in unserem Jahrhundert seine Leistung als Bildungselement zur Kennzeichnung von Berufen stark geschmälert zugunsten der Suffixe -iste und -(ic)ien, die den hochqualifizierten Fachmann charakterisieren.
Mitunter müssen die morphologisch-semantische Motivierung auf der synchronen Ebene und das angenommene Modell der Entstehung von Wortbildungen klar voneinander differenziert werden. So bilden «auto» und «télé» in ihrer primären Bedeutung von «soi-même» und «de loin» lange Wortbildungsketten. Jedoch haben sich einzelne Glieder dieser Kette verselbständigt und gründen ihrerseits neue Wortbildungsreihen (automobile: auto-école, auto-pompe usw.; télévision: télécinéma, téléspectateur usw.; téléphérage: téléski, télécabine usw.).
Um der Gefahr zu entgehen, die chronologischen Gegebenheiten auf den Kopf zu stellen, was in einer synchronen Beschreibung unausweichlich scheint, verwenden wir des öfteren das Symbol ↔, das lediglich ein gegenseitiges Abhängigkeitsverhältnis zum Ausdruck bringen soll. Dies macht sich besonders dann erforderlich, wenn zwar auf synchroner Ebene in der Regel ein Ableitungsverhältnis in einem bestimmten Modellfall angenommen werden kann, jedoch bei direkten Entlehnungen aus dem Latein nicht von einem eigentlichen Derivationsverhältnis im französischen Wortbildungssystem gesprochen werden kann, z. B. bei den Modellen Verbalstamm + Suffix (at)ion bzw. Verbalstamm + Suffix (t)eur → Nomen: fraiser → fraiseur, former → formation, aber diriger ↔ directeur, détruire ↔ destruction, détruire ↔ destructeur oder Adjektivstamm + Suffix -eur → Nomen: pâle → pâleur, aber torpide ↔ torpeur. Im letzten Fall ist das Substantiv schon seit 1470, das Adjektiv aber erst seit 1823 bezeugt.
Das Ineinanderragen von Synchronie und Diachronie in der Sprachentwicklung und die Notwendigkeit, diesen Aspekt von der morphosemantischen Motivierung im Sprachbewußtsein abzuheben, die dann ihrerseits ein Faktor der Entstehung und Akzeptierung von Neubildungen ist, sollen an zwei weiteren Beispielen veranschaulicht werden: 1. «micro» wird gewöhnlich in den Wortbildungslehren mit der Bedeutung «petit» geführt (microscope, microcosme). In Abhängigkeit von den verschiedenartigen, ständig anwachsenden lexikalischen Stämmen, mit denen dieses Element Verbindungen eingeht, hat es mehrere Bedeutungsvarianten entwickelt: a) «millionième partie de l'unité» (micro-ampère), b) «microscopie» (microphotographie), c) «très petit, petite partie» (microsillon) und d) «microphone» (microparade). 2. Dem Präfix «anti» wird generell die Bedeutung «contre» zugeschrieben. Bei Beachtung der heterogenen Stämme, mit denen es verknüpft werden kann, werden heute wenigstens fünf Bedeutungsvarianten sichtbar: a) «symétrie» (antineutron), b) «contradiction» (antiphrase), c) «agression» (anti-

clérical), d) «protection» (antidérapant) und e) «protection + agression» (anticancéreux) (vgl. hierzu J. Peytard, Préfixation et néologie en français contemporain, in: LAB, KMU Leipzig, 18 (1977), S. 23ff!). Die Vermehrung der lexikalischen Stämme, die mit den genannten Bausteinen in Verbindung treten, zieht zwangsläufig eine Diversifizierung der Bedeutung derselben nach sich. Dadurch werden gleichzeitig der sprachliche Kode wie auch das Potential sprachlicher Neuerungen erweitert.

Daß Synchronie als Resultat der Diachronie begriffen werden muß, soll noch durch weitere Beispiele unterstrichen werden. Das Suffix -age hört bereits im Mittelfranzösischen auf, Adjektive (sauvage, volage) oder Kollektivbezeichnungen (branchage, pelage) zu bilden. Während es früher an Nominal- (ombrage) und Verbalbasen angefügt werden konnte, dient es heute nur noch zur Bildung von *Nomina actionis*, die aus Verbalstämmen (recycler → recyclage) herzuleiten sind. Das Suffix -aille verliert gleichfalls seit der mittelfranzösischen Sprachperiode seine Fähigkeit, *Kollektiva* (broussailles) abzuleiten, dafür übernimmt es von da an einen pejorativen Gehalt (mangeaille).

Die Flut gelehrter Bildungen in Anlehnung an lateinische Bildungsmuster seit dem 14. Jahrhundert ist bis in die Gegenwart hinein kaum gebremst worden. Damit traten neue lateinische Derivative in Konkurrenz mit den angestammten französischen Präfixen und Suffixen. So rivalisieren seit dem 16. Jahrhundert ältere französische Präfixe mit neuen lateinischen Präfixen: dé(s)/dis, entre/inter, es/ex, sous/sub.

Das neue, aus dem Lateinischen stammende Suffix -aire konkurriert seitdem mit dem alten Suffix -ier (régulier, singulier, betteravier neben contraire, dentaire, adversaire).

Die Bewegung, die damit in die Wortbildungssysteme geraten ist, ist auch an der Lexik der Gegenwartssprache ablesbar. Im System des gesellschaftspolitischen Wortschatzes nimmt das gelehrte Suffix -aire, das -ier immer weiter zurückdrängt, bei Neubildungen nur noch den vierten Platz hinter -ique, -el und -al, aber noch vor -if ein (vgl. J. Dubois, Etude sur la dérivation suffixale ..., S. 47ff.!), ohne daß größere Differenzierungen auf der Inhaltsseite, wohl aber im Hinblick auf die Distribution zu erkennen sind.

Es muß generell gesagt werden, daß sich die Bildung neuer Wörter nicht völlig frei, ohne jegliche Restriktion vollzieht. Die Zwänge, die auf die neuen Kombinationen von Morphemen ausgeübt werden, können phonologischer, morphologischer und/oder semantischer Natur sein. Es gibt also Zwänge, die auf potentielle Wörter ausgeübt werden, deren Erforschung zur Definition spezifisch lexikalischer Regularitäten führen muß. Solche lexikalischen Regelhaftigkeiten sind gegenwärtig noch Exerzierfeld der Lexikologie, und man ist noch weit davon entfernt, alle tatsächlichen Regularitäten zu ergründen und umfassend zu beschreiben. Hier und da wurden jedoch erste Anregungen formuliert (vgl. Guilbert, in: Langage 36 (1976)!). Dem Derivationsparadigma A → N mit den Bildungstypen -al/-el → -alité, -aire → -arité, -eux → -osité oder -ique → -icité folgen viele Derivate: mensuel → mensualité, formel → formalité, populaire → popularité, nerveux → nervosité, électrique → électricité usw. Potentiell wären also auch dieselben Ableitungsrelationen möglich zwischen révolutionnaire und *révolutionarité oder zwi-

schen sérieux und *sériosité. Die entsprechenden Substantive existieren jedoch nicht bzw. nicht mehr (sériosité) im System der Sprache. Solche Lücken im lexikalischen System der Sprache sind zumeist, wie auch im angeführten Falle, im Zusammenhang von Sprache und Gesellschaft, d. h. außersprachlich begründet. Für die Bildung der betreffenden Derivate bestehen keine unmittelbaren kommunikativen Bedürfnisse, die ihrerseits mit konkreten Vorgängen im gesamtgesellschaftlichen Leben der Sprachträger und vor allem auch mit Bewußtseinsprozessen verbunden sind. Sériosité, das aus dem Italienischen stammt und seit dem 16. Jahrhundert nicht mehr verwendet wird, ist durch das Nomen sérieux verdrängt. Die Konstruktion *révolutionarité kann im heutigen Französisch sehr gut analytisch durch caractère révolutionnaire wiedergegeben werden. Andererseits können Lücken im sprachlichen System auch innersprachlich, z. B. in der morphologischen Struktur, begründet sein. Eine Häufung von Affixen kann zur Blockierung eines Bildungsmodells führen. Frz. dérivationnellement oder oppositionnellement sind aus diesem Grunde nicht sprachüblich, höchstens als okkasionelle Bildungen (z. B. in scherzhafter Verwendung) denkbar.
Diese Gedanken machen deutlich, daß auch in einer Wortbildungslehre die Bedeutung des Wortes sowie seine Beziehung zur außersprachlichen Realität nicht ausgeklammert werden darf. Mit Hilfe der Sprache verständigen sich die Menschen. In der Sprache denken sie, und sie drücken mit ihrer Hilfe ihre Gefühle aus. Die Eigenschaft der Sprache, die diese Funktionen gewährleistet, ist die Bedeutung, die die Morpheme besitzen, was die Bedeutung kleinerer Einheiten innerhalb größerer bedeutungstragender Einheiten (Wortbildungen) einschließt.
Eine funktionale Betrachtungsweise in der Wortbildungslehre darf nicht auf eine grundlegende Form-Inhalt-Dialektik verzichten, andernfalls würde sie Gefahr laufen, den Zusammenhang zwischen Sprache, Denken und Gesellschaft aufzulösen, dialektisch zusammengehörige Seiten voneinander zu isolieren und die strukturelle Seite zum Wesentlichen der Sprache zu erklären.
Die formale Registrierung der Bildungsmuster und ihrer Elemente kann also lediglich einen Teil der Aufgabe einer synchronischen Wortbildungslehre ausmachen. Ohne die Erfassung der semantischen Zusammenhänge zwischen den einzelnen Bausteinen sowie zwischen den verschiedenen Wortbildungstypen wäre sie extrem einseitig und würde schließlich ohne jeden praktischen Wert bleiben. Es ist daher unentbehrlich, neben den formalen Strukturbeziehungen auch die Motivationsrelationen freizulegen und ihre Prinzipien zu beschreiben.

1.2. Rolle der Motivation

Ein sprachliches Zeichen ist in materieller Gestalt und Bedeutung, d. h. morphologisch-semantisch, auf Grund des Systemcharakters der Sprache motiviert. Diese relative Motiviertheit ist für die Sprachbenutzer ein wichtiger psychologischer und mnemotechnischer Faktor. Für die Wortbildung bedeutet dies, daß auf der Grundlage solcher Motivierungen semantische Beziehungen zwischen den Zeichen

auf paradigmatischer Ebene zustandekommen. Die Existenz solcher bedeutungsvollen Beziehungen ist nicht nur ökonomisch, sondern absolut notwendig für das Funktionieren der Sprache.
Eine weitere Ökonomisierung der Sprache wird dadurch erreicht, daß die Wörter aus kleineren bedeutungstragenden Einheiten, den Morphemen, bestehen. Die grammatischen Wortformen durcir, je durcis, nous durcissons, il durcissait, je durcirai, il durcisserait, il a durci usw. sowie die Lexeme dur, durement, dureté, durcissement, endurcir, endurcissement sind durch die Beziehungen zwischen ihren Morphemen auf paradigmatischer Ebene miteinander verbunden. Durch das immer wiederkehrende lexikalische Morphem «dur» sind sie untereinander verknüpft. Das Vorhandensein solcher Wortfamilien dient als Gedächtnisstütze und Erkennungsmarke. Es ist nützlich zum Erlernen und Behalten neuer Wörter, aber grundsätzlich nicht erforderlich und oft nicht relevant für die denotative Wortbedeutung (vgl. LGL, 1973, S. 19!).
Außerdem ergibt sich bei jedem einzelnen Wort oder jeder einzelnen Wortform zwischen lexikalischem Morphem und Affix, also innersyntagmatisch, ein motiviertes Abhängigkeitsverhältnis. Durch grammatische und Wortbildungsmorpheme werden z. T. systematische Bedeutungsabwandlungen erreicht.
Die prinzipiell arbiträre innersprachliche Motivation darf nicht verwechselt werden mit dem außersprachlichen *Benennungsmotiv*, man vergleiche z. B. frz. tue-chien = dt. Herbstzeitlose. Die Richtigkeit von Motivation ist oft nur eine spezifische Interessen- oder Gruppenbedingtheit. Das Benennungsmotiv ist nur eine einseitige sozial und kommunikativ bedingte Auswahl von Merkmalen (vgl. Schippan, S. 50!).
In dem Maße, wie im Bewußtsein des Sprechers diese doppelte syntagmatische und paradigmatische Relation existiert, bleibt die Konstruktion der lexikalischen Einheit motiviert. Dies muß ein entscheidender Ausgangspunkt für die Erarbeitung einer funktionalen Wortbildungslehre vom synchronischen Standpunkt wie auch für die innere Gliederung der lexikographischen Erfassung eines Gegenwartswortschatzes sein – neuere Wörterbücher der französischen Sprache berücksichtigen dies mehr oder weniger weitgehend, vgl. Dictionnaire du Français Contemporain, Paul Robert, Quillet, Grand Larousse de la Langue Française!
Es ist demnach zu trennen zwischen Affixen in Ableitungen und Präfixbildungen sowie Kombinationstypen von Komposita, die produktiv sind, und solchen, die es nicht mehr sind. Kein zeitgenössischer Durchschnittssprecher nimmt noch eine Derivationsverwandtschaft wahr zwischen frz. losange, louange, mélange und vidange, deren Phonemfolge [ɑ̃ʒ] am Ende auf das lateinische Suffix -emia zurückzuführen ist. Diese Lexeme sind also im Sinne von Gauger keine durchsichtigen, d. h. motivierten Wörter mehr (vgl. Gauger, Durchsichtige Wörter, 1971!).
Die Reihe atterrir, atterrissage, terrain, terre-neuve ... usw. ist nach bestimmten Gesetzmäßigkeiten der Wortbildung aus vorhandenen bedeutungstragenden Elementen entstanden. In der Regel vermag ihnen jeder französische Gegenwartssprecher – auch wenn er sie nie zuvor gelesen oder gehört hätte – die richtige Bedeutung zuzuordnen, weil er die Bedeutung und Funktion der Bausteine «terre, at, ir, iss, age, ain» und «neuve» kennt. Damit bestreiten wir nicht, daß solche Konstruktionen semantisch viel mehr sind als eine einfache Addition ihrer Be-

standteile. Die Wörter «atterrir, atterrissage, ...» sind also auf Grund ihrer Konstituenten morphologisch und semantisch motiviert. Die Motivierung ist daher gleichzeitig in der Formähnlichkeit und Bedeutungsverwandtschaft der verglichenen Reihen begründet. Erst die Kombination beider Faktoren stellt die Grundlage für die Motivation her.
So sind eine Vielzahl von synchron analysierbaren Komposita nach semantisch-morphologischen Regeln aufgebaut. In den folgenden Reihen entspricht dem semantischen Typ der Komposition, d. h. der Spezifik der semantischen Relation zwischen Bestimmungsglied und Grundwort, jeweils ein morphologisches Merkmal des als Bestimmungsglied fungierenden Formativs:
a) *fort* in der Bedeutung von «qui présente une grande solidité; et qui est doté de puissants moyens de défense et est en état de résister aux attaques»: château fort, coffre-fort, place forte, ville forte; b) *atomique* (= qui utilise l'énergie provenant de la désintégration de noyaux d'atomes): fusée atomique, rayons atomiques, vaisseau atomique, vol atomique.
Umgekehrt sind in den folgenden paradigmatischen Reihen die Komposita durch das gleichbleibende Grundwort charakterisiert:
a) *wagon*: wagon-bar, wagon-citerne, wagon-foudre, wagon-lit, wagon-réservoir, wagon-restaurant, wagon-salon, b) *avion*: avion-cargo, avion-cible, avion-citerne, avion-école, avion à hélices, avion à moteurs, avion à réaction, c) *pare*: pare-brise, pare-chocs, pare-feu, pare-boue, pare-balles, pare-éclats, pare-fumée.
In der morphologisch-semantischen Motivation der Bedeutung solcher aus Teilzeichen bestehenden Komposita gibt es verschiedene Abstufungen der Demotivierung: brosse à dents, chou-fleur, grand-oncle, sage-femme, face-à-main, peau-rouge, bégueule. Eine brosse à dents ist eine für die Zahnpflege bestimmte Bürste, grand-oncle ist zwar kein großer Onkel, aber doch ein Onkel, eine face-à-main ist keine «face», sondern ein Augenglas, das allerdings mit der Hand gehalten wird, und bégueule hat – wenn wir Bedeutung und Verwendung rein synchron betrachten – weder mit «bée» noch mit «gueule» zu tun.
Zwar ist für den Etymologen eine Verbindung zwischen den Wörtern ferme (A), ferme (N), fermer, affermir, affermer, raffermir, fermage, fermier gegeben, aber der Durchschnittssprecher wird sich – trotz Formähnlichkeit oder -identität – lediglich gewisser Verknüpfungen bewußt sein auf Grund der Semantik der einzelnen Termini, die folgende unterschiedlichen Gruppen aufweisen:

ferme (N), fermier, fermage, affermer;
ferme (A), fermeté, affermir, raffermir;
fermer, fermeture.

Mehr oder weniger geringe formale Divergenzen reichen nicht aus, um beim Sprachteilhaber eine Motivierung zu verhindern, wie dies an folgenden Lexemen gezeigt werden kann: s*e*l, s*a*ler, s*a*lure, s*a*lière.
Hingegen schließt die Divergenz auf inhaltlicher Seite jedwede Verwandtschaft zwischen den Gliedern der folgenden Reihen aus:

sale ≠ salle; salir, salissure ≠ salon, salonnard.

Daß Wörter nicht einzig und allein auf Grund ihres Lautbestandes motiviert sein müssen, beweisen nachstehende unterschiedliche Bedeutungsreihen:

1) tache (Fleck), tacher (fleckig machen), détacher (Flecken entfernen), détacheur (Fleckenentferner), détachage (Fleckenreinigung), entacher (beflecken),
2) attacher (binden), détacher (losbinden), rattacher (wieder anbinden; verbinden), attache (Band),
3) (air) détaché (gleichgültig), détachement (Entsagung),
4) détacher (abkommandieren), détachement (Trupp).

Für viele Morpheme lassen sich somit *Motivationssysteme* feststellen, in denen das betreffende Morphem in verschiedenen Umgebungen vorkommt. Insoweit diese Systeme noch nicht durch Idiomatisierung gestört wurden, sind sie Gegenstand der synchronen Wortbildungslehre. Unter dem Begriff "etymologische Wortfamilie" werden jedoch auch mehr oder weniger idiomatisierte Fälle mit einbezogen, z. B. frz. finance innerhalb der etymologischen Wortfamilie «finir». Solche Fälle bleiben jedoch in diesem Rahmen außer Betracht.
Die Motiviertheit eines Wortes, d. h. die Relationen seiner Bestandteile zu deren Vorkommen in anderer Umgebung, kann auch ohne linguistische Kenntnisse vom normalen Sprachteilhaber festgestellt werden in metasprachlichen Sätzen, in denen die Bestandteile in kausal definierendem Kontext vorkommen, z. B. celui qui répare des autos = un réparateur d'autos; cette viande ne peut pas être mangée = cette viande est immangeable. Solche metasprachlichen Sätze sind kaum oder nicht möglich über Wörter, deren Motivation verdunkelt ist, z. B. un pot-pourri ≠ *un pot qui est pourri, oder die innerhalb der französischen Sprache isoliert sind, z. B. goguenard ≠ ce qui est trop *goguen.

1.3. Mittel der Wortbildung

Für die Wortbildungslehre ist die Untersuchung und Beschreibung der äußeren Struktur des Wortes, seiner Segmentierbarkeit in Morpheme sowie die Darstellung der gültigen Regeln für die Bildung neuer Wörter eine zentrale Aufgabenstellung. Ein Großteil von Wörtern der modernen französischen Sprache ist analysierbar als Folge von Morphemen, die nach den Gesetzen dieser Sprache verknüpft sind. Das Morphem ist daher eine wichtige Größe in der Wortbildung.

1.3.1. Wortbildungselemente

Morpheme (oder Moneme in der Terminologie von Martinet), sind kleinste, d. h. nicht weiter segmentierbare, bedeutungstragende Teile eines Wortes, die durch Vergleich mit anderen Wörtern erkennbar werden (vgl. Golowin, Einführung ..., S. 121!). So ist in einer ersten Reihe das Morphem ORIGIN in origine, original, originaire, originel, originellement, originalité als rekurrentes Element leicht zu entdecken. In einer zweiten und dritten Reihe lassen sich durch die gleiche Operation die Morpheme -EL und RÉ- ausgliedern: culturel, naturel, originel, mortel bzw. rééduquer, réintégrer, réorganisation, réutiliser.

Basismorphem: in der ersten Reihe stellt das Element origin- das Basismorphem (auch *Grundmorphem* genannt) dar. Das Basismorphem ist das semantisch wichtigste, zentrale Morphem in einer *Morphemkonstruktion* (= Wort). Es trägt die lexikalisch-begriffliche Bedeutung des Wortes. Die Basismorpheme bilden ferner die Ausgangsform (= Basis) von konstruierten, d. h. aus Teilzeichen zusammengesetzten Wörtern.

Wortbildungsmorphem: Die Morpheme -EL und RÉ- sind nicht auf dieselbe Stufe wie ORIGIN- zu stellen. Semantisch verkörpern sie eine stärker abstrahierende Klassenbedeutung von „in der Art wie; in bezug auf" bzw. „Wiederholung des im Stamm ausgedrückten Vorgangs". Sie sind dem Basismorphem untergeordnet und modifizieren gewöhnlich die Bedeutung des lexikalischen Stammes. Wegen ihrer wortbildenden Funktion – sie dienen der Bildung neuer Wörter – werden solche Morpheme auch als *Derivative* bezeichnet. Nach ihrer relativen Distribution (z. T. auch funktionell) lassen sich diese einteilen in *Präfixe*, die vor die Basis (/ré/élire, /pré/scolaire), in *Suffixe* (auch *Postfixe* genannt), die ans Ende der Basis (cultur/el/, organis/ation/) und in *Infixe*, die zwischen die Basis und ein gebundenes Morphem treten (touss/ot/er, organ/is/ation). Die Produktivität der Derivate beruht auf der Analogie – wenn genügend Muster vorhanden sind, werden sie vom Sprecher als Ableitungselemente empfunden.

Flexionsmorpheme: als konstitutive Elemente von Morphemkonstruktionen treten auch die Flexionsmorpheme (= *Flexive*) der Formenlehre auf. Sie verändern nicht die lexikalische Bedeutung des Stammes und dienen der Bildung der verschiedenen Formen desselben Wortes. Im Französischen sind dies z. B. die grammatischen Morpheme zum Ausdruck der Pluralbildung beim Substantiv (gentil/s/homme/s/), des Tempus, Modus oder der Person beim Verb (nous chant/ons/, j'aim/erai/, chant/é/, ils chant/ent/), des Genus beim Adjektiv (gros/se/ fortune). Stellt man sich jedoch nur auf die Ebene der gesprochenen Sprache, so besitzen die erwähnten Flexive -ENT in ils chant/ent/ bzw. -S (am Ende des Wortes) in gentilshomme/s/ keinerlei Phonemwert. Sie stellen Nullphoneme dar.

Im Regelfall werden die verschiedenen grammatischen Formen ein und desselben Wortes durch Flexionsendungen ausgedrückt. Mitunter können aber auch wortbildende Suffixe formbildend sein, z. B. die Infinitivendungen -er, -ir, die Partizipendungen -é, -i oder -u. Zusammen mit den Derivativen bilden die Flexive die Kategorie der *Affixe*.

Nach ihrer Zugehörigkeit zu offenen oder geschlossenen paradigmatischen Klassen sind die Basismorpheme in die erste Klasse (in der Terminologie von Martinet *lexikalische Moneme* oder *Lexeme*), die Affixe in die zweite Klasse (bei Martinet *grammatische Moneme* oder *Grammeme* oder *Morpheme*) einzuordnen. Da das Morphem bestimmt werden kann als kleinster bedeutungstragender Bestandteil, der sich aus dem Vergleich von Wörtern ergibt, gibt es demnach solche Morpheme, die durch zahlreiche andere Morpheme substituierbar sind – die Basismorpheme, die die lexikalisch-begriffliche Bedeutung tragen – und solche Morpheme, die nur durch eine geringe Anzahl anderer Morpheme ersetzbar sind – die Affixe.

Das Inventar der wortbildenden Morpheme der modernen französischen Sprache ist überschaubar, das der formbildenden ist im Vergleich dazu noch weniger umfangreich. Demgegenüber steht das offene Inventar der Basismorpheme. Eine Übersicht über alle in Wortbildungen verwendeten Basismorpheme der französischen Sprache existiert u. E. nicht. Die vorhandenen Wörterbücher sind als Inventare von fertigen (einfachen wie konstruierten) Sprachzeichen und nicht als Morphemverzeichnisse konzipiert. Dies entspricht dem einfachen Tatbestand, daß Sprachzeichen als Wörter, d. h. als Ganzheiten vom Sprecher memorisiert werden, während Morpheme – wenn wir von einmorphemigen Wörtern absehen – erst durch eine gesonderte Analyse faßbar werden.

Unikales Morphem: die französische Sprache kennt Morpheme, die in keiner anderen Umgebung vorkommen. Solche *blockierten* oder *unikalen Morpheme* erhalten ihren Morphemstatus aus der Opposition zu nicht unikalen Morphemen, z. B. das Element gogue in /gogue(n)/ard in Gegenüberstellung zu /faibl/ + /ard/, /rich/ + /ard/ usw., ferner das Element pécuni in /pécuni/aire in Gegenüberstellung zu /arbitr/ + /aire/, /élit/ + /aire/ usw.

Nullmorphem: Nullmorpheme sind sprachlich nicht ausgedrückte Morpheme im Anschluß an Basismorpheme. Es ist zwingend, dort von Nullmorphemen zu sprechen, wo Wörter ohne Wortbildungs- oder Flexionsmorphem in einem Kontrast zu suffigierten Wörtern stehen, z. B. prince/ + Nullmorphem/ m gegenüber princ/esse/ f. Im genannten Beispiel hebt sich die feminine Form durch das Suffix -esse von der nichtmarkierten Form des Maskulinums ab. Ein ähnliches kontrastives Verhältnis besteht auch bei lion und lionne bzw. espion und espionne, wo jeweils die entnasalierte Form das Femininum verkörpert.

Morphemvariante (*Allomorph*): viele Morpheme kommen in unterschiedlicher lautlicher Gestalt in Wortbildungen vor, wobei ein oder mehrere Phoneme wechseln können: [prɔlɔ̃ʒ] in prolongement und [prɔlɔ̃g] in prolongation; die Veränderungen können erheblich sein: boi/re, buv/able, buv/eur; corrig/er, correc/teur usw.

Die fortwährenden Entlehnungen aus dem Latein sowie die ununterbrochene Produktivität lateinischer Wortkerne haben ein mannigfaltiges System von Phonemalternanzen im Auslaut von Basismorphemen hervorgebracht. Auch das sekundäre Wortbildungssystem der verschiedenen Fachwortschätze, das sich auf nahezu zahllosen Basismorphemen der griechischen und lateinischen Sprache aufbaut, weist ein buntscheckiges Bild von Phonemalternanzen in den Morphemen auf. Es bildet jedoch einen längst integrierten Teil der französischen Wortbildung in Wissenschaft, Technik, Politik usw. und sollte daher nicht vom primären Wortbildungssystem der französischen Sprache getrennt oder gar als fremdsprachiges, aufgepfropftes System behandelt werden.

Allomorphe treten auch bei den Affixen auf, die – durch bestimmte lautliche Umgebungen determiniert – alternieren. Man vergleiche z. B. die Präfixallomorphe re-, ré-, r- oder dé- und dés-bzw. die Suffixvarianten -teur, -ateur, -eur oder -aison und -ison.

Als allomorphischer Zuwachs an Basismorphemen können auch Phoneme beschrieben werden, die als Bindekonsonant zwischen Stamm und Endung treten: enjoli/v/er, cafe/t/ière, fourmi/l/ière usw.

Freie Morpheme, gebundene Morpheme: freie Morpheme sind Morpheme, die für sich allein ein Wort bilden können: pêche, table usw. Gebundene Morpheme kommen nie als Wörter, sondern nur kombiniert mit anderen Morphemen vor. Auch das neugeprägte Wort superette = Supermarkt von bestimmtem Umfang widerspricht nicht dieser Feststellung, da es sich hier nicht um die Verknüpfung der beiden Affixe «super» und «ette» handelt, sondern um ein Derivat, dem eine Wortkürzung vorausgegangen ist: supermarché → super → super + ette → superette. An diesem Beispiel wird das Ineinanderragen von Synchronie und Diachronie besonders augenfällig.

Im Französischen sind nicht alle gebundenen Morpheme der Kategorie von Morphemen zuzuordnen, die kleine, geschlossene Inventare bilden. Dies trifft zwar zu für die Flexive, stimmt aber bereits nicht mehr bei den Basismorphemen /buv/ in buvable und /vénén/ in vénéneux, die als lexikalische Morpheme lediglich in gebundener Form auftreten.

Andererseits gibt es eine Reihe von Wortbildungsmorphemen (Präfixen), die auch als freie Morpheme existieren: hors, sous, sur etc.

Distribution und Funktion: im Rahmen dieses Abrisses interessiert nur die sogenannte interne Distribution. Die Morpheme sind nach ihrer Distribution auf mögliche Umgebungen beschreibbar, und zwar nach den inneren Beziehungen zwischen den in einer Wortkonstruktion auftretenden Morphemen. So erscheinen *Präfixe* generell vor dem Stamm, während *Suffixe* dem Stamm folgen. Ferner kann man bei den Suffixen solche unterscheiden, die die morphologische Klasse der Basis nicht verändern, z. B. nominal-denominal: -iste (garage → garag/iste), -at (directeur → director/at), -elle (rue → ru/elle); adjektivisch-deadjektivisch: -(el)et (aigre → aigr/elet, grand → grand/(el)et), -ot (pâle → pâl/ot), -ard (faible → faibl/ard), -ichon (maigre → maigr/ichon); verbal-deverbal: -aill- (crier → cri/aill/er), -ill- (mordre → mord/ill/er), -ass- (écrire → écriv/ass/er).

Wortartveränderndes Vermögen besitzen hingegen Suffixe wie: -age: blanchir → blanchissage (nominal-deverbal); -ement: renouveler → renouvellement (nominal-deverbal); -er: coiffe → coiffer; -is- + -er: alcool → alcooliser (verbal-denominal); -ifi- + -er: code → codifier (verbal-denominal); -ir: bleu → bleuir (verbal-deadjektivisch); -eux: audace → audacieux (adjektivisch-denominal); -el: culture → culturel (adjektivisch-denominal); -ie: jaloux → jalousie (nominal-deadjektivisch); -esse: mou → mollesse (nominal-deadjektivisch); -able: réaliser → réalisable (adjektivisch-deverbal).

Viele Affixe sind jedoch polyfunktionell, z. B.: -(e)ment: 1. nominal-deverbal (gémir → gémissement), 2. adverbial-deadjektivisch (fou/folle → follement); -age: 1. nominal-deverbal (alunir → alunissage), 2. nominal-denominal (herbe → herbage); -esse: 1. nominal-denominal (comte → comtesse), 2. nominal-deadjektivisch (jeune → jeunesse); -(el)et/-(el)ette: 1. nominal-denominal (maison → maisonnette), 2. adjektivisch-deadjektivisch (aigre → aigrelet, propre → propret).

Die *Kombinierbarkeit von Wortbildungsmorphemen* unterliegt starken quantitativen Beschränkungen. So kann sich bei Adjektivderivaten das Suffix -et mit den Morphemen /in/, /el/ oder /ouill/ verbinden: blondinet, aigrelet, grassouillet. Das Suffix -on geht Verbindungen ein mit den Morphemen /ass/ oder /ich/: mollasson, maigrichon. In deadjektivischen Substantiven verschmelzen die Morpheme -aire

und -ité zu -arité (scolaire → scolarité), -al und -ité zu -alité (national → nationalité), -el und -ité zu -alité (mortel → mortalité), -eux und -ité zu -osité (précieux → préciosité), -if und -ité zu -ivité (collectif → collectivité). Die Verknüpfung anderer Suffixe untereinander ist jedoch außerordentlich eingeschränkt.
Beschränkungen gibt es auch in der Distribution von Präfixen. So erscheinen z. B. die Präfixe avant- und anti- fast nur bei Substantiven und Adjektiven, a- und re- dagegen vorwiegend bei Verben.
Stamm: In konstruierten Zeichen nimmt der lexikalische Stamm (= *Wortstamm* = *Basis* = *Wortkern* = frz. *thème*) – im folgenden kurz *Stamm* genannt – eine zentrale Stellung ein. Er ist im Regelfall in den motivierten Lexemen der Träger des Bedeutungskerns. Dieser Stamm kann einerseits ein Morphem (ORIGIN in origin/el), d. h. eine *Wurzel* (= frz. *radical*), und andererseits eine Morphemkombination (NATIONAL in nation/al/ité) sein. Es erweist sich als angemessen, von sekundären oder abgeleiteten Stämmen und von primären oder motivierenden Stämmen zu sprechen. Im Prozeß der Wortbildung ist der primäre Stamm der Stamm, der in den Bestand des sekundären Stammes eingeht (NATION in nation/al). Der sekundäre Stamm ist der Stamm des abgeleiteten, analysierten Wortes (NATIONAL in nation/al/ité). Dabei kann der Wortstamm erhebliche Veränderungen erfahren: crime → *crimin*el.
Im Unterschied dazu verstehen wir den *Flexionsstamm* als eine Kombination von Wortstamm und wortbildendem/n Affix/en ohne Flexiv, was im Französischen unmittelbar am Lexem gewöhnlich nur im Code graphique sichtbar wird: (les) *prédestination*/s.
Nicht wenige Wortstämme existieren nur als gebundene Morpheme. Sie treten nur in Verbindung mit Affixen oder anderen Wortstämmen auf: buv- in buv/able, socio- oder -logie in socio/logie.
Während die Infinitive französischer Verben stets als Kombination von Stamm und Affix auftreten, sind manche Verbalformen im oralen Französisch affixlose Stämme (oder Basismorpheme + Nullmorphem): je chante, tu chantes, il chante, ils/elles chantent, chante (Imperativ). Für alle diese graphischen Repräsentationen existiert nur eine einzige Phonemfolge im oralen Code [ʃãt].

1.3.2. Bindefähigkeit (innere Valenz)

Die morphologische Bindefähigkeit (verschiedentlich auch innere Valenz genannt, vgl. Stepanowa, S. 114ff.!) der unmittelbaren Konstituenten gestattet uns, ausgehend von Nominal-, Adjektival- oder Verbalstämmen, unterschiedliche *Ableitungsparadigmen* aufzustellen. So gibt es z. B. Nominalparadigmen mit vier und mehr Gliedern:

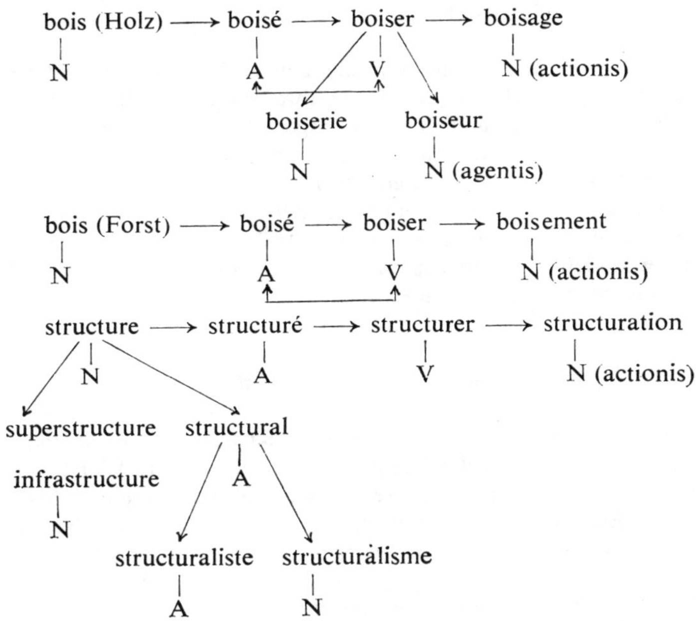

Adjektivbasen können ebenfalls mehrere Derivate haben, die sich in Derivationsparadigmen wie folgt darstellen lassen:

jaune → jaunir → jaunissement
A V N

humain → humanité → humanitaire → humanitarisme
A N A N

Noch komplexer sind die Ableitungsbäume von Verbalstämmen (vgl. Guilbert, Créativité, S. 182ff.!).
Die Kenntnis der Bindefähigkeit eines bestimmten Affixes gestattet eine richtige Modellierung und verhindert weitgehend falsche Bildungen. So kann das Präfix re- im Französischen nur mit Verbalstämmen – von wenigen Ausnahmen wie regain, relent, réchaud und einigen anderen abgesehen – verbunden werden. Kombinationen mit Adjektiv- oder Nominalstämmen sind also in der Gegenwartssprache als Neubildungen ausgeschlossen: *regrand, *reforce. Die Nomina wie réorganisation oder restructuration sind dann nur als Ableitungen von den Verben réorganiser bzw. restructurer zu erklären.

1.3.3. Produktivität

Für die Eignung der Wortbildungsmodelle zu Neubildungen ist neben der Bindefähigkeit der Wortbildungselemente ihre Produktivität maßgebend. Produktiv sind Modelle, nach deren Schema längere Wortbildungsreihen gebildet werden. Der Begriff der Produktivität ist ein diachronischer und quantitativer Begriff, d. h. ein Modell hat einen Spielraum für sein Wirken und gilt für eine bestimmte Menge von Einheiten in einem bestimmten Zeitraum. Auf diese Weise kann es zu massenweisen Bildungen kommen. Dies trifft z. B. für das seit langem produktive Bildungsmodell „Nominalstamm + Verbalendung" zu: plan → planifier, alcool → alcooliser, groupe → grouper.

1.3.4. Aktivität, formale Regelhaftigkeit

Eng mit der Produktivität korrelieren die Kriterien Aktivität und formale Regelhaftigkeit. Aktivität ist die Fähigkeit der Modelle, ihre Wortbildungsreihe durch neue Glieder zu erweitern. Diese Fähigkeit ist rein synchron bestimmbar. Aktiv sind also Elemente oder Bildungstypen, nach deren Muster bzw. mit deren Hilfe noch verständliche Bildungen vorgenommen werden können (s. Kubrjakova, S. 20ff.!). So ist der Bildungstyp, nach dem aus Adjektivstämmen mit Hilfe des Suffixes -ise Nomina abgeleitet werden, kaum noch produktiv, wohl aber im Bewußtsein der Sprecher aktiv: bête → bêtise, franc → franchise, gourmand → gourmandise.

Formale Regelhaftigkeit bedeutet, daß die Wortbildungsreihen vom Standpunkt ihrer Struktur regelmäßige Bildungen sind. Es müssen Gleichförmigkeit und Rekursivität der Relation im System gegeben sein. Ein Wortbildungstyp kann unproduktiv, aber trotzdem regulär sein. Die Wortbildungsreihe, deren Phonemfolge [tr(ə)] (= Grapheme tre) aus lat. -or bzw. -er (= Person) entstanden ist, kann im Französischen durchaus als formal regelhaft, aber nicht als produktiv angesehen werden: maître < magister, chantre < cantor, pâtre < pastor, peintre < pinctor, prêtre < presbyter.

Die Bedingungen für die konkrete Realisierung der Modelle bei der Entstehung neuer Wörter müssen als eine der kompliziertesten Fragen der Lexik betrachtet werden. Unbestritten ist, daß sich neue Wörter auf der Basis des vorhandenen Wortschatzes nach bestimmten Modellen bilden. Unbestreitbar ist auch, daß außersprachliche Faktoren dabei oft entscheidend sind. Jedoch können auch morphologische Gründe zur Blockierung einer Derivationsregel führen, z. B. Häufung von Affixen: *dérivationnellement.

Eine Ableitungsregel darf nur Morpheme untereinander verbinden, die auch semantisch verknüpfbar sind. Keine solche Regel darf also pâtisserie von pâtir, vaguer von vague ableiten, obgleich es Paare wie blanchir und blanchisserie, sonde und sonder gibt. Es genügt also nicht, die Wörter nur unter morphologischem Aspekt zu spezifizieren. Man muß auch die semantische Relation, die mit jeder Derivationsregel verknüpft ist, bestimmen können, ein Gesichtspunkt, der noch wenig erforscht ist.

Es gibt Restriktionen der Akzeptabilität, die in der usuellen Sprachnorm begründet sind, d. h. in der Kenntnis der Sprecher über gesellschaftliche Prestigewerte, Okkurrenzen von Sachverhalten u. ä. Das Postulat einer automatisch anwendbaren Regel bei den produktiven Wortbildungstypen ist daher problematisch (vgl. LGL, S. 153!). Die Kenntnis von den Fakten, die die Wirkungsbreite eines Modells eingrenzen, ist jedoch gegenwärtig noch nicht zufriedenstellend.

1.3.5. Kategorem, Modifikator

Unter Kategorem verstehen wir ein Kategorienmerkmal, das die Suffixe auszeichnet. Diese bestimmen die Zugehörigkeit der Derivate zu grammatischen Kategorien wie Substantiv, Adjektiv, Verb etc. Die meisten Suffixe weisen neben der Fähigkeit, kategorial einzuordnen, auch noch eindeutigere semantische Eigenschaften (= Modifikatoren) auf. Zum Beispiel determiniert das Nominal- und Adjektivsuffix -eur in Verbindung mit Verbalstämmen (flatteur u. a.) einerseits die Zugehörigkeit zur Wortklasse „Adjektiv" bzw. „Substantiv" (= Kategorem), andererseits modifiziert es die im Stamm ausgedrückte Grundbedeutung im Sinne von «qui fait l'action (du verbe)» (= Modifikator).

1.3.6. Wortbildungsverfahren

Als grundlegende Wortbildungsverfahren der französischen Gegenwartssprache sehen wir die Ableitung (Suffigierung, Präfigierung, parasynthetische Ableitung), die Komposition, die Konversion und die Kürzung an. Andere Auffassungen, wie die von Coserio (Modifizierung, Entwicklung, Komposition; vgl. Coserio, Sprache, Strukturen und Funktionen!), Gauger (Ausgriff, Verschiebung und Variation; vgl. Gauger, Durchsichtige Wörter!) oder Marchand (Expansion und Derivation; vgl. Marchand, The categories and types ...!) sollen hier nur angeführt, aber nicht besprochen und untereinander verglichen werden. Allen gemeinsam ist, daß sie auf der Verbindung von formalen, syntaktischen und semantischen Kriterien fußen.

1.3.6.1. Die *Ableitung* (auch *Derivation* genannt) besteht aus den Subklassen *Suffigierung*, *Präfigierung* und *parasynthetische Ableitung*. Das Resultat dieses Prozesses sind die *Ableitungen* (= *Derivate*).
Die *Suffigierung* ist eine Kombination aus Basismorphem und nachstehendem Suffix oder nachstehenden Suffixen: bavard/er, lente/ment, soupl/esse, blond/asse, grass/ouill/et usw.
Die *Präfigierung* stellt eine Kombination von Präfix und Basismorphem dar: archi/fou, sur/vol, ré/utiliser usw. In den syntagmainternen Beziehungen der Präfixbildungen weisen die Präfixe – in bezug auf ihre syntaktische Rolle – ein äquivalentes Verhalten zu den Präpositionen und manchen Adverbien im Satz auf. Im Gegensatz zu den Konstituenten der Komposita, die in ihrem innersyntagmatischen Verhältnis maßgebenden Gliedern, wie Subjekt oder Verb, in der Prädikation

entsprechen, übernehmen die Präfixe in der lexikalischen Einheit lediglich die Rolle von Relationsindikatoren, ähnlich den Präpositionen und manchen Adverbien innerhalb des Satzes: l'enseignement qui est après l'école ↔ l'enseignement postscolaire.
Auf Grund dieses verwandten syntaktischen Verhaltens von lexikalischem Element einerseits und Satzelement andererseits werden unter den Präfixen sowohl gebundene als auch freie Morpheme zusammengefaßt (contre/contra, entre/inter, sous/hypo usw.).
Die Relation ein und desselben Präfixes oder Adverbs zu unterschiedlichen Stämmen bewirkt eine Veränderung der Semstruktur im Präfix bzw. Adverb, vgl. z. B. contre (1. feindliche Haltung: contre-offensive. 2. räumliches Gegenüber: contre-écrou. 3. hierarchisches Gefüge: contre-amiral).
Bei den *parasynthetischen Bildungen* (im Französischen auch *formation par encadrement* genannt) treten Präfix und Suffix gleichzeitig als diskontinuierliche Konstituenten an den Stamm: en + col + ure. Die nur präfigierte Form (*encol) wie auch die nur suffigierte Form (*colure) sind beide nicht existent. Solche echten Parasynthetika sind von Präfigierungen zu unterscheiden, bei denen Suffigierung der Präfigierung vorangeht: scolaire → préscolaire, révolutionnaire → contre-révolutionnaire, organisation → réorganisation. Hier bestehen präfigierte und (unechte) parasynthetische Bildung nebeneinander im System der Sprache.

1.3.6.2. *Konversion* (früher auch *uneigentliche Ableitung* genannt) bedeutet Wortartwechsel und ist die Verwendung eines Wortes in einer anderen Wortart ohne formale Veränderungen. Dabei eignen sich die einzelnen Wortklassen in sehr unterschiedlichem Maße für die Überführung in andere Wortklassen. Grundsätzlich kann jede Wortklasse substantiviert werden: le militant (P), le rapide (A), le parler (V), le pour et le contre (Präp), le dessus (Adv) usw.
Der Übertritt in andere Wortklassen ist dagegen wesentlich eingeschränkt. Näheres s. unter den einzelnen Wortklassen! Konversion wird auch als Ableitung mit Null-Element erklärt.

1.3.6.3. *Kürzungen* sind um Morpheme oder Phoneme gekürzte Wörter. Nach dem grammatischen Verhältnis zwischen *Vollform* und *Kurzform* werden mehrere Typen unterschieden. Sie betreffen überwiegend das Substantiv und werden deshalb dort definiert. Extreme Formen solcher Kürzungen sind *Initialwörter*. Zur Definition der Initialwörter s. Substantiv!

1.3.6.4. Andere Verfahren wie *einfache Reduplikation*, *Ablaut-* oder *Reimdoppelungen* sind von geringerer Bedeutung und werden beim Substantiv und Adjektiv näher erläutert.

1.3.6.5. Die *regressive Ableitung* (*Rückbildung*) ist ein Begriff der historischen Wortbildungslehre. Er wird zumeist auf von Verben abgeleitete Substantive, seltener Adjektive angewandt, bei denen gegenüber dem Verb – dem chronologisch primären Wort – ein Substanzverlust eintritt. So datieren z. B. die Verben appeler, accueillir, aider, offrir, oublier bzw. combler, lâcher, troubler zeitlich vor ihren entsprechenden Substantiven appel, accueil, aide, offre, oubli bzw. Adjektiven comble, lâche, trouble. In einer synchronen Sicht ist jedoch – angesichts der Unproduktivität des Verfahrens – gerade von einer umgekehrten Ableitungsrelation auszugehen. Es muß also die Präexistenz des kürzeren Wortes postuliert werden. Der etymologische Tatbestand ist dem Sprecher nicht bewußt.

1.3.6.6. *Komposition* (*Zusammensetzung*) ist der Prozeß, *Komposita* sind die Resultate dieses Prozesses. Komposita sind Kombinationen aus mindestens zwei Morphemen, die auch als freie Morpheme vorkommen: sourd + muet → sourd-muet, chou + fleur → chou-fleur.

Da vielen sogenannten gelehrten Bildungen dieselben internen syntagmatischen Verhältnisse wie den französischen Komposita zugrunde liegen, fassen wir sie auch als Komposita auf, wenn auch ihre Konstituenten in den meisten Fällen nicht als freie Morpheme existieren: socio + logie → sociologie, analog cérébro-spinal u. a.

Entsprechend ihren syntagmainternen Beziehungen kann man ein *koordinatives* oder *subordinatives Verhältnis* zwischen den einzelnen Gliedern der Komposita sehen. Diese Wortbildungstypen begegnen – mit wenigen Ausnahmen – nur bei den Substantiven und Adjektiven. Die Klassifizierung nach *Determinativ-* und *Kopulativkomposita* kann durch *Paraphrasen*, die als Umschreibung für Wortbedeutungen aufzufassen sind, unterstützt werden. Die Beziehungen zwischen den Konstituenten werden somit in Sätzen festgestellt wie etwa: (une voiture) qui est taxi et camionnette = un taxi-camionnette, (un objet) qui cache le nez = un cache-nez, (une personne) qui étudie les mots = un lexicologue.

Wenn die syntagmainternen Beziehungen wie in den vorangehenden Beispielen den denotativen Beziehungen entsprechen, spricht man auch von *endozentrischen Komposita*. Bleibt das Denotat jedoch außerhalb des Kompositums, d. h. weist keines der Glieder explizit auf das Signifikat hin, handelt es sich um *exozentrische Komposita*: tue-chien = Herbstzeitlose.

Der größte Teil der heutigen Komposita ist in Analogie zu älteren Mustern geprägt worden. Komposita können jedoch auch unmittelbar aus syntaktischen Fügungen hervorgehen: (un) pince-sans-rire, (un) je-m'en-fichiste usw.

Die Übergangszone von freien syntaktischen Fügungen zu Komposita bis hin zu Idiomen, die völlig demotiviert sind, ist sehr breit, und es ist nicht leicht, eindeutige Abgrenzungskriterien zu finden. Im allgemeinen wendet man morphologische, syntaktische und semantische Kriterien an, um klarere Grenzen zu ziehen. Das orthographische Kriterium erweist sich als untauglich für die französischen Komposita, da viele von ihnen keine graphische Einheit bilden (machine à laver, classe terminale etc.). Das zusammengesetzte Wort ist eine begriffliche Einheit, denn seine Bedeutung umfaßt mehr und anderes als die der entsprechenden autonomen Bestandteile. Ihre morphosyntaktische Einheit äußert sich darin, daß die Konstituenten unlösbar und unumkehrbar sind, was durch verschiedene syntaktische Tests geprüft werden kann:

(1) Unumkehrbarkeit der Glieder: procès-verbal, aber *verbal-procès; Ausnahmen bilden wenige Kopulativkomposita wie z. B. bracelet-montre = montre-bracelet.

(2) Unmöglichkeit, nach der ersten Konstituente eine nähere Bestimmung einzuschalten: une pomme *blanche de terre, un niveau *bas de vie.
(3) Unmöglichkeit, vor die zweite Konstituente eine nähere Bestimmung zu setzen: certificat de *mon travail.
(4) Unmöglichkeit, die adjektivische Konstituente zu steigern oder durch ein quantifizierendes Adverb zu determinieren: sang-froid, aber sang *extrêmement froid, chaise-longue, aber chaise *plus longue.
(5) Unmöglichkeit, eine Konstituente durch eine andere auszutauschen: classe de neige ≠ camp de neige.

Im gesprochenen Französisch werden nur wenige Komposita im Innern flektiert: gentil/s/hommes, bon/s/hommes.
Idiome unterscheiden sich von den Komposita u. a. durch das Fehlen der semantischen Analysierbarkeit und durch eine weitergehende Unmöglichkeit, ihre Bestandteile zu kommutieren. So ist z. B. pot-pourri semantisch völlig verdunkelt hinsichtlich der Beziehungen zwischen seinen Konstituenten.

1.3.7. Wortbildungsarten

Unter Wortbildungsart verstehen wir, aus welcher Art von Stämmen im Prozeß der Wortbildung neue Wörter entstehen: z. B. verbal-deverbal (V → V): mordre → mordiller; nominal-deadjektivisch (A → N): bas → bassesse; verbal-deadjektivisch (A → V): bavard → bavarder usw.

1.3.8. Wortbildungstypen

Wortbildungstypen heißen die Reihen der abgeleiteten Wörter mit gleichen *Wortbildungsbedeutungen* und den gleichen, sich wiederholenden Wortbildungsmitteln. Zum Beispiel stellen Derivate mit dem Affix -eur in der Bedeutung „Instrument“ einen Wortbildungstyp dar: aspirateur, calculateur, générateur u. a.; in der Bedeutung „Person“ jedoch einen anderen Typ: chercheur, danseur, vendeur usw. Das Präfix avant- ist einerseits mit der Bedeutung „Räumlichkeit“ in einem Wortbildungstyp (avant-bras, avant-train etc.) und andererseits mit der Bedeutung „Temporalität“ in einem weiteren Typ (avant-guerre, avant-veille) vertreten.

1.4. Ermittlungs- und Beschreibungsmethoden

Die Wortbildung hat es mit kleinsten sprachlichen Äußerungen zu tun, die Bedeutung haben, den *Morphemen* (bzw. *Monemen*). Wenn man von einmorphemigen Wörtern absieht, kann man generell annehmen, daß das Wort eine lineare Aneinanderreihung einzelner Morpheme darstellt. Dieser Tatbestand führt zu einer erstaunlichen Ökonomisierung der Sprache. Mit einigen tausend Morphemen kann eine Unmenge komplexer Sprachzeichen gebildet werden, die ihrerseits regelhaft auf kleinere Grundelemente der Sprache, die Morpheme, zurückgeführt werden können. Diese Ökonomie ist erklärbar aus dem Vorhandensein eines begrenzten Inventars von Elementen und Regeln. Die Ermittlung und Beschreibung solch komplexer Lexeme läuft auf eine *morphematische Segmentierung* hinaus. Ihre Ziele sind: 1) die formale und inhaltliche Identifizierung der Wortbildungselemente und ihr Zusammenschluß zu Klassen, 2) die Darstellung der Beziehungen zwischen diesen Klassen, die Aufdeckung von *hierarchischen Strukturen* und *semantischen Beziehungen*.

Die *Analyse* der komplexen Zeichen nach ihren *unmittelbaren Konstituenten* erweist sich dabei als eine für unsere Zwecke adäquate Methode der Beschreibung. Mit ihrer Hilfe ist es möglich, die *hierarchische Struktur* der Wörter freizulegen. Unmittelbare Konstituenten sind solche Konstituenten einer Morphemkonstruktion, aus denen dieselbe unmittelbar zusammengesetzt ist, anders gesagt, in die sie sich auf der nächstniederen Ebene direkt segmentieren läßt. Für unseren Zweck erweist es sich als günstig, daß man jeweils von der grammatisch neutralen, d. h. nicht abgewandelten Wortform ausgeht.

Für die *Segmentierung* sind sowohl *distributionelle* als auch *semantische Kriterien* maßgebend. Die unmittelbaren Konstituenten, in unserem Falle also die Morpheme, sind kleinste, rekurrierende Bestandteile mit Bedeutung, die sich aus dem Vergleich von Wörtern ergeben. Mittels *Kommutation* lassen sie sich bestimmen:

remontage ist ein Wort, das in drei Morpheme zerlegt werden kann: re/mont/age;

re- kommutiert mit dé-:

re	montage
dé	montage

und kehrt wieder in recouvrir (découvrir), reporter (déporter);

-mont- kommutiert mit -couvr-, -coll-, -coup-:

re	couvr	age
re	coll	age
re	coup	age

und kehrt wieder in monter, monteur, monture;

-age kommutiert mit -ant:

remont	age
remont	ant

und kehrt wieder in emballage, nettoyage, sabotage.

Das *semantische Kriterium* ist dabei unentbehrlich, was durch folgende Operation veranschaulicht wird: in der Reihe règlement, bombardement, mûrissement, poliment, lentement, ciment, véhément taucht die Phonemfolge /mã/ = ment überall auf. Nicht immer entspricht sie aber einem bedeutungstragenden Seg-

ment, so in ciment und véhément, wo die Phonemsequenzen «ci» bzw. «véhé» keinen Morphemstatus besitzen. Zwischen den übrigbleibenden Wörtern mûrissement, règlement, bombardement einerseits und poliment, lentement andererseits besteht ebenfalls ein Unterschied. In allen Lexemen entspricht die Phonemfolge /mã/ einem segmentierbaren Morphem, jedoch mit unterschiedlicher Bedeutung und Funktion. In règlement, mûrissement und bombardement hat sie die Bedeutung „Aktion" und schließt sich an Verbalstämme an. In poliment und lentement tritt sie an Adjektivbasen und führt in die Wortklasse „Adverb" über.
Zurückkommend auf die hierarchische Struktur der Wörter läßt sich sagen, daß dieselbe im Regelfall aus zwei unmittelbaren Konstituenten besteht:
/compt/ + /age/ (comptage), /aim/ + /able/ (aimable), /plant/ + /er/ (planter), /agri/ + /cole/ (agricole), /bouche/ + /trou/ (bouche-trou), /ex/ + /président/ (ex-président), /avant/ + /propos/ (avant-propos).
In seltenen Fällen ist die Binarität durchbrochen, und wir haben drei Konstituenten vor uns, was nur bei additiven Komposita der Fall ist:

/compositeur/ + /pianiste/ + /chef d'orchestre/ (compositeur-pianiste-chef d'orchestre), /psycho/ + /sensori/ + /moteur/ (psycho-sensori-moteur).

Wie die beiden letztgenannten Beispiele sowie die Morphemkonstruktion ex-président zeigen, können die durch einen ersten Analyseschritt gewonnenen unmittelbaren Konstituenten ihrerseits auf der nächstniederen Ebene in zwei unmittelbare Konstituenten zergliedert werden:

/présid/ + /ent/, /compos/ + /iteur/, /pian/ + /iste/, /chef/ + /d'orchestre/ sowie d'orchestre seinerseits in /d'/ + orchestre/.

Sind die Wörter echte Parasynthetika, so müssen die Basis als eine unmittelbare Konstituente und die beiden diskontinuierlichen Affixe als andere unmittelbare Konstituente betrachtet werden:

intonation = /ton/ + /in ... ation/, emprisonnement = /prisonn/ + /em ... ement/,

da weder *colure noch *encol, weder *prisonnement noch *emprison mit Lexemstatus existieren.
Bei anderen Derivaten, die ebenfalls Präfix und Suffix enthalten, jedoch nicht zu den echten Parasynthetika zu rechnen sind, ist eine andere Prozedur vorzuschlagen:

démilitariser = /dé/ + /militariser/

da das entsprechende präfixlose Verb vorhanden ist.
Bei sehr komplexen Derivaten müssen bisweilen zwei Möglichkeiten eingeräumt werden, da die Derivationsabfolge mehrdeutig sein kann. In *Ableitungsbäumen* verdeutlicht, können die Derivationsschritte im Falle von décentralisation auf zweierlei Weise sichtbar gemacht werden:

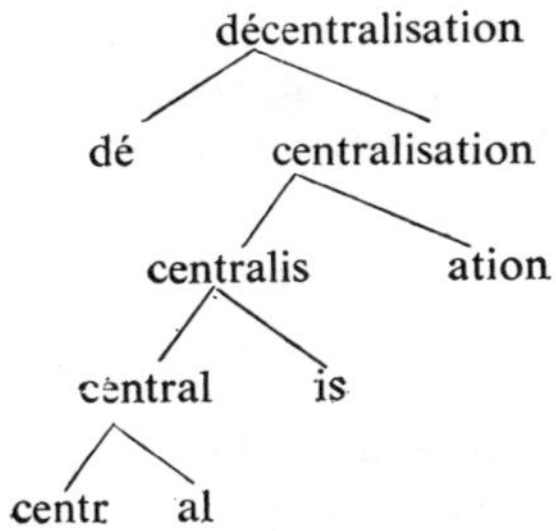

oder

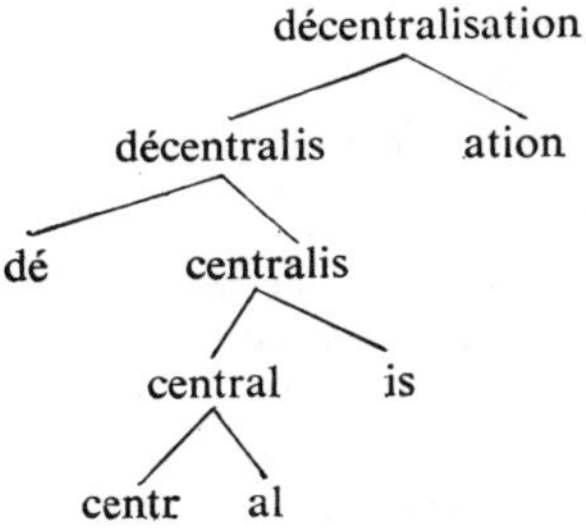

Es muß allerdings zugestanden werden, daß die Konstituentenanalyse mit dem zunehmenden Grad der *Idiomatisierung/Demotivierung* der Morphemkonstruktion immer schwieriger zu handhaben ist und im Extremfall völlig versagt, weil eine semantische Verknüpfung der Konstituenten nicht mehr empfunden wird. So sind zwar in maître-à-danser (= Meßgerät) rein äußerlich für das gegenwärtige Sprachempfinden die unmittelbaren Konstituenten noch erkennbar, aber die Beziehungen zum Denotat sind weitgehend verdunkelt. In einem Wort wie chantepleure (1. Fülltrichter, 2. Wasserabfluß[rohr]) ist sogar eine strukturelle Segmentierung synchron unmöglich geworden.

Transformationen. Die oben beschriebenen analytischen Schritte können sinnvoll ergänzt werden durch Transformationen, die als *Paraphrasen* im Sinne von Wortbedeutungsdefinitionen stehen. Wortbildungen sind bedeutsame sprachökonomische Mittel, die nicht nur die sprachliche Kreativität in Teilbereichen veranschaulichen, sondern auch ganze Inhaltsbereiche in einem Wort verdichten. Diese Morphemkombinationen sind als semantisch äquivalente Einheiten für syntaktische Fügungen anzusehen. Sie sind außerdem in jeder syntaktischen Rolle verwendbar, in der auch einfache Wörter der gleichen Wortklasse stehen können. Die *Paraphrasen* sind zu begreifen als größere syntaktische Einheiten, die mehr als ein Lexem umfassen. Sie reflektieren auf direkte Weise die komponentielle Zerlegbarkeit des Semems der betreffenden Wortbildung. Zwar stellt die Paraphrase, da sie an mehrere Lexeme geknüpft ist, mehrere Sememe dar, diese vertreten jedoch im Hinblick auf das analysierte Semem der Wortbildung die Funktion von Sememkomponenten. Die Äquivalenz, die zwischen Wortbildung und Paraphrase besteht, ist somit eine semantische Äquivalenz im weiteren Sinne, d. h. die Bedeutungskomponenten der Paraphrase enthalten für das Semem der Wortbildung linguistisch relevante und linguistisch nichtrelevante Merkmale, wie die weiter unten gewählten Beispiele zeigen. Die linguistisch relevanten Merkmale werden jeweils unterstrichen. Auf diese Weise kann die Art der Bedeutungsstruktur der Wortbildung, d. h. die Art der Seme und ihrer Beziehungen untereinander im Semem, besonders gut sichtbar gemacht werden (vgl. Studia Grammatica, XV, S. 257ff.!). Dieser semantischen Äquivalenz zwischen Paraphrase und Lexem liegt sozusagen ein Art-Gattung-Verhältnis zugrunde. Mit Hilfe solcher Transformationen in eine semantisch gleichwertige syntaktische Wortgruppe können sehr oft die semantischen Beziehungen zwischen den Konstituenten – besonders bei Komposita – verdeutlicht werden. Voraussetzung für die Transformierbarkeit ist natürlich, daß die Wortbildungen motiviert sind. Es ist dabei angemessen, möglichst von vollständigen expliziten Satzprädikationen auszugehen, wie sie in der Form von Relativsätzen in umgangssprachlichen Definitionen für Wortbildungen üblich sind:

celui qui répare des *autos* → le réparateur d'autos
cette viande qui *ne peut pas*
être mangée → cette viande est immangeable
(un objet) qui *porte* des *bouteilles* → un porte-bouteilles
(un engin) qui *lance* des *torpilles* → un lance-torpilles
celui qui a la *peau rouge* → le peau-rouge
(ce qui) est *de l'Amérique du Sud* → sud-américain

Bei Wortkonstruktionen mit gelehrten Konstituenten müssen semantisch äquivalente (synonymische) französische Termini in der Transformation verwendet werden:

(un être) *qui* a une *grosse tête* → un macrocéphale
un *rail* qui est *unique* → un monorail
le *poison* qui est dans le *sang* → l'hémotoxie
(un être) qui *marche* sur la *plante du pied* → un plantigrade

Die Paraphrasen sind als Ausdrucksalternative ähnlich Synonymen in der gleichen syntagmatischen Kette zu begreifen. Die Wortbildung wird ersetzt durch eine Wortgruppe/einen Satz, die/der die Art der innersyntagmatischen Motiviertheit deutlicher macht.
Es muß jedoch bei der Transformationsmethode zugestanden werden, daß sie subjektiven Charakter trägt. Benennungsmotiv und Bedeutung fallen häufig nicht zusammen. Diese Methode ergibt nur ein grobes heuristisches Übersichtsschema für viele Wortbildungstypen, aber keine automatisch anwendbare Regel.
Die Schwierigkeiten zeigen sich schon an dem Beispiel

le papetier = celui qui fait le papier (fabricant)
le papetier = celui qui vend du papier (commerçant),

das zwei Interpretationen zuläßt.
Viele Restriktionen und oft nur pragmatisch-semantisch zu erklärende Irregularitäten lassen eine ausreichende Klärung aller Wortbildungen durch diese Verfahrensweise nicht absehen. Auch in der synchronen Darstellung darf – bei nüchterner und maßvoller Verwendung moderner linguistischer Prozeduren – nicht vergessen werden, daß die ständige Destrukturierung und Restrukturierung der Wortbildungssubsysteme bedingt ist durch den Wandel menschlicher Tätigkeit. Modifikationen in den Tätigkeiten ziehen Veränderungen der Kommunikationsbedürfnisse nach sich, was mit einem Wandel der Wortstrukturen einhergehen kann.

1.5. Grundmodelle für lexikalische Stämme im modernen Französisch

Die Modellierung französischer Wortbildungen erfolgt nach den Prinzipien der Konstituentenanalyse in Anlehnung an M. D. Stepanowa. Es muß betont werden, daß das Wort als zweiseitige Erscheinung – als Verbindung von Struktur und Bedeutung – es nicht zuläßt, daß bei der Modellierung auf dem Gebiet der Wortbildung die inhaltliche Seite außer acht gelassen wird. Die strukturellen Gesetzmäßigkeiten allein – bei allem zugestandenermaßen objektiven Wert – können das Funktionieren der Wortbildungsmodelle nicht ausreichend charakterisieren. Maßgebend für die verwendeten Muster ist der Code oral. Ferner ist es zweckmäßig, bei der Modellierung vom unflektierten Wort auszugehen.

Verwendete Symbole:

M = Modèle
R = Radical
P = Préfixe
S = Suffixe
T = Thème = Stamm der Ausgangsform des Wortes
t = thème = Stamm, der sich vom Stamm der Ausgangsform unterscheidet
Eg = Elément(s) grammatical (-aux) oder Flexiv(e)
j = joncteur = verbindendes Element
sv = savant = gelehrt

Die Analyse des Wortes ergibt eine binäre Gliederung oder – wie bei Modell 1 – keine Gliederung. Die Basis für die Gliederung der lexikalischen Stämme in unmittelbare Konstituenten sind ihre Grundmodelle, die bestimmt werden nach den relevanten Wortbildungstypen der Stämme, aber auch das Inventar der konkreten Wortbildungsmorpheme (Präfixe, Suffixe), die ein geschlossenes Verzeichnis bilden. Zum *Inventar der Modelle* für die lexikalischen Stämme gehören:

sekundärer oder *abgeleiteter Stamm*, d. h. Stamm des analysierten Wortes = T_2
primärer oder *motivierender Stamm*, d. h. Stamm, der in den Bestand des sekundären Stammes eingeht = T_1
Stamm mit gesetzmäßiger Veränderung des Wurzelmorphems = t_1

Entsprechend ihrer Wortbildungsstruktur können im Französischen 18 Grundmodelle für die lexikalischen Stämme von Wortbildungen festgelegt werden:

M_1: T = R	Wurzelstamm, der keine Verbindung mit Derivativa oder Flexiva eingeht (ici, sur, et). Bei diesem Stamm erscheint kein Nullmorphem.
M_2: $T_2 = T_1$	Wurzelstamm mit Nullaffix. Nominalstamm: blanc, planche, porte; Verbalstamm: (il) porte; durch Konversion: (le) pouvoir
M_3: $T_2 = t_1$	veränderter Wurzelstamm mit Nullaffix (blanche, grande)
M_4: $T_2 = T_1 + S$	Wurzelstamm mit Derivativum bzw. Flexivum (trou/er)

M_5: $T_2 = t_1 + S$	veränderter Wurzelstamm + Derivativum bzw. Flexivum (numérot/er, blanch/ir, noirc/ir)
M_6: $T_2 = T_1 + S\ (+ S)$	suffigierter Stamm (change/ment, habile/té; coup/aill/er, alcool/is/er)
M_7: $T_2 = t_1 + S\ (+ S)$	suffigierter Stamm mit veränderter Wurzel (pac/ifi/er < paix, formal/is/er < formel, im-press/ion < imprimer)
M_8: $T_2 = P + T_1\ (+ S)$	präfigierter Stamm mit Nullaffix oder mit Wortbildungsmorphem bzw. Flexivum (re/tour, dé/mêl/er, at/terr/ir, auto/car, mono/rail)
M_9: $T_2 = P + t_1 + S$	präfigierter Stamm mit veränderter Wurzel und Derivativum bzw. Flexivum (en/dolor/ir < douleur)
M_{10}: $T_2 = P + T_1 + S\ (+ S)$	präfigiert-suffigierter Stamm (parasynthetisch) mit veränderter Wurzel und eventuellem Flexivum bzw. Derivativum (en/terre/ment, uni/cellul/aire, mono/mot/eur, dé/nicotin/is/er)
M_{11}: $T_2 = P + P + t_1 + S$	doppelt präfigiert-suffigierter Stamm mit veränderter Wurzel (im/pré/vis/ible)
M_{12}: $T_2 = T_1 + T_1\ (+ T_1)$	Kopulativ- oder Determinativkomposita (sourd-muet, lecteur-auditeur; cordon bleu, nouveau-né, deux-mâts, petit-neveu; bien-être, savoir-vivre, passe-partout; sac dames)
M_{13}: $T_2 = T_1\ (+ S) + T_1$	Determinativkomposita mit Innenflexion (gentil/s/hommes, bon/s/hommes)
M_{14}: $T_2 = T_1 + j + T_1$	Determinativkomposita mit verbindendem Element (chien de race, brosse à habits, amour contre nature, mise en train, cuisine par éléments, thé au lait)
M_{15}: $T_2 = Tsv + Tsv\ (+ S)$	Komposita nach gelehrtem Modell mit eventuellem Suffix (carnivore, hippodrome, géographie, astronautique, morphosyntaxe, microbiologie)
M_{16}: $T_2 = Tsv(+ S) + T_1(+ S)$	Mischtyp mit einem gelehrten Stamm (audiovisuel, photo-électrique, autofinancement, télécommande)
M_{17}: $T_2 =$ Agglomeration in Form von ganzen Wortgruppen oder Sätzen	(va-comme-je-te-pousse, écoute-s'il-pleut)
M_{18}: T_2 subtraktiver Stamm im Sinne von Kurzwort oder Regressivbildung	(dactylo; O. N. U.; pli)

2. Substantive

2.1. Wortbildungsarten

Nominalisierungen durch:

Suffigierung

V → N (changer → changement),
A → N (souple → souplesse),
N → N (propriété → propriétaire),

Komposition (machine à écrire, auto-école, téléphone),
Präfigierung (avant-veille, analphabète),
Parasynthetische Bildung (encolure, intonation),
Kürzung (bus, dactylo),
Konversion (le carburant, le parler).

Die nachfolgend genannten Modelle schließen die relevanten Grundstrukturen der Nomina der französischen Gegenwartssprache ein: M_6 (habileté), M_7 (impression), M_8 (retour), M_{10} (enterrement), M_{12} (avion-cargo), M_{14} (mise en train), M_{15} (morphosyntaxe), M_{16} (autofinancement), M_{17} (va-comme-je-te-pousse). M_1 (Wurzelstamm: planche) muß im Rahmen eines Abrisses der Wortbildung außer Betracht bleiben. M_2 (affixlos abgeleiteter Stamm) wird im Kapitel der Konversion beschrieben.

2.2. Explizite Ableitung

2.2.1. Suffigierung

Die Beschreibung der expliziten Ableitung der Substantive folgt der Ordnung der Ableitungen nach der jeweiligen Basis (Nominalstamm, Adjektivstamm usw.), d. h. nach der Wortbildungsart. Innerhalb dieser Ordnung werden die Suffixe und Präfixe nach semantischem Prinzip in Bedeutungsgruppen zusammengefaßt und beschrieben. Dabei werden gemäß der Anlage dieses Abrisses nur die produktiven und aktiven Wortbildungselemente erörtert. Morphophonemische Regularitäten finden gegebenenfalls bei der Strukturanalyse der einzelnen Affixe ihre Darstellung.

2.2.1.1. V → N

2.2.1.1.1. Bezeichnung der Handlung u/od des Ergebnisses der Handlung
Für die Ableitung von Nomina aus Verbalstämmen stehen in dieser Bedeutungsgruppe folgende *Suffixe* zur Verfügung:

-ade, -age, -aison, -ance, -at, -ée, -erie, -ing, -(t)ion, -is, -ement, -ure.

Dabei sind 7 *Strukturtypen* vertreten:
(1) TV · S (arros/age), (2) TE · S (construc/tion), (3) TV′ · S (mûriss/ement, rôtiss/age), (4) TV (TA–TN od TAdv–TN od TN_1–TN_2) · S (microfilmage, autofinancement, radio-alignement). Hier ist die deverbale Konstituente ihrerseits eine Konstruktion aus zwei Nominal- oder anderen Stämmen. (5) TV · S_1–S_2 (trembl/ot/ement), (6) P · TV · S_1 (–S_2) (dés/arm/ement, ré/organ/is/ation), (7) P_1–P_2 · TV · S (dés/em/pil/age, ré/en/semenc/ement).

-(iss)age: bildet Maskulina: atterrissage, dépaquetage, emballage, microfilmage, nettoyage, poinçonnage, recyclage, sabotage, témoignage.
Die Verbbasis kann transitiv (balayage), intransitiv (séchage, atterrissage) wie auch reflexiv (surmenage) sein. Verben auf -ifier oder -iser sind hier die Ausnahme (scarifiage, similisage, s. Dubois, Dériv. suff., S. 13, 30!). Sie bilden ihre Nomina actionis gewöhnlich auf -ification bzw. -isation. Die meisten Verben der zweiten Konjugation erweitern ihren Stamm auf -issage.

-(e)ment,-iss/ement: bildet Maskulina. Die übliche Form des Morphems ist -ement bzw. -issement: accomplissement, agrandissement, autofinancement, bombardement, conditionnement, enneigement, équipement, mûrissement, regroupement, renouvellement, stationnement. Die Form -ment begegnet in: blanchiment, glougloument. Auch bei diesem Suffix sind wie bei -age fast alle Strukturtypen anzutreffen, einschließlich der Erweiterung der -ir-Verben auf -issement mit Ausnahme von blanchiment, sentiment und fourniment.

-(t)ion: bildet Feminina. Dieses Suffix kennt folgende Allomorphe: -ation, -cation, -faction, -ition, -(s)sion, -xion, -tion. Ihre Distribution ist von der Struktur der Stämme abhängig. So bilden die Verben der ersten Konjugation einschl. der Verben mit dem Infix -is- das Nomen actionis auf -ation: actualisation, affirmation, collectivisation, dérivation, formation, information, réalisation, remilitarisation, scolarisation.
Jedoch unregelmäßig: attribution, distribution, opposition, répétition.
Die Verben mit Infix -ifi- leiten Derivate auf -cation ab: dénazification, électrification, planification, unification etc.
Als Untergruppe haben die Verben mit Infix -éfi- Verbalsubstantive auf -éfaction: cokéfaction, liquéfaction, raréfaction, torréfaction.
Verben der zweiten Konjugation bilden ihre Verbalsubstantive auf -ition: abolition, finition, punition, répartition.
Die Affixe -ation, -cation und -ition sind heute die einzigen, die für die Bildung neuer deverbaler Nomina disponibel sind.
Bei einer letzten Gruppe treten -tion, -(s)sion, oder -xion an eine lateinische Verbbasis. Dieses Modell ist nicht mehr produktiv. Die entsprechenden Substantive gehören entweder zum alten lexikalischen Fonds oder zeugen vom

erheblichen Anteil der Relatinisierung des französischen Wortschatzes: exprimer ↔ expression, analog annexion, (auto)destruction, convention, discussion, expulsion, extension, nutrition, permission, possession, (ré)action, réflexion, (re)transcription etc.

-(a)ison: bildet Feminina: cueillaison, déclinaison, démangeaison, livraison, terminaison. Selten bei Verben auf -ir: guérison, trahison. Ableitungen mit dem Suffix -(a)ison sind heute selten geworden, es scheint durch das Suffix -ation in der Gegenwartssprache völlig verdrängt zu werden.
Von reflexiven Verben abgeleitet: pâmoison, terminaison.

-(at)ure, -issure: bildet Feminina. Dieser Bildungstyp ist kaum produktiv in der Gegenwartssprache. Beispiele: blessure, coupure, écorchure, égratignure, gageure. Bei einigen Verben der ersten Konjugation wird das Suffix erweitert auf -ature: armature, créature, dictature, filature, signature, alle sind direkte Entlehnungen aus dem Latein. Unregelmäßig: fermeture.
Verben der zweiten Konjugation erweitern auf -iss-: flétrissure, moisissure.
Bei einer Reihe von Verben der dritten und vierten Konjugation fügt sich das Suffix dem Partizip II an: écriture, friture, morsure, ouverture, peinture.
Ein weiterer Strukturtyp hat als Kern einen gelehrten Stamm. Die Substantive sind dem Latein als Ganzes entlehnt worden: lire ↔ **lect**ure, rompre ↔ **rupt**ure. Nach den beiden letztgenannten Strukturtypen entstehen heute keine Verbalsubstantive mehr.

-ade: bildet Feminina von transitiven und intransitiven Verben auf -er. Dieses Suffix ist der Herkunft nach identisch (d. h. Lehnsuffix aus anderen romanischen Sprachen) mit dem unter 2.2.1.3. (3) genannten: accolade, baignade, brimade, croisade, fusillade, glissade, noyade, reculade, rigolade, taillade. Vor allem in der langue parlée courante disponibel: dégringolade, engueulade.
Pejorativ in gasconnade.

-ance: wird unter 2.2.1.2. behandelt.

-at: bildet Maskulina von transitiven und intransitiven Verben. Wenig produktiv: agrégat, assassinat, attentat, combinat, crachat, habitat.

-erie: bildet Feminina von transitiven und intransitiven Verben auf -er. Heute unproduktiv, aber aktiv: agacerie, bouderie, causerie, criaillerie, fâcherie, finasserie, moquerie, piaillerie, plaisanterie, rêverie, sauterie, singerie, taquinerie, tracasserie, tricherie, tuerie.

-is: bildet Maskulina. Die Derivate stammen meistens von transitiven, intransitiven und pronominalen Verben der ersten Konjugation: clapotis, cliquetis, éboulis, gâchis, gazouillis, hachis, roulis, semis, taillis.
Heute unproduktiv. Nominalbasen sind selten: châssis, lattis, treillis.

-ing: das aus dem Englischen stammende Suffix wird nur im Verband mit seinem Stamm entlehnt. Beispiele, wo dieses Suffix an französische Basismorpheme angeschlossen wird, sind nicht bekannt. Dieses Element wurde dennoch in den Katalog der Suffixe aufgenommen, da die Zahl solcher fremder Lexeme beträchtlich gewachsen ist und dadurch bei einer Reihe von Wörtern für den Gegenwartssprecher der Eindruck erweckt werden muß, als handle es sich um ein heimisches Bildungselement, zumal die analogen Basismorpheme parallel in der französischen Sprache als Wörter existieren:

camper (frz.) ↔ camping (engl.), presser (frz.) ↔ pressing (engl.), danser (frz.) ↔ dancing (engl.), forcer (frz.) ↔ forcing, yacht (frz. < ndl.) ↔ yachting (engl.), parquer (frz.) ↔ parking (engl.), caravane (frz. < pers.) ↔ caravan(n)-ing (engl.); jedoch ohne analoges Basismorphem: footing, meeting, rowing, antifading.

Das Suffix bezeichnet Vorgang, Resultat oder Ort des Vorgangs.

-ée: s. Konversion!

Auf synchroner Ebene sind in dieser Gruppe lediglich drei Suffixe, nämlich -age, -ement und -ation, wirklich produktive und disponible Bildungselemente für Verbalabstrakta.

Syntagmainterne strukturelle und semantische Beziehungen:

Zur Bezeichnung des Vorgangs konkurrieren in der modernen Sprache die Suffixe -age, -ement, -ation sowie ihre Allomorphe. Dabei ist zu beobachten, daß sich in letzter Zeit -age gegenüber den anderen Suffixen auszubreiten scheint (s. Dubois, Dériv. suff., S. 28ff.!). So haben sich laut Aussagen der einschlägigen Wörterbücher Wortbildungen auf -age gegenüber ihren Doubletten auf -ement bei einer Reihe von Lexemen durchgesetzt, z. B. accrochage gegenüber accrochement, analog affichage, balayage, rembourrage, rasage. Aber auch der umgekehrte Vorgang konnte von Dubois (s. oben!) festgestellt werden, z. B. déroulement gegenüber déroulage, analog rattachement, déferlement. Der Gebrauchswert der drei Suffixe ist oft sehr angenähert in Wortpaaren: détachage/détachement, perforage/perforation, finissage/finition u. a. Mitunter existieren zwei Formen ohne Bedeutungsunterschied nebeneinander: embrouillage neben embrouillement, émondage neben émondement.

Die Derivate sind echte Verbalsubstantive, d. h. sie übernehmen Merkmale des Verbs, wie Passivbildung bei Transitiva, Agensgebundenheit, in den Nominalbereich: l'usine produit des automobiles ↔ la production d'automobiles *par* l'usine. Der complément d'objet direct des Verbs erscheint beim Derivat, das Handlung ausdrückt, als «complément du sujet». Das Agens wird mit «par» bzw. «de» angeschlossen. Von transitiven Verben abgeleitete Substantive mit Suffix -ion, -age bzw. -ement können auch resultative Bedeutung annehmen. Dies bedeutet, daß sie dann sowohl im Singular als auch im Plural stehen können: ce pays a subi de terribles *destructions*. Analog changements (= Veränderungen), balayures (= Kehricht) usw.

Vom gleichen Verb abgeleitete Verbalsubstantive treten häufig mit verschiedenen Suffixen auf. Ihnen entsprechen dann zumeist Bedeutungsdifferenzierungen:

abattage des arbres (Fällen), abattage des animaux (Schlachten), un profond abattement (Niedergeschlagenheit), abattis (Forst: Einschlag; Militär: Verhau), les abattis Pl. (Abfälle); raffinage du pétrole (Verfeinerung, Raffinierung), raffinement des mœurs (Überfeinerung, Raffinement); ferner décollage de l'avion, décollement de la rétine.

Eine ziemlich große Gruppe von Verben, vor allem mit den Suffixen -ement und -tion, weniger -age, bezeichnet das Geschehen, das zu dem Zustand führt, der durch das Basisadjektiv angegeben wird. Hier verschmelzen Vorgangs- und Resultatsbezeichnung eng miteinander:

adoucissement, affaiblissement, aggravation, établissement, militarisation, prolétarisation, prononciation, séchage, transition etc.

Zur Angabe des Resultats bzw. Zustandes dienen auch die Suffixe -ade, -aison, -ance, -at, -ée, -erie, -is, -ure bzw. deren Allomorphe sowie die bereits genannten Suffixe -ement und -tion:

alliance, assemblée, arrivée, bâtiment, bousculade, espérance, flatterie, frottis, conviction, gémissement, gerçure, inclinaison, jugement, liaison, ouverture, résistance, rêvasserie, stationnement.

Auch die Bedeutungsvarianten der Sach- oder Gegenstandsbezeichnung (abattis, agglomérat, armature, brochure, ceinture, combinaison, combinat, chaussure, couture, crachat, hachis, livraison, peinture, salaison, vêtement) bzw. der Ortsbezeichnung (baignade, établissement, entrée, filature, habitat, promenade, ouverture, semis) können dabei auftreten.
Mitunter übernehmen die Verbalsubstantive die Merkmale des transitiven wie auch intransitiven Verbs, was zu Bedeutungsunterschieden führt:

changement = Änderung und Wandel,
séchage = das Trocknen (aktivisch und passivisch).

Während die Suffixe -is, -at, -erie fast ausschließlich resultative Bedeutung (bei -at auch Angabe des Erzeugnisses: agrégat) haben, sind bei -ade, -aison, -ance, -ing, -ure Derivate möglich, die sowohl Aktion als auch (in größerem Maße) Ergebnis beinhalten:

accolade, glissade, reculade, aber nur resultativ rigolade, taillade; démangeaison, guérison, aber nur resultativ déclinaison, terminaison; accoutumance, résistance, aber nur resultativ abondance, arrogance; fermeture, gageure, aber nur resultativ écriture, éraflure, friture, tournure; doping, aber nur Gegenstand antifading.

2.2.1.1.2. Bezeichnung des Handlungsträgers. Movierungssuffixe.
Folgende Wortbildungsmorpheme treten in Aktion bei der Bildung von Nomina agentis aus Verbalstämmen:

-eur und Morphemvarianten; -ant:
l'homme qui répare des autos ↔ le réparateur d'autos,
l'homme qui assiste un metteur en scène ↔ l'assistant du metteur en scène.

Alle Derivate dieser Bildungsweisen können auch adjektivisch gebraucht werden.

Morphophonemische Gesetzmäßigkeiten:

Als *Strukturtypen* treten auf: (1) TV · S (arrivant, adorateur), (2) TV′ · S (jouisseur), (3) TV · $S_1 - S_2$ (tirailleur), (4) P · TV · S (encaisseur), (5) TE · S (acteur).
Da die hier erörterten Derivate Personenbezeichnungen darstellen, ist es von Interesse, die parallelen *Movierungssuffixe* aufzuzeigen, d. h. jene Suffixe, die zur

Ableitung von Substantiven des anderen Geschlechts (vorwiegend femininer Bezeichnungen) dienen:

-eur *m*/-euse *f*, seltener -eresse *f*: chercheur/-euse, cueilleur/-euse, danseur/-euse, menteur/-euse, serveur/-euse, vendeur/-euse, diseur/-euse; pécheur/-eresse, chasseur/-euse, poetisch -eresse.
Verben mit -iss-Erweiterung bilden Nomina agentis auf -isseur/-isseuse: blanchisseur/-euse, finisseur/-euse, jouisseur/-euse.
Das Suffix -eur kennt noch drei Morphemvarianten, und zwar
-ateur *m*/-atrice *f*: adorateur/-atrice, animateur/-atrice, décorateur/-atrice; diesem Bildungsmuster folgen obligatorisch die Verben auf -iser und -ifier, letztere mit Agens-Suffix -ificateur: organisateur/-atrice, ferner planificateur, réalisateur, unificateur u. a.,
-iteur *m*/-itrice *f*: wenn das Verbalsubstantiv auf -ition endet, z. B. expéditeur/-itrice,
-teur *m*/-trice *f*: der französische Verbalstamm wird beim Nomen agentis durch einen gelehrten Stamm ersetzt: diriger ↔ directeur/-trice, contredire ↔ contradicteur/-trice, analog acteur, rédacteur etc. Die betreffenden Lexeme sind direkte Entlehnungen aus dem Latein.
-ant *m*/-ante *f*: assistant/-e, étudiant/-e, gérant/-e, habitant/-e, représentant/-e, slavisant/-e, surveillant/-e. Verben mit Erweiterung auf -iss: ressortissant/-e. Vgl. auch Konversion (2.4.1.1.!).

Mit Hilfe der Suffixe -eur und -ant können ebenfalls Inanimata als Handlungsträger gebildet werden. Näheres unter syntagmainternen Beziehungen!

Syntagmainterne strukturelle und semantische Beziehungen:

Die Suffixe -eur und -ant haben in Verbindung mit Verbalstämmen zwei semantische Reihen ausgebildet. Zunächst verkörpern die deverbalen Ableitungen Personenbezeichnungen:

une slavisante = une femme qui étudie les langues, les littératures et les civilisations slaves
un directeur d'école = une personne qui dirige une école.

Derivate wie acheteur, chauffeur, exécutant, militant, skieur sind deutlich motiviert aufgrund der Beziehungen zwischen den Gliedern auf der syntagmatischen Achse.
Bei einer Reihe von Ableitungen sind die femininen Pendants nicht ausgebildet. Die Ursachen sind soziokultureller Natur und hängen häufig mit den jahrhundertealten Hindernissen zusammen, die dem sozialen Aufstieg der Frau entgegenstanden. Andererseits können sie auch im Biologischen begründet sein. Nur maskuline Formen sind ausgebildet bei: asphalteur, boxeur, déserteur, videur (Rausschmeißer) u. a.
Es gibt Personenbezeichnungen, die sich auch ohne Motion auf eine Frau beziehen können: agresseur, offenseur, imprimeur, sculpteur etc.
Nicht jeder weiblichen Personenbezeichnung auf -euse steht ein männliches

Pendant zur Seite; es ist dabei gewöhnlich von Berufen die Rede, die im allgemeinen nur von Frauen ausgeübt werden:

effeuilleuse (Striptease-Tänzerin), ouvreuse (Platzanweiserin), entraîneuse (Animierdame), repasseuse (Büglerin); jedoch entraîneur, ouvreur, repasseur, videuse mit anderen Bedeutungen.

Die Suffixe -ant und -eur bezeichnen aber auch Geräte, Vorrichtungen und Maschinen. Sie berühren sich damit eng mit den unter 2.2.1.1.3. beschriebenen Suffixen, die Nomina instrumenti bilden. Das Genus dieser Lexeme ist abhängig von dem des Substantivs, das einer Relativsatz-Transformation zugrunde liegt:

l'appareil qui aspire la poussière ↔ l'(appareil) aspirateur *m*
la machine qui calcule ↔ la (machine) calculatrice *f*
la machine qui imprime ↔ la (machine) imprimante *f*.

Analog aérateur, antidérapant, battant, batteuse, braiseuse, cireuse, climatiseur und dépanneuse, distributeur, élévateur, faucheuse, mitrailleuse, moissonneuse, téléviseur, transformateur u. a. Mit dem Siegeszug der kapitalistischen Großindustrie geht die handwerkliche Kleinproduktion immer mehr zurück. An die Stelle des Menschen (Handwerkers), der etwas herstellt, tritt der Apparat, die Maschine, die die Arbeit schneller und präziser verrichten kann. Dies findet seinen Niederschlag in den Wortbildungsmitteln: -eur/-euse kristallisieren sich augenfällig als Bausteine zur Charakterisierung des Apparats bzw. der Maschine heraus.
Bisweilen besteht neben dem maskulinen Derivat auch das weibliche Gegenstück. Die Opposition m/f kann dann oft als eine Opposition groß/klein semantisch interpretiert werden:

calculateur *m* = appareil qui calcule
calculatrice *f* = machine qui calcule
générateur *m* = Generator
génératrice *f* = Dynamo

Im Prinzip ist bei dieser Art von Ableitungen sowohl die Beziehung auf eine Person als auch auf ein Gerät (Maschine u. ä.) möglich. Hin und wieder sind beide Beziehungen möglich, worüber letztendlich der Kontext entscheidet:

fraiseur = ouvrier	fraiseuse = machine
repasseur = ouvrier	repasseuse = ouvrière; machine
faucheur = ouvrier	faucheuse = ouvrière; machine.

Derivate, die nicht als Personen- oder Gerätebezeichnungen erscheinen, sind idiomatisiert wie restaurant.

2.2.1.1.3. Bezeichnung des Instruments. Neben den in Gruppe 2.2.1.1.2. erwähnten Suffixen sind es die Morpheme -oir, -oire, -ail und -aille, die von Verbalstämmen Nomina instrumenti ableiten.

Syntagmainterne strukturelle und semantische Beziehungen:

Die Derivate können nach folgendem Schema syntaktisch umgeformt werden:

l'instrument qui fait rôtir ↔ la rôtissoire.

Die Mehrzahl der Ableitungen folgt dem Strukturtyp TV · S; Ableitungen aus präfigierten Verbalstämmen gehören eher zu den Ausnahmen: ébourgeonnoir.

-oir: die Ableitungen mit diesem Suffix sind maskulin. Sie benennen vor allem den Gegenstand, der die Handlung gestattet (vgl. -oire!): accotoir, accoudoir, arrosoir, déversoir, décrottoir, égouttoir, fermoir, laminoir, plongeoir, rasoir, repoussoir, semoir.
In einzelnen Wörtern wird der Ort angegeben (kaum noch produktiv): abattoir, abreuvoir, fumoir, parloir, promenoir (veraltet); mit verändertem Stamm: dortoir; idiomatisiert in boudoir.

-oire: die Derivate sind maskulin oder feminin. Viele Bildungen dieses Typs bezeichnen im Gegensatz zu den Ableitungen auf -oir den Gegenstand, auf dem oder in dem der Vorgang sich vollzieht (s. Guilbert, GLLF, S. XXXVI!), z. B.: balançoire *f*, baignoire *f*, bouilloire *f*, écumoire *f*, écritoire *f*, passoire *f*, patinoire *f*, mangeoire *f*, rôtissoire *f*.
Nageoire *f* entspricht semantisch der -oir-Gruppe. Das Bildungsmuster auf -atoire *m* (conservatoire, laboratoire, observatoire) ist unproduktiv.

-ail/-aille: épouvantail, éventail, gouvernail, sonnaille, tenaille(s). Idiomatisiert ist soupirail. Nichtverbal: cisaille(s). Dieses Muster ist heute unproduktiv. Die Lexeme mit der Variante -ail sind maskulin, die mit -aille(s) sind feminin (*Pl*).

Der Rückgang der handwerklichen, unmechanisierten Kleinproduktion spiegelt sich wider im Zurücktreten der Suffixe -oir und -aille, die den entsprechenden Entwicklungsstand verkörpern: binoir „Hacke", déplantoir „Pflanzholz", égrenoir „Auskörnvorrichtung für Mais", das durch égreneur verdrängt wird. Semoir bleibt und erhält neben der Bedeutung „Sätuch" die von „Sämaschine", da semeur bereits durch die Bedeutung „Sämann" belegt ist. Die Produktivität der unter 2.2.1.1.3. beschriebenen Suffixe ist also heute stark eingeschränkt zugunsten des Suffixes -eur, das ebenfalls Nomina instrumenti bildet. Mit diesem Suffix werden heute gewöhnlich die Geräte, Maschinen etc. bezeichnet, die die Handlung selbst ausführen:

arroseuse = machine qui arrose, dagegen arrosoir = outil qui permet d'arroser.

Diese semantische Opposition ist identisch mit dem Unterschied zwischen industrieller und handwerklicher Produktion. Dieser Tatbestand wiederum begünstigt eine Tendenz zur Pejorierung der Ableitungen auf -oir(e) oder -ail(le), z. B. mangeaille.

2.2.1.2. A → N

Suffixinventar: -ance (-ence), -(er)ie, -esse, -eur, -(e)té (-ité), -ion.
Bei dieser Wortbildungsart sind strukturell zunächst zwei Gruppen von Derivaten zu unterscheiden, solche, die von adjektivischen Simplizia, und solche, die von suffigierten Adjektiven abgeleitet sind. Zu diesen beiden Gruppen gesellt sich eine dritte, deren Basis doppelwertig ist, d. h., deren Stamm sowohl adjektivisch als auch substantivisch gebraucht werden kann.

2.2.1.2.1. Der Adjektivstamm ist ein oft einsilbiges Simplex:
sage → sagesse, pâle → pâleur.

-esse: die Ableitungen sind feminin und bezeichnen vor allem Eigenschaften. Nicht mehr produktiv. Beispiele: faiblesse, hardiesse, jeunesse, justesse, noblesse, richesse, robustesse, rudesse, souplesse, sveltesse, tendresse, tristesse.
Unterscheiden sich maskuline und feminine Form des Adjektivs, liegt bei der substantivischen Ableitung die feminine Variante zugrunde, wobei das Graphem e getilgt wird: (bas) basse → bassesse, analog gentillesse, grossesse, mollesse, vieillesse.
Der auslautende Konsonant wird hörbar: délica*t*esse, étroi*t*esse, fi*n*esse, peti*t*esse; Einschub eines Bindekonsonanten: politesse; mit erweitertem Suffix: sécheresse. In paresse (< lt. pigritia) ist der Stamm nicht motiviert. Der Herkunft und der Bedeutung nach ist dieses Suffix identisch mit -ise (s. dort!) und Derivaten auf -ice (avarice, justice, malice), die ausgesprochen selten in der Gegenwartssprache anzutreffen sind.

-eur: alle Derivate sind feminin und benennen Eigenschaften: aigreur, lenteur, maigreur, minceur, moiteur, pâleur, rougeur.
Dieses Suffix bildete zunächst Maskulina, wurde jedoch zur Femininbildung im Mittelalter umfunktioniert, um die Derivate von Nomina agentis mit dem homonymen Suffix unterscheiden zu können (vgl. weiter oben!).
Wie bei -esse Ableitungen von der femininen Variante des Adjektivs: (blanc) blanche → blancheur, ebenso douceur. Dementsprechend wird der Endkonsonant hörbar: blon*d*eur, froi*d*eur, gran*d*eur, lon*g*ueur, lour*d*ueur, pesan*t*eur, profon*d*eur, insonderheit ver*d*eur (vert).
Vokalalternanz [ɛ]/[e]: tiédeur (tiède).
Sonderfall: torpide ↔ torpeur, da direkte Entlehnung aus dem Latein.

-(er)ie: alle Derivate sind feminin. Gleiche morphophonemische Regeln wie bei -eur. Kaum produktiv. Bezeichnet Eigenschaften u. a.
Morphemvariante -ie: économie, (dis)courtoisie, idolâtrie, jalousie, modestie, monotonie, perfidie, vilenie (< vilain); Variante -erie: bigoterie, bizarrerie, coquetterie, crânerie, étourderie, fourberie, drôlerie, gaucherie, ivrognerie, mesquinerie, niaiserie, raillerie, saloperie, sauvagerie, poltronnerie.
Graphemveränderung: folie (< folle), bonhomie (< bonhomme). Einzelne Stämme sind doppelwertig als Substantiv und Adjektiv: clownerie, gaminerie, muflerie, piraterie, pitrerie, polissonnerie; manche sogar nur substantivisch: ânerie (< âne). Von suffigiertem Stamm abgeleitet: étourderie (< étourdi).
Die deadjektivischen Ableitungen auf -erie sind zu trennen von den deverbalen Derivaten (cochonnerie, raillerie, finasserie), vgl. 2.2.1.1.1. sowie 2.2.1.3.2.!
Die Morphemvariante -erie ist durch falsche Wortsegmentierung (chevalier + ie → chevalerie) entstanden und hat zunehmend -ie verdrängt, das seit dem 16. Jahrhundert nicht mehr produktiv ist.
Das Suffix -ie dient auch als onomastisches Suffix zur Bezeichnung von Länder- und Landschaftsnamen. Auf Grund einer ausgeprägten morphologischen Strukturierung korrelieren meistens Bewohnername und Zugehörigkeits-

adjektiv in suffigierter oder nicht suffigierter Form mit dem Namen des Landes (Staates) bzw. der Landschaft. Synchron kann man entweder (a) eine Ableitung des Ländernamens vom suffixlosen Adjektiv oder (b) den umgekehrten Vorgang der Ableitung des suffigierten Adjektivs vom suffixlosen Substantiv oder (c) den Suffixtausch zwischen Adjektiv und Ländernamen postulieren:

(a) mongole ↔ Mongolie
(b) Afrique ↔ africain
(c) algérien ↔ Algérie

Zu (b) und (c) vgl. auch 3.2.1.2.3.!
Neben Landesbezeichnungen, wie Albanie, Algérie, Arabie Saoudite, Birmanie, Bolivie, Bosnie, Colombie, Croatie, Ethiopie, Gambie, Helvétie, Hongrie, Indonésie, Italie, Jordanie, Malaisie, Mongolie, Océanie, Papouasie, Roumanie, Serbie, Somalie, Syrie, Tanzanie, Tchécoslovaquie, Tunisie, Turquie, Yougoslavie, Zambie, findet man Kontinentbezeichnungen (Australie, Asie, Eurasie), größere oder kleinere Regionen (Anatolie, Andalousie, Carélie, Dalmatie, Lombardie, Mandchourie, Prussie, Scandinavie, Sibérie, Valachie) und Inseln (Canaries, Tasmanie). Libye, Malawi und Mali verhalten sich wie die Ländernamen auf -ie.

-ise: Nicht mehr produktiv. Benennt Eigenschaften. Die Ableitungen sind feminin.
Balourdise, bêtise, convoitise (< convoiteur), débrouillardise, fainéantise, franchise, friandise, gourmandise, sottise, traîtrise. Mit Ausnahme von débrouillardise, das aus dem 20. Jahrhundert stammt, sind alle angeführten Derivate ältere Bildungen. Morphophonemische Gesetzmäßigkeiten wie bei -eur. Vantardise ist von einem suffigierten Adjektiv abgeleitet. Hantise ist eine deverbale Ableitung. Idiomatisiert: marchandise.

-(it)ude: kaum produktiv. Die Ableitungen sind feminin. Amplitude, aptitude, décrépitude, désuétude, exactitude, inquiétude, lassitude, négritude, platitude, servitude, turpitude, certitude (certain).
Mit gelehrtem Stamm: altitude, latitude, longitude, plénitude, rectitude. Bei mansuétude ist der Stamm heute unikal und unmotiviert.
Zu habitude, sollicitude fehlen die Adjektive. Ihnen zur Seite stehen Verben. Morphophonemische Regeln wie bei -eur!
Die meisten Lexeme sind direkt dem Latein entlehnt, andere sind Analogiebildungen im Französischen.

2.2.1.2.2. Bei der folgenden Gruppe handelt es sich um einen Ableitungstyp, bei dem die Ausgangsstämme ihrerseits in den meisten Fällen abgeleitet sind.
Suffixinventar: -(e)té (-ité), -ance (-ence).

-(e)té, -ité: Die femininen Derivate bezeichnen Eigenschaften. Hier sind adjektivische Basen als Simplizia von suffigierten Adjektivstämmen zu trennen. Bei der ersten Gruppe tritt das Allomorph -té an die feminine Form des Adjektivs: ancienneté, chasteté, fermeté, grossièreté, habileté, netteté, oisiveté, propreté, saleté, sûreté; veränderter Stamm: beauté, bonté, brièveté, cruauté, fierté,

loyauté, santé, vérité; bei einzelnen Adjektiven, namentlich wenn sie auf „l", „n" und „r" auslauten, tritt die Variante -ité an die feminine Form des Stammes: divinité, facilité, importunité, (in)commodité, (in)dignité, opportunité, solidité, virilité. Mit gelehrtem Stamm: sécurité. Sonderfall: simpl*ic*ité.
Adjektive auf -u bilden ihre Derivate auf -uité: assiduité, (in)congruité u. a.
Bei einigen Adjektiven (vor allem mit dem griechischen Element «gène») endet das Derivat auf *~éité*: hétérogénéité, homogénéité, aber auch étanchéité.
Wenn die Basis kein Simplex ist, kennt das Substantivalsuffix -ité folgende Distribution in Verbindung mit dem Basissuffix:

-al/-alité, -el/-alité: final → finalité, mortel → mortalité, mensualité, moralité, musicalité, nationalité, originalité, sexualité, vitalité; aber maternel → maternité.

-eur/-orité: antérieur → antériorité, infériorité, majorité, minorité, postériorité, supériorité.

-able/-abilité, -ible/-ibilité: disponible → disponibilité, ebenso comparabilité, (inter)changeabilité, convertibilité, responsabilité, (im)possibilité, traduisibilité. Mit Stammänderung:
aimable → amabilité; ferner soluble → solubilité; nur Adjektive mit passivischer Bedeutung eignen sich für die Substantivierung.

-aire/-arité, -ier/-arité: familier → familiarité, scolaire → scolarité, analog complémentarité, popularité, solidarité etc.

-eux/-osité: nerveux → nervosité, analog adiposité, curiosité, générosité, préciosité, spumosité, jedoch gracieus*eté*.

-if/-ivité: sélectif → sélectivité, analog (hyper)activité, collectivité, expressivité, passivité, productivité, sportivité etc.

-ique/-icité: historique → historicité, analog authenticité, élasticité, laïcité, aber identique → identité.

-ance, -ence: die beiden Suffixvarianten stehen in Korrelation zu den Adjektivsuffixen (bzw. Partizipialsuffixen) -ant und -ent: obligeant → obligeance, évident → évidence, analog appartenance, assistance, assurance, (co)existence, (in)cohérence, concurrence, confiance, consistance, croyance, déficience, dissemblance, divergence, élégance, exigence, indulgence, médisance, nonchalance, outrance, négligence, naissance, patience, permanence, provenance, puissance, souffrance, vaillance, vigilance. Strukturell anders: aisé → aisance. Sie bezeichnen vorwiegend Eigenschaften (vgl. weiter unten!). Die Derivate auf -ence sind direkte Entlehnungen aus dem Latein.

-ion: correct → correction. Wenig produktiv. Phonemalternanz [t]/[sj]: abjection, (in)correction, satisfaction, discrétion (zusätzliche Alternanz [ɛ]/[e]); der stammauslautende Konsonant wird hörbar [z]: préci*s*ion, indéci*s*ion.

Syntagmainterne strukturelle und semantische Beziehungen:

Innerhalb dieser Wortbildungsart überwiegt an *Strukturtypen* der Typ TA · S, d. h., Simplex mit Substantivalsuffix (richesse), seltener ist der Typ TA′ · S (mit Variante des Adjektivstammes: amabilité, santé), ferner der Strukturtyp P · TA · S (präfigierte Adjektivstämme: incommodité, malfaisance; vorwiegend Negationspräfixe). Auch der Typ TA · S, bei dem der Adjektivstamm seinerseits zusammen-

gesetzt ist (z. B. TA–TN od. TN–TV od. TAdv–TN), rechnet zu den produktiven Mustern. Hier überwiegen die Suffixe -ité, -ie und -ion (s. auch unter Komposition!). Es handelt sich bei den Ausgangsbasen zumeist um Komposita, deren Konstituenten gelehrte Elemente sind: monotone → monotonie, analog démocratie, cleptomanie, francophonie, thermo-électricité, locomotion, aber auch bonhomie. Semantisch gesehen bezeichnen die in diesem Abschnitt behandelten Lexeme größtenteils Eigenschaften oder vorübergehende Zustände von Lebewesen: der Satz cette personne est ivre läßt sich in die bedeutungsäquivalente syntaktische Wortgruppe l'ivresse de cette personne transformieren.
Wenn nicht mehr die reine Eigenschaft, sondern Handlungen, Gedanken oder Worte benannt werden, können die betreffenden Substantive auch im Plural verwendet werden:

amabilités, attentions, banalités, délicatesses, formalités, impertinences, insolences, gentillesses, méchancetés, sottises, vilenies usw.

Des weiteren begegnen auch Personenbezeichnungen (Wandel vom Abstraktum zum Konkretum):

une intelligence = une personne intelligente, analog célébrité, beauté,

ferner Sachbezeichnungen: formalités, raretés, richesses.
Schließlich können durch die Derivate auch Eigenschaften von Objekten beschrieben werden:

authenticité, altitude, élasticité, étanchéité, hétérogénéité, latitude, phosphorescence, sécheresse, souplesse, traduisibilité u. a.

Das Suffix -esse ist auch in Kollektiva nachzuweisen:

jeunesse, noblesse,

vereinzelt auch -(i)té: communauté, collectivité, nationalité.
Die Suffixe -(er)ie, -ise und -ité können neben Eigenschaften oder Zuständen auch Handlungen bezeichnen:

déloyauté, folie, fourberie, perfidie, traîtrise, vilenie.

Es ist auffällig (s. weiter oben!), daß das Suffix -(er)ie in Verbindung mit unterschiedlichen Stämmen (Nomina, Verben und Adjektive) häufig pejorative Eigenschaften ausdrückt.

2.2.1.2.3. Dieser Gruppe sind solche Stämme zuzurechnen, die gleichwertig als Substantive und Adjektive auftreten.
Suffixinventar: -isme, -at.

-isme: Alle Derivate sind maskulin. Die adjektivisch-substantivischen Stämme, die sich mit diesem Suffix verbinden, können unterschiedlicher Struktur sein. Es ergeben sich dabei folgende Distributionen: -(at)ique/-isme: héroïque ↔ héroïsme, analog romantisme, automatisme, archaïsme,
-iste/-isme: communiste ↔ communisme, analog alpinisme, classicisme,

dirigisme, égoïsme, impérialisme, individualisme, monopolisme, socialisme sowie andere Arten von Suffixtausch: chrétien ↔ christianisme, voltairien ↔ voltarianisme, totalitaire ↔ totalitarisme, analog égalitarisme, sectarisme, amateur ↔ amateurisme, chauvin ↔ chauvinisme, favori ↔ favori*t*isme, dilettante ↔ dilettantisme.
Ferner Ableitungen von adjektivischen Komposita gelehrter Herkunft: bilingue ↔ bilinguisme, athée ↔ athéisme wie auch von anderen Komposita: vers-librisme; von suffixlosen Basen: patriote ↔ patriotisme.

Dieses Suffix und das mit ihm korrelierende Morphem -iste haben seit der Großen Französischen Revolution von 1789 enormen Kurswert erhalten und stellen seitdem herausragende Wortbildungsmittel im sozialpolitischen und ideologischen Wortschatz zur Charakterisierung von Lehren und deren Anhängern bzw. von Gesellschaftsformationen dar:

capitalisme/capitaliste, colonialisme/colonialiste, communisme/communiste, fascisme/fasciste, immoralisme/immoraliste, marxisme/marxiste, non-conformisme/non-conformiste, mentalisme/mentaliste, (néo)positivisme/(néo)positiviste, racisme/raciste, syndicalisme/syndicaliste usw.

Beide Affixe haben jedoch inzwischen ihre Gebrauchssphäre wesentlich erweitert, so z. B. auf literarische und Kunstströmungen sowie naturwissenschaftliche Theorien (darwinisme/darwiniste; dodécaphonisme/dodécaphoniste; surréalisme/surréaliste, voltarianisme), Verhaltensweisen (héroïsme, bilatéralisme), Krankheiten (tabagisme, rachitisme, traumatisme), Eigenschaften (féodalisme im Gegensatz zu féodalité = Feudalismus), Sachbezeichnungen und Kollektiva (mécanisme, organisme), linguistische Begriffsbildung (consonantisme, gallicisme, germanisme, vocalisme) sowie Sportarten (motocyclisme, motonautisme).

-at: Die Derivate sind maskulin. Auch dieses Suffix tritt an unterschiedlich strukturierte Stämme:
-aire/-ariat: prolétaire → prolétariat, analog honorariat, notariat, volontariat, secrétariat, salariat. -al/-alat: cardinal → cardinalat, maréchalat u. a. -eur/-orat: professeur → professorat, analog censorat, doctorat, inspectorat, protectorat.
Jeweils andere Strukturverhältnisse zwischen Basismorphem und Derivat liegen vor bei: anonymat, apostolat, consulat, diaconat (< diacre), économat, épiscopat, interprétariat, paysa*nn*at.
Die Ableitungen, die zumeist als Basis eine Personenbezeichnung haben, geben das Amt u/od den Ort an, wo die Funktion ausgeübt wird.
Kollektivbezeichnungen liegen vor bei artisanat, orphelinat (auch Anstalt), patronat, paysannat, salariat, prolétariat.
Oft verkörpern die Derivate zwei (Funktion und Ort) oder gar drei Bedeutungen wie im Falle von économat. Anonymat und orphelinat bezeichnen ganz allgemein den Zustand, letzteres ist auch Kollektivname. Bei internat ist der Stamm ausschließlich adjektivisch.

2.2.1.3. N → N

Bei dieser Wortbildungsart kommen – im Gegensatz zu den vorangehenden Abschnitten – Suffixe in Anwendung, die die morphologische Klasse der Derivate nicht verändern. Die Unterteilung der Bildungstypen in Gruppen erfolgt unter morphosemantischem Gesichtspunkt. Die syntagmainternen strukturellen und semantischen Beziehungen werden beim jeweiligen Suffix erörtert.

2.2.1.3.1. Suffixe zur Bildung von Nomina agentis. Die Movierungssuffixe zur Bezeichnung der Person des anderen Geschlechts werden im gegebenen Fall erwähnt. Für die gesamte Gruppe ist der Übergang von Inanimata zu Animata beim Derivationsprozeß charakteristisch. Die Derivate können gleichzeitig als Adjektive verwendet werden.

-(i)er *m*, -(i)ère *f*: barbier, banquier, chemisier, cuisinier, épicier, fermier, laitier, liftier, plombier, routier, tôlier, vacancier.
Verdoppelung des Graphems am Stammende: cartonnier, chansonnier, charbonnier, matelassier.
Der stammauslautende Konsonant wird hörbar: chocolatier, fruitier, jardinier, laitier, moulinier, sabotier.
Alternanz eau/el: bateau → batelier, analog chapelier.
Einschub eines Bindekonsonanten: clou*t*ier, coque*t*ier, pape*t*ier, jedoch écu*y*er.
Nach g und ch Reduzierung des Suffixes auf -er/-ère: berger, horloger, lingère, cocher, vacher.
Der vorherrschende *Strukturtyp* ist TN · S bzw. TN′ · S; Ableitungen von verbalen Stämmen (Typ TV · S) sind Ausnahmen: pâtissier.
Vereinzelt treten auch präfigierte Formen auf: coéquipier.
Das Suffix -ier tritt heute für Personenbezeichnungen in Konkurrenz mit anderen produktiven Suffixen wie -eur, -ien und -iste (s. dort!).
Die Personen werden nach ihrem Beruf (cuisinier) oder sonstiger Beschäftigung (plaisancier) oder anderen Beziehungen (équipier) benannt.
Eine Reihe von Derivaten können polysem sein: chemisier = 1. fabricant, 2. marchand, 3. corsage. Harenguier und maquereautier können den speziellen Fischer wie auch das spezielle Fangschiff bezeichnen. Hier ergeben sich Berührungen mit den Suffixen der Gruppe b). Bei meunier ist die erste Konstituente heute nicht mehr motiviert, da der Stamm isoliert ist.
Die Derivate können auch adjektivisch gebraucht werden: la production horlogère.
Nicht alle Ableitungen haben das Gegenstück mit Movierungssuffix. Die Ursachen sind zumeist außersprachlich, z. B. le banquier, aber nicht *la banquière, le barbier, aber nicht *la barbière.

-(ic)ien *m*, -(ic)ienne *f*: acousticien, baudelairien, brechtien, balisticien, chirurgien, clinicien, coll*é*gien, chrétien, académicien, électronicien, esthéticienne, gaullien, généticien, grammairien, kantien, kolkhozien, luthérien, mathématicien, musicien, opticien, pharmacien, physicien, praticien, statisticien, théoricien.

Die erweiterten Morphemvarianten -icien/-icienne fügen sich an auf -ique ausgehende Substantivstämme an:
physique → physicien.
Alternanz [ε]/[e] bei: collège → collégien, Luther → luthérien.
Dieses Suffix wird in seiner Produktivität bei der Bildung von Personenbezeichnungen nur noch von -iste übertroffen. Auch hier überwiegt der *Strukturtyp* TN · S. Allerdings ist im Vergleich zu -ier zu beobachten, daß -ien häufig Verbindungen eingeht mit gelehrten Stämmen (théoricien, balisticien etc.) oder mit Eigennamen (brechtien, épicurien etc.). Die semantischen Beziehungen sind vielfältiger als bei -ier: Angabe des Berufes (chirurgien), der Weltanschauung (stoïcien), der Religion (chrétien), der Zugehörigkeit (collégien, normalien), der Anhängerschaft (voltairien) und sonstiger Beschäftigung (aoûtien = Augusturlauber).
Betreffs Movierungssuffix gilt das bei -ier Gesagte: esthéticienne (Kosmetikerin), aber nicht esthéticien. Das Wortpaar esthéticien/esthéticienne existiert hingegen in der Bedeutung «écrivain, philosophe ou savant qui s'est spécialisé dans l'esthétique».

-iste *m/f*: affichiste, anarchiste, artiste, bagagiste, anesthésiste, biologiste, calviniste, chimiste, congressiste, cycliste, dentiste, dermatologiste, défaitiste, ébéniste, essayiste, fasciste, finaliste, fleuriste, fumiste, garagiste, gaulliste, impérialiste, impressionniste, latiniste, léniniste, marxiste, militariste, monopoliste, matérialiste, neutraliste, pianiste, radariste, séparatiste.
Dieses Suffix ist vom strukturellen und semantischen Gesichtspunkt in dieser Gruppe am breitesten gefächert. Neben dem hauptsächlichen *Strukturtyp* TN · S (artiste), wobei die erste Konstituente oft aus dem Griechischen stammt (dermatologiste), finden wir den präfigierten Typ P · TN · S (anticommuniste, irréaliste), den von Komposita abgeleiteten Typ TN (TN_1–TN_2 od TN–TA od TA–TN) · S (cruciverbiste oder mots-croisiste, vers-libriste, nature mortiste = Stillebenmaler, néo-kantiste, anarcho-syndicaliste, psychanaliste, panaméricaniste; okkasionelle Bildungen wie six-févrieriste [Dubois, Dériv. suff., 46] und selbst aus Wortgruppen und ganzen Sätzen entstandene Derivate wie jusqu'au-boutiste, je-m'en-fichiste oder derber je-m'en-foutiste). Ableitungen von Abkürzungen (cégétiste) s. unter 2.6.! Den Derivaten auf -iste entspricht meist eine Ableitung auf -isme (vgl. dieses Suffix!).
In Übereinstimmung mit der stürmischen Entwicklung von Wissenschaft und Technik in unserer Zeit bezeichnet dieses Suffix – neben -icien – zunehmend den hochqualifizierten Spezialisten gegenüber -eur, das den Arbeiter bzw. Techniker kennzeichnet (s. auch 2.2.1.1.2.). Zunächst traf dies auf den Bereich der Musik zu: harpiste (1809), violoniste (1823), instrumentiste (1823), pianiste (1827), flûtiste (1828), guitariste (1829) (vgl. dazu M. Höfler, ZRPh, 82, 1967, S. 445!). Dann wurden davon immer weitere Lexikbereiche erfaßt:

accessoiriste, criminologiste, éditorialiste, microbiologiste, radariste usw.

Die Palette der Semantik (vgl. -isme!) dieses Morphems reicht heute von der Bezeichnung des Berufes (chimiste, fleuriste), der Tätigkeit (cycliste, congressiste), der Weltanschauung bzw. politischen oder geistigen Strömung (léniniste, militariste, impressionniste), einer Haltung (neutraliste, jusqu'au-boutiste) bis hin zum Hobby (mots-croisiste). Document/al/iste ist nach dem Muster journaliste gebildet. Eine Entsprechung auf -isme existiert bisher nicht.

Bei den Derivaten aus Komposita mit der gelehrten Konstituente „logie" bestehen nicht selten die suffigierte Form und das Lexem mit Nullsuffix – gewöhnlich ohne Bedeutungsunterschied – nebeneinander:

météorologue – météorologiste, hydrologue – hydrologiste, dermatologue – dermatologiste, laryngologue – laryngologiste, ophtalmologue – ophtalmologiste, radiologue – radiologiste, zoologue – zoologiste.

-aire *m/f*, -ataire *m/f*, -itaire *m/f*: auxiliaire, disquaire, incendiaire, militaire, propriétaire, statuaire.

Morphophonemische Regeln wie bei -ier: actio*nn*aire, concessio*nn*aire, (com)missio*nn*aire, fonctio*nn*aire, millio*nn*aire, révolutio*nn*aire. Mit gelehrter erster Konstituente: *libr*aire, *titul*aire. Mit Morphemvariante -ataire: (al)locataire, destinataire, donataire, légataire, mandataire, signataire. Mit Morphemvariante -itaire: dépositaire, sursitaire.

Im wesentlichen sind wie in den vorhergehenden Fällen die beiden *Strukturtypen* TN · S (fonctionnaire) und TE · S (auxiliaire) vertreten. Die Bildungen auf -ataire sind erklärbar als Ableitungen aus Substantiven mit Suffix -ion (location, donation) bzw. Suffix -ure (signature) bzw. Suffix -at (légat, mandat), wobei in den beiden ersten Fällen das Nominalsuffix getilgt wird. Sursitaire ist ein Derivat von sursis. Bei antiquaire ist die erste Konstituente als Adjektiv zu betrachten. Enge Berührungen ergeben sich mit dem Adjektivsuffix gleicher Lautung (s. dort!).

Zwischen den Derivaten auf -aire und jenen auf -ataire bzw. -itaire hat sich semantisch eine Differenzierung herausgebildet. Die ersteren bezeichnen gewöhnlich den Beruf oder ganz allgemein die Tätigkeit, die letzteren nennen das Patiens, eine vom Vorgang betroffene oder geschaffene Größe. Das Suffix ist heute wenig produktiv.

Eine Gruppe für sich bilden Substantive und Adjektive, die Ableitungen aus gelehrten lateinischen Numeralia-Stämmen darstellen. Drei Bedeutungsgruppen zeichnen sich im wesentlichen ab:

(1) Personenbezeichnungen mit Altersangabe nach Jahrzehnten: quadragénaire, quinquagénaire (auch cinquantenaire), sexagénaire, septuagénaire, octogénaire, nonagénaire, centenaire,
(2) Maskuline Bezeichnungen des Jahrestages: (bi)centenaire, (bi)millénaire,
(3) Die Wiederkehr eines Datums bzw. Adjektive, die das Alter bei Personen angeben: s. Lexeme unter (1)!

-(er)on: bildet Maskulina. Unproduktives Suffix. Die Beispiele sind durchgängig Berufsbezeichnungen nach dem Strukturtyp TN · S: aoûteron (Saisonarbeiter in der Landwirtschaft), bûcheron, charron (< char), forgeron, tâcheron, vigneron.

-er: Dieser Wortausgang in einer Anzahl von Wörtern, die im Englischen Derivate darstellen, hat im Französischen auch den Charakter eines Suffixes angenommen auf Grund der Vielzahl solcher englischer Entlehnungen und ihrer Rolle im Kommunikationsprozeß. In der Aussprache wird es entweder dem Suffix «eur» oder der Silbe «ère» angeglichen. Als Merkmal, das Nomina agentis bezeichnet, tritt es gewöhnlich ohne Movierungssuffix auf: docker, challenger, gangster, (radio)reporter, speaker (als Fem. speakerine). Nomina instrumenti sind folgende strukturierten Lexeme: (auto)-scooter, best-seller, bulldozer, container, cosy-corner, mixer, sweater. Alle Lexeme sind als ganze Einheiten entlehnt.

Nullsuffix *m*, -esse *f*: maître/maîtresse, prince/princesse
-on *m*, -onne *f*: espion/espionne, baron/baronne, fripon/friponne.
Dieser Gruppe gehören Personen- oder Tierbezeichnungen an, bei denen das feminine Pendant sich durch das Suffix in Opposition zur unmarkierten männlichen Bezeichnung ausweist: comte/comtesse, champion/championne, garçon/garçonne, abbé/abbesse, tigre/tigresse, lion/lionne; die erste Konstituente (Stamm) ist in diesen Fällen unmotiviert. Das syntagmatische Verhältnis zwischen erster und zweiter Konstituente bleibt jedoch auch hier durch die Opposition Nullsuffix (*m*)/Suffix (*f*) motiviert. Das männliche Gegenstück zu hôtesse de l'air ist nicht ausgebildet, was denotatsbedingt ist. Allerdings gibt es dafür in anderen Bedeutungen die Entsprechung von hôte und hôtesse.

Dieser Gruppe gliedern wir einige gelehrte Suffixe an, die in den wissenschaftlichen Terminologien Wortbildungsmorpheme in Nomenklaturen sind und Tier- oder Pflanzengruppen kennzeichnen:

-idés *m Pl*: bezeichnet Familien in der Zoologie, z. B. bovidés, canidés, équidés, ovidés u. a.
-inés *m Pl* oder -ins *m Pl*: benennt Klassen in der zoologischen Fachterminologie, z. B. bovins, équins, ovins, ovinés.
-ales *f Pl*: dient zur Bezeichnung der Ordnung in der Botanik, z. B. filicales, lycopodiales, rosales etc.
-inées *f Pl*: bezeichnet die Klasse in derselben Terminologie, z. B. abrétinées usw.
-(ac)ées *f Pl*: kennzeichnet die Familie im botanischen Fachwortschatz, z. B. cactées, lycopodiacées, rosacées.

2.2.1.3.2. Suffixe, die Inanimata und Abstrakta bezeichnen. Diese Gruppe unterteilt sich in Untergruppen.

(1) Suffixe zur Bezeichnung von Materiellem.

-(i)er *m*: dient zur Bezeichnung des Baumes, des Strauches oder der Pflanze, die Früchte hervorbringt: abricotier, amandier, bananier, cerisier, framboisier, mûrier, poirier, poivrier, pommier, prunier.
Nach „ch" oder „g" tritt das Allomorph „er" an den Stamm: oranger, pêcher. Einschub eines Bindekonsonanten: coco*t*ier. Der Endkonsonant wird hörbar: abrico*t*ier.

Folgende Elemente dienen in Fachwortschätzen als Wortbildungsmittel:

-um *m*: kennzeichnet in der Mineralogie seltene Metalle, tritt üblicherweise an Eigennamen: californium, einsteinium, polonium.

-ite *f*: charakterisiert wichtige Mineralien: apatite, bauxite, pyrite, tantalite. Die erste Konstituente ist in der Struktur sehr variabel.
-ase *f*: bezeichnet in der Biologie Diastasen: maltase, saccharase, sucrase etc.
-ure *f*: in der anorganischen Chemie Bezeichnung eines Salzes, entspricht im Dt. dem Morphem -id. Beispiele: bromure, chlorure, iodure, sulfure.
-ate *f*: bezeichnet gleichfalls Salze im gleichen Fachwortschatz, ≙ dt. -at, Beispiele: carbonate, phosphate, sulfate.

In der organischen Chemie sind folgende Wortbildungsmorpheme häufig, die in gebotener Kürze aufgezählt werden:

-ane *m*: ≙ dt. -an, für gesättigten Wasserstoff: propane
-ène *m*: ≙ dt. -en, für ungesättigten Wasserstoff: méthylène, propène
-ol *m*: ≙ dt. -ol, für Alkohol oder Phenol: éthanol
-al *m*: ≙ dt. -al, für Aldehyd: éthanal
-one *m*: ≙ dt. -on, für Keton: propanone
-ine *m*: ≙ dt. -in, für Amin oder Anilin: méthylamine
-ose *m*: ≙ dt. -ose, für Glykosid: maltose
-ide *m*: ≙ dt. -id, für homologe Reihen: glucides.

Es folgen weitere Wortbildungsmorpheme unterschiedlicher Bedeutung:

-ine *f*: bezeichnet Erzeugnisse, insbesondere Medikamente, Substanzen: albumine, brillantine, cocaïne, morphine, mousseline, pénicilline, popeline, toxine, vaseline.
-ier *m*, -ière *f*: gibt das Behältnis, den Gegenstand oder den Ort an. Die männliche Variante bildet vor allem Bezeichnungen für Behältnisse: beurrier, cendrier, coquetier, doigtier, encrier, huilier, poudrier, saladier, sucrier, vinaigrier; im weiteren Sinn Schiffe: bananier, harenguier, maquereautier, pétrolier; Sammlung: herbier; Objekte: chéquier, damier, échiquier, glacier, plafonnier; selten Ort: charnier.
Die feminine Variante kann auch das Behältnis angeben: bonbonnière, cafetière, salière, soupière, tabatière, théière; ferner den Ort, wo etwas gewonnen oder angepflanzt wird: glaisière, houblonnière, rizière, sablonnière, sapinière, soufrière, bzw. den Ort ganz allgemein: chaumière, garçonnière; des weiteren das Instrument bzw. den Gegenstand: gouttière, muselière, ratière, souricière.
Es werden dieselben morphophonemischen Regeln wirksam, wie sie unter 2.2.1.3.1. geschildert wurden.
Die erste Konstituente ist nicht mehr motiviert in: carrière, panier; mehr oder weniger idiomatisierte Derivate: boutonnière, pépinière, plancher, rocher, tablier.
-(er)ie *f*: gibt den Ort der Herstellung und/oder des Verkaufes oder den Stand an: aciérie, bergerie, bijouterie, boucherie, boulangerie, charcuterie, chemiserie, cokerie, confiserie, cordonnerie, droguerie, fromagerie, ganterie, hôtellerie, laiterie, lampisterie, librairie, mercerie, minoterie, parfumerie, poissonnerie, rôtisserie, tuilerie, verrerie. Dieses Affix, das vor dem 20. Jahrhundert vor allem Bezeichnungen für Stätten der handwerklichen Produktion prägt,

tritt mit dem Siegeszug der kapitalistischen Großproduktion in den Hintergrund.

Der vorherrschende *Strukturtyp* ist TN · S bzw. TN′ · S (librairie). Viele dieser Bildungen haben eine substantivische Entsprechung in der Personenbezeichnung (boulanger, bijoutier etc.). Die Bedeutung von „Stall“ liegt vor in: porcherie, vacherie.

Die Verknüpfung der Konstituenten erfolgt nach den morphophonemischen Regeln, wie sie unter 2.2.1.3.1. beschrieben werden. Einzelne Derivate leiten sich von Verbalstämmen ab: blanchisserie, brasserie, conserverie, garderie d'enfants, laverie, pâtisserie, hier tritt nur das Suffix in der Variante -erie auf.

Bei einzelnen Wörtern wird Stand, Funktion oder Rechtsprechung (historisch) angegeben: baronnie, chevalerie, gendarmerie, mairie, paysannerie, seigneurie.

Zum Wortausgang -ie bei Komposita mit gelehrten Konstituenten (agronomie, pédiatrie etc.) vgl. Komposition der Nomina (2.3.2.1.3. sowie 2.2.1.1.1. und 2.2.1.2.1.!).

-é *m*: nicht mehr produktiv. Gibt Amtsbereich an: comté, doyenneté, duché, évêché.

-il *m*: heute unproduktiv. Bezeichnet den Ort: chenil, fournil, terril.

-aire *m*: lampadaire, luminaire. Nicht produktiv. Wird selten für die Benennung von Gegenständen gebraucht. In «luminaire» kann es zudem noch die alte Kollektivbezeichnung verkörpern, wie wir sie auch vorfinden in dictionnaire, formulaire, questionnaire, vocabulaire, hier wird „Sammlung“ bezeichnet.

(2) Suffixe zur Bezeichnung von Zuständen bzw. Perioden.

-age *m*: cousinage, esclavage, servage, veuvage. Nicht mehr produktiv. Im Altfranzösischen diente es auch als Adjektivalsuffix (sauvage, volage). Vgl. auch (3) sowie unter 2.2.1.1.1.!

-at *m*: s. unter 2.2.1.2.3.!

-aison *f*: nicht produktiv. Kennzeichnet die Erntezeit bzw. Jagdsaison: cueillaison, épiaison, fenaison, fauchaison, porchaison. Teilweise mit Verbalstämmen verknüpft: décuvaison, défeuillaison, défloraison.

-isme *m*: s. unter 2.2.1.2.3.!

-ite *f*: appendicite, arthrite, bronchite, gingivite, laryngite. Bezeichnet akute Entzündungen in der medizinischen Terminologie. Verbindet sich mit gelehrten, seltener mit französischen Stämmen.

-ose *f*: cirrhose, dermatose, furonculose, névrose, thrombose, tuberculose. Bezeichnet den chronischen Krankheitszustand. Schließt sich an gelehrte oder französische Konstituenten an.

-ome *m*: Wortbildungselement zur Kennzeichnung von Geschwülsten, medizinische Terminologie: carcinome, chondrome, fibrome, sarcome. Wird meist mit griechischen Elementen verknüpft.

(3) Suffixe, die Kollektivnamen prägen.

Hier werden solche Wortbildungsmittel beschrieben, die Sammelnamen (Kollektiva) bilden, d. h. solche Substantive, die eine Vielheit als Einheit erfassen. Sie sind gewöhnlich Singulariatantum.

-ade *f*: nicht produktiv. Kollektivsuffix. Manche Wörter sind aus anderen Sprachen entlehnt, manche im Französischen nach deren Modell gebildet: balustrade, barricade, bastonnade, colonnade. Nicht motiviert im Französischen sind: ambassade, estacade, estrade, pintade, sérénade; sie entstammen allesamt anderen romanischen Sprachen. Außer Kollektiva bezeichnet dieses Morphem auch Getränke (citronnade, limonade, orangeade), Gewebe (cotonnade) und andere Erzeugnisse (pommade).

-age *m*: appareillage, apprentissage, branchage, feuillage, fourrage, herbage, ombrage, outillage, paysage, pelage, plumage, rivage. Als Kollektivsuffix kaum produktiv.
Von Verbalstämmen abgeleitete Lexeme: carrelage, entourage, étalage, héritage.

-aille *f*: nicht mehr produktiv. Bildet Kollektiva mit Stämmen von Inanimata (Ausnahme: cochonnaille): broussailles, entrailles, ferraille, grenaille, limaille, muraille, pierraille, volaille. Abstrakta erscheinen nur im Plural: épousailles, fiançailles, funérailles.
In Verbindung mit Stämmen von Animata verleiht es pejorative Bedeutung. Manche Lexeme gehören der Vulgärsprache an: flicaille, marmaille (< marmot), prêtraille (veraltet), valetaille (veraltet). Vom Verb abgeleitet: mangeaille. Bei canaille (Lehnwort aus dem Italienischen) ist die erste Konstituente im Französischen nicht motiviert.
In semaille und trouvaille wird das Resultat angegeben. Vgl. auch das homonyme Suffix unter 2.2.1.1.3.!

-ée *f*: dieses Suffix bedeutet „Inhalt" in räumlicher und zeitlicher Hinsicht. Kaum produktiv: assiettée, bouchée, brassée, chambrée, charretée, coudée, cuillerée, marmitée, nuée, pelletée, pinchée, poignée, tablée; année, journée, matinée, nuitée, soirée. Mit Verben als erster Konstituente: bouffée, enjambée. Zum homonymen Suffix -ée vgl. 2.4.1.2.!

-(er)aie *f*: heute unproduktiv. Dieses monosemische Suffix bedeutet „Plantage", „Wald", „Anpflanzung". Es berührt sich semantisch mit dem Suffix -ière (vgl. weiter oben!). Au(l)naie, bananeraie, cerisaie, boulaie (< bouleau), châtaigneraie, chênaie, frênaie, futaie, hêtraie, oliv(er)aie, palmeraie, pineraie, pommeraie, ronceraie, roseraie, saulaie od saussaie. Das Allomorph -eraie ist durch falsche Wortsegmentierung entstanden (pommier + aie → pommeraie, das sich scheinbar aus pomme + eraie zusammensetzt).

-ure *f*: Gewöhnlich in Verbindung mit Nominalstämmen, jedoch als Kollektivsuffix nicht mehr produktiv: chevelure, denture, mâture, ossature, toiture, voilure. Die erste Konstituente ist ein Verb in: armature, armure, chiure; ein Adverb in: devanture.

Die folgenden Suffixe modifizieren als einzige dieser Gruppe die morphologische Klasse der Derivate.

-ain *m*: kennzeichnet die Strophen in der Metrik: dizain, douzain, huitain, quatrain, sizain. Zum homonymen Suffix vgl. 3.2.1.2.3.!

-aine *f*: hat in Verbindung mit Zahlwörtern drei Bedeutungen:
(1) Angabe von traditionellen Größen, z. B. une huitaine de jours, analog

centaine, cinquantaine, dizaine, douzaine, quarantaine, quinzaine, soixantaine, trentaine, vingtaine.

(2) Ungefähre Menge (s. Lexeme unter (1)!).

(3) Angabe des ungefähren Alters: cinquantaine, quarantaine, soixantaine, trentaine.

(4) Diminutiv- und Appreziativsuffixe.

Unter dieser Rubrik werden solche Wortbildungselemente behandelt, die Verkleinerung oder (im Ausnahmefall) Vergröberung beinhalten. Oft ist dies mit einer Bedeutungsverschlechterung oder -verbesserung gekoppelt. Die Mehrzahl dieser Nominalsuffixe erscheint bei den Adjektiven wieder. Generell gilt, daß eine Reihe dieser Derivate neben der Diminutivbedeutung auch noch andere spezialisierte Bedeutungen ausgebildet hat.

Die Diminutivbildungen im modernen Französisch zeigen eine rückläufige Tendenz. Die am häufigsten gebrauchten Diminutivsuffixe sind heute -et und -elet. Der Begriff „Diminutiv“ darf nicht zu eng aufgefaßt werden. Er drückt keineswegs nur „Verkleinerung“ aus. Als appreziative Suffixe enthalten sie oft eine expressive Nuance. Im Kommunikationsprozeß kann der Sprecher durch die Verwendung von Diminutiva seine emotionale Einstellung zum Ausdruck bringen, was in einem solchen Maße geschehen kann, daß der Begriff „klein“ völlig in den Hintergrund tritt. Dies ist der Fall in ausgeprägtester Form bei den Koseformen und -namen (Charlot, sœuret, fiston, frérot u. a.). Der affektive Wert kann sich ins Negative kehren und Abwertung ausdrücken (z. B. beim Suffix -ard). Es kommt vor, daß Diminutivformen als Einzellexeme nicht mehr existieren, sondern nur noch in phraseologischen Wendungen erscheinen (trembler comme une *femmelette*), was mit einer Demotivierung einhergeht.

In der Reihenfolge der Behandlung der einzelnen Suffixe in diesem Abschnitt werden die Derivate an den Anfang gestellt, bei denen die syntagmainterne Motivation noch vorhanden ist. Nachfolgend werden dann einige Beispiele für spezialisierte Bedeutungen, d. h. Lexikalisierungen, angeführt.

(4.1) Das Primärwort ist ein Animatum.

-eau *m*, -ereau *m*, -eteau *m*, -ceau *m*, -et *m*; -ette *f*; -elet *m*, -elette *f*: diese Suffixe bezeichnen das Jungtier: bécasseau, caneteau oder canardeau, chevreau, éléphanteau, lapereau, lionceau, louveteau, perdreau, pigeonneau, pintadeau, pourceau, renardeau, vipereau. Morphophonemische Regeln wie unter 2.2.1.3.1.

Personenbezeichnungen mit diesem Suffix haben gewöhnlich abwertende Bedeutung: poétereau, tyranneau (s. Guilbert, GLLF, S. XLI!).

Beispiele mit dem Suffix -(el)et: agnelet, cochonnet, porcelet, poulet; Person: garçonnet.

Die Variante -et (-ette), die aus einem lateinischen Diminutivsuffix für Eigennamen hervorgegangen ist, gilt heute als Diminutivsuffix par excellence für Appellative und Adjektive (s. dort!).

Das weibliche Movierungssuffix -ette begegnet in: canette, chevrette, levrette, vachette; bei Personen: fillette, sœurette, starlette; mit Eigennamen: Jeannette, Annette. In den Diminutiven demoiselle, goret, jouvenceau, jouvencelle sind die ersten Konstituenten vom synchronen Standpunkt nicht mehr durchsichtig. Idiomatisiert sind weitere Diminutivformen wie chardonneret, chouette, fauvette, jeannette, mauvette, poulette, roitelet, vedette.

-(a)illon *m*: nicht produktiv, diminutiv. Tierbezeichnungen: barbillon, bouvillon, carpillon, moinillon, oisillon, taurillon. Personenbezeichnungen: moussaillon, négrillon, poétaillon (pejorativ); von einem Adverb abgeleitet: tardillon.

-in *m*, -ine *f*: kaum produktiv, diminutiv: chevrotin (< chevreuil), diablotin; pejorativ in: calotin (< calotte), plaisantin; lexikalisiert in: galopin, oursin, robin.

-(er)on *m*, -(er)onne *f*, -eton *m*: nicht produktiv, diminutiv. Tiere: aiglon, ânon, caneton (< cane), chaton, levron (< lévrier), moucheron, ourson, puceron, raton. Personen: fiston (< fils), laideron; von Eigennamen: Madelon.

-ot *m*: nicht produktiv, diminutiv: frérot; als onomastisches Suffix: Bertelot (< Bertrand), Charlot, Jeannot, Pierrot, Robinot (< Robert), Thurot (< Arthur).

-ard *m*, -arde *f*: produktiv. Dieses Morphem ist vorwiegend augmentativ-pejorativ: cabochard, cumulard, mouchard, patriotard, revanchard, soiffard; von Adjektiven abgeleitet: richard, salopard. Sehr produktiv in der langue parlée courante: chéquard, combinard, flemmard, gueulard, veinard. Nicht alle Primärwörter sind in dieser und der folgenden Gruppe Animata. Dieses Suffix kennzeichnet auch ohne Pejoration die Person (communard, dreyfusard, motard), den Bewohner (banlieusard, broussard, campagnard, montagnard). Idiomatisiert sind: cuissard, poignard, têtard.

Communard steht neben seiner Bedeutung „Teilnehmer an der Commune" abwertend in der Sprache der bürgerlichen Presse für «communiste».

(4.2) Das Primärwort ist ein Inanimatum.

-(el)et *m*, -(el)ette *f*: diminutiv. Die maskuline Variante verbindet sich nur mit maskulinen Stämmen: artic*ul*et, balco*nn*et, coussinet, jardinet, osselet, ruisselet, sachet, tonnelet, wagonnet. Idiomatisiert sind: archet, barbet, collet, cornet, fausset, œillet.

Die feminine Variante schließt sich an Feminina an: affichette, bandelette, boulette, cassette, cordelette, fourchette, gouttelette, maisonnette, meulette, miette, planchette, tartelette, voiturette. Sie kann jedoch auch an Maskulina angegliedert werden, wie die folgenden Beispiele belegen: camio*nn*ette, collerette, fourgo*nn*ette. Amusette ist vom Verb amuser abgeleitet.

Idiomatisiert sind: banquette, bavette, cuvette, lunettes, manchette, pincette, tablette, vignette.

-eau *m*, -elle *f*: kaum produktiv, diminutiv: cisterneau, cordeau, cuisseau, jambonneau; mit verändertem Stamm: arbrisseau; mit weiblichem Movierungssuffix: parcelle, poutrelle, prunelle, ruelle, tourelle; idiomatisiert: lamelle.

Die maskuline Form des Suffixes schließt sich an männliche wie weibliche Stämme an.

-illon *m*, -ille *f*: nicht produktiv, diminutiv: faucillon, gravillon, portillon; idiomatisiert: aiguillon, bottillon, raidillon, tortillon.

Mit femininem Movierungssuffix: brindille (< brin), charmille, escadrille, flottille; idiomatisiert: grenadille.

-in *m*, -ine *f*: wenig produktiv, diminutiv: bouquetin, charretin, chaumine (veraltet), fagotin, figurine, fortin, tableau*t*in; idiomatisiert: bottine.

-(i)ole *f*: unproduktiv, diminutiv: artériole, bronchiole, gloriole. Zumeist idiomatisiert: banderole, bestiole, casserole.

-(er)on *m*: unproduktiv, diminutiv: aileron, cabanon, carafon, chaînon, croûton, cruchon, médaillon, napperon, peloton, saleron, tronçon, vallon. Idiomatisiert in: croupon, jupon, manchon, veston. Die Stämme können sowohl maskulin als auch feminin sein. Pejorative Bedeutung begegnet in: brouillon, grognon. Das Suffix -on ist augmentativ in ballon und caisson.

-ot *m*, -ot(t)e *f*: kaum produktiv, diminutiv: ange*l*ot, ballot, billot, bouillotte (< bouilloire), îlot; idiomatisiert in: bécot, cageot, char*i*ot, culot, jugeote (deverbal), menottes, roulotte. Die erste Konstituente ist demotiviert in: marmot, mégot. Von Verbalstämmen hergeleitet sind: parlotte, tremblote, beide pejorativ.

-ule *m* od. *f*, -icule *m* od. *f*: unproduktiv, diminutiv: glandule *f*, globule *m*, lobule *m*, plumule *f*, veinule *f*; denticule *m*, monticule *m*, particule *f*, pellicule *f*; idiomatisiert: animalcule *m*, ovule *m*, pédicule *m*, uvule *f*. Cellule im Französischen nicht mehr motiviert.

-asse *f*, selten -ace *f*: ist in erster Linie pejorativ: filasse, paperasse, populace, tignasse, vinasse. Dieses Suffix ist namentlich in der Vulgärsprache und im Argot produktiv: connasse, dégueulasse (beide auch Adj.), pouffiasse. Von Verbalstämmen abgeleitet: lavasse, traînasse. Das gleiche Suffix bezeichnet ohne Pejoration Kollektiva. In dieser Funktion ist es unproduktiv: chiasse, liasse, paillasse. Das maskuline Gegenstück -as ist kaum produktiv gewesen (plâtras, frimas).

2.2.2. Präfigierung

In ihrer Produktivität tritt die Präfigierung als Wortbildungsverfahren weit hinter die Suffigierung zurück. Dennoch gilt sie in der modernen Sprache auch als ein Verfahren, das in nicht unerheblichem Maße neue Wörter produziert.

Da für eine synchrone Analyse der Wortbildungsmittel die Produktivität maßgebliches Kriterium ist, ist eine Differenzierung der Präfixe nach ihrem Ursprung irrelevant. So sind die Präfixe «demi» (demi-cercle), «semi» (semi-conducteur) und «hémi» (hémicycle) zwar verschiedener Herkunft, aber alle drei sind als produktive Elemente – wenn auch in unterschiedlichem Grade und in verschiedenen sprachlichen Registern – in dasselbe Sprachsystem integriert. Darüber hinaus werden in diesem Abschnitt auch solche Präfixe beschrieben, die lediglich in einer knapp bemessenen Zahl von Lexemen erscheinen, deren Konstituenten jedoch für den Gegenwartssprecher noch motiviert sind. Solche Elemente sind zwar nicht mehr produktiv, müssen aber als noch aktiv und daher jederzeit disponibel für erneute lexikalische Produktion gelten. Die Zahl der aktiven Präfixe ist im Nominalbereich ziemlich groß. Aktivität von Wortbildungselementen darf jedoch nicht mit ihrer Produktivität gleichgesetzt werden. So ist die Zahl der wirklich produktiven Präfixe in der Allgemeinsprache beschränkt. Manche Wortbildungselemente in

Linksstellung – ein Teil der sogenannten gelehrten Präfixe – sind fast ausschließlich in Fachwortschätzen produktiv. In diesem Abschnitt werden parasynthetische Bildungen außer acht gelassen. Sie finden ihre Behandlung im nächsten Abschnitt.
Präfixe verändern nicht die morphologische Klasse der Derivate, wenn wir vom speziellen Fall der Parasynthetika absehen, wo sie dies im Verein mit Suffixen tun. Ihre Beschreibung erfolgt aus diesem Grunde nach semantischen Gesichtspunkten. Das präfigierte Nomen kann einem Relativsatz mit Präpositionalphrase als semantisch adäquat betrachtet werden:

le projet qui est avant le projet ↔ l'avant-projet.

Als *Strukturtypen* treten folgende nominale Präfixbildungen auf: (1) P · TN (arrière-plan), (2) P · TN · S (rétropédalage), (3) P · TE (hémisphère), (4) P · TE (TN–TV) (parapsychologie).
In Typ (4) ist die zweite Konstituente ein Kompositum.
Worttypen wie «hypersensibilité», «inadmissibilité», «le parasympathique» werden in diesem Abschnitt nur beiläufig erwähnt, da sie keine primären Präfixbildungen darstellen. Die beiden ersten Lexeme sind Nominalisierungen, die aus den Adjektiven «hypersensible» oder «inadmissible» erst in sekundärer Ableitung hervorgegangen sind, letzteres ist eine Konversion, deren Basis «le système nerveux parasympathique» darstellt.

2.2.2.1. Präfixe, die Räumlichkeit ausdrücken

Morpheminventar: épi-, hyper-, super-, sur- ≙ au-dessus de, sur (= räumlich über, oberhalb). Im Einzelfall auch Überschreitung einer Grenze, die als normal betrachtet wird ≙ au-delà de.

sur-: surdent, surfaix, surfil, surimpression, surplace, survêtement, survol. Übertragen: surinfection. In surface und sursaut ist das syntagmainterne Verhältnis zwischen den Konstituenten demotiviert. Das Präfix bildet mit dem Stamm immer eine graphische Einheit.

super-: begegnet nur in superstructure und superstrat sowie in Toponymika: Superbagnères, Super-Cannes.

hyper-: ≙ au-delà de: hyperespace, hyperfréquence. Selten in räumlicher Bedeutung.

épi-: vorwiegend in Fachterminologien: épicarpe, épiderme, épigastre, épiglotte. Bildet eine graphische Einheit mit dem Stammorphem.

Morpheminventar: hypo-, infra-, sous-, sub- ≙ au-dessous de, sous (= räumlich unter, unterhalb).

sous-: sous-arbrisseau, sous-bas, sous-bois, sous-faîte, sous-main, sous-nappe, sous-pied, sous-sol, sous-titre, sous-verre, sous-vêtement.
Alle noch motivierten Bildungen haben einen Bindestrich zwischen Präfix und Stammorphem.

hypo-: nur in wenigen Fachtermini: hypocentre, hypoderme, hypogastre. Bildet mit dem Stamm eine graphische Einheit.

infra-: infraposition, infrason, infrastructure, infravirus. Die Präfigierungen bilden meist eine graphische Einheit, auch Schreibung infra-son möglich.
sub-: erscheint in Verbindung mit suffigierten Stämmen: subconscience, subdélégation, subdivision. Die so konstruierten Lexeme sind eine graphische Einheit.

In Einzelfällen finden wir zwischen den beiden voranstehenden Bedeutungsgruppen semantische Opposition in den Wortbildungsmitteln: sous-vêtement/survêtement, superstructure/infrastructure.

Morpheminventar: ecto-, exo-, extra-, hors- ≙ en dehors de, à l'extérieur de (= räumlich außen, außerhalb).

hors-: hors-bord, hors-d'œuvre, hors-jeu, hors-la-loi, hors-ligne, hors-texte. Alle diese Bildungen bleiben im Plural unverändert, was darin begründet ist, daß sie nach dem Schema «un moteur qui est à l'extérieur du bord ↔ un (moteur) hors-bord» transformierbar sind. Die Umformung von einer syntaktischen Fügung in eine lexikalische Einheit bringt mit sich, daß das Nomen getilgt wird (moteur) und nur noch die Präpositionalphrase übrigbleibt.
extra-: nur in Fachtermini wie extra-courant, extrados, extrasystole, extra-territorialité. Zusammenschreibung besteht neben Schreibung mit Bindestrich.
ecto-: ectoderme, ectoparasite, ectopie. Erscheint lediglich in wissenschaftlichen Terminologien.
exo-: wie das vorangehende Präfix nur in Fachtermini und in gleicher Funktion und Bedeutung: exogamie, exosmose, exosphère.

Morpheminventar: endo-, intra- ≙ à l'intérieur de (= räumlich innen, innerhalb).

endo-: wird antonymisch zu ecto- und exo- gebraucht: endocarpe, endoderme, endotoxine. Begegnet nur in wissenschaftlichen Fachtermini.
intra-: im Nominalbereich nicht verwendet mit Ausnahme von intrados, wenn man von elliptischen Bildungen absieht wie z. B. une piqûre intracardiaque ≙ une intracardiaque.

Morpheminventar: entre-, inter- ≙ entre (= räumliche Beziehung zwischen zwei Größen, zwischen); contre (= gegenüber) s. unter 2.2.2.3.!

entre-: Die präfigierten Lexeme werden zusammengeschrieben oder haben einen Bindestrich zwischen erster und zweiter Konstituente: entre-deux, entre-filet, entre(-)jambe(s), entre-ligne, entre-nœud, entrepont, entre-rail, entre-voie. Manche Bezeichnungen sind auf dem Wege der völligen Demotivierung, was sich in der Schreibweise als graphische Einheit äußern kann: entrecôte, entremets, entregent.
inter-: interaction, interattraction, interclasse, interdépendance, intergroupe, interligne, interlude, interrelation, intersession. Eine Reihe von Konstruktionen sind Ableitungen von präfigierten Adjektiven (interchangeabilité, intersubjectivité) oder von Verben (internationalisation, interpénétration).
In der Sprache der Politik, Wirtschaft und Verwaltung besonders während der

Nachkriegszeit sehr produktiv geworden; dient als Ausdruck der zahlreichen zwischenstaatlichen Organisationen und Beziehungen der einzelnen Länder.

Morpheminventar: anti-, avant-, pré-, pro- ≙ (en) avant, devant (= räumlich vor).

anti-: einzige Bildung antichambre. Dieses Präfix ist identisch mit dem Präfix anté- in der Bedeutung bei dem Nomen antéposition, das eine verbale Ableitung darstellt.

avant-: avant-bras, avant-centre, avant-cour, avant-garde, avant-mont, avant-port, avant-poste, avant-scène, avant-toit, avant-train. Dieses Morphem wird durch Bindestrich mit der Basis verknüpft. Nicht alle Präfixbildungen können in gleicher Weise mit einem Relativsatz umschrieben werden: avant-bras = le bras qui est avant le bras, jedoch avant-centre = le centre qui est avant.

pro-: erscheint nur in wissenschaftlichen Fachwörtern: prognathe, prolégomènes, prolepse, prologue, propylée, prostate, prothorax. Bildet auch Adjektive: proclitique, prosimien.

pré-: wenige Bildungen in dieser Funktion: préchambre, préfixe, prémolaire, prénom. Dieses Morphem verbindet sich hauptsächlich mit Stämmen, die Temporalität angeben, s. dort!

Morpheminventar: rétro- ≙ en arrière (= zurück).

rétro-: rétroaction, rétrofusée, rétropédalage, rétroversion; mit Stämmen, die nicht isoliert existieren: rétrogression, rétrospection. Rétroactivité und rétrogradation sind postadjektivale bzw. postverbale Derivate.

Morpheminventar: amphi-, circum- (circon-), péri- ≙ autour de (= räumliche Umfassung, um ... herum).

amphi-: nicht mehr produktiv: amphibologie, amphithéâtre.

circum- (circon-): nur in Fachwortschätzen produktiv: circumduction, circumnavigation, circonvolution. Die Konstruktionen mit der Morphemvariante sind in der Mehrzahl der Fälle dem Latein direkt entlehnt.

péri-: meist in Verbindung mit griechischen Elementen: péricarde, périmètre, périphérie, périphrase, périscope. Die Termini gehören gewöhnlich Fachwortschätzen an.

Morpheminventar: dia-, trans- ≙ à travers (= räumlich [quer] durch).

dia-: nur in Fachtermini: diapositive, diascope. In Verbindung mit einem Stamm, der einen Zeitbegriff beinhaltet: diachronie.

trans-: selten im Nominalbereich: transmodulation. Die meisten Wörter sind Ableitungen von Verben oder Adjektiven: transsudation (< transsuder), translucidité (< translucide).

Morpheminventar: arrière-, post- ≙ après (= räumlich hinter, nach).

arrière-: arrière-ban, arrière-boutique, arrière-garde, arrière-pays, arrière-plan, arrière-scène, arrière-train. Alle Konstruktionen weisen einen Bindestrich in der Schreibung auf.

post-: im Nominalbereich selten: posthypophyse, post-scriptum. Postposition ist ein deverbales Derivat von postposer. Dieses Präfix ist häufiger in Verbindung mit Stämmen, die Zeitbegriffe beinhalten (s. dort!), jedoch ist eine eindeutige Abgrenzung vom Räumlichen bisweilen problematisch.

Das Präfix arrière- wird antonymisch zu avant- gebraucht (vgl. avant-!). Zwischen den gegensätzlichen Präfixen post-/pré-, après-/avant- haben sich in der Bedeutungsgruppe „Räumlichkeit" keine Oppositionen ausgebildet.

2.2.2.2. Präfixe, die Temporalität ausdrücken

Morpheminventar: anti-, avant-, ex-, pré- ≙ avant (= Vorzeitigkeit, vor(her))

avant-: avant-goût, avant-guerre, avant-première, avant-propos, avant-veille. Alle Konstruktionen haben einen Bindestrich.

anti-: antidate als einzige Bildung.

pré-: préavis, précombustion, précompte, préface, préhistoire, présalaire, présélection. Prédétermination, prédisposition u. a. sind Derivate von Verben. Andere Wörter wie prépondérance, prétexte sind heute demotiviert.

ex-: Dieses Präfix ist in Verbindung mit Nominalstämmen sehr produktiv. Die Schreibung mit Bindestrich ist obligatorisch. Die Semantik dieses Elements ist «ancien» und kann mit folgender Relativsatztransformation paraphrasiert werden: le sénateur qui n'est plus sénateur ↔ l'ex-sénateur.
Weitere Beispiele: ex-consul, ex-député, ex-directeur, ex-ministre, ex-président. Virtuelles Bildungsmodell.

Morpheminventar: arrière-, après-, post- ≙ après (= Nachzeitigkeit, nach(her), danach).

arrière-: arrière-faix, arrière-fleur, arrière-goût, arrière-saison. Unter den Präfixbildungen mit arrière- gibt es einen besonderen Typ, der die zeitliche Abfolge von Generationen verkörpert. Als Ausdrucksalternative kann folgendes Transformationsschema für eine Reihe von Verwandtschaftsnamen gelten:
le petit-fils en arrière du petit-fils ↔ l'arrière-petit-fils, analog arrière-cousin, arrière-grand-mère, arrière-grand-oncle, arrière-grands-parents, arrière-nièce, arrière-petit-cousin, arrière-petit-neveu, arrière-petits-enfants.
Nach demselben Modell sind auch Bildungen möglich wie arrière-arrière-grand-père etc.

après-: après-guerre, après-midi, après-rasage, après-ski. Das Präfix verbindet sich wie «arrière» mit der zweiten Konstituente durch Bindestrich. Après-demain ist eine Konversion aus einem Adverb.

post-: postcommunion, postcombustion, postdate, postface. Postsynchronisation ist ein deverbales Derivat. Die Lexeme mit „post" bilden eine graphische Einheit.

Morpheminventar: entre- ≙ entre (zwischen zwei zeitlichen Perioden).

entre-: in wenigen Beispielen: entre-deux, entre-deux-guerres, entre-temps. Entrefaites ist demotiviert und begegnet nur in der phraseologischen Wendung «sur ces entrefaites».

Morpheminventar: co-, syn- ≙ avec (= Gleichzeitigkeit).

co-: coaccusé, coassocié, coauteur, codébiteur, coéquipier, cogérant, cohéritier, coprésident, copropriété, cosignataire, colocataire.
Dieses Präfix ist im Nominalbereich sehr produktiv. Nicht alle Wortbildungen sind in den Wörterbüchern verzeichnet. Selten erscheinen die Morphemvarianten com-, con-, col- und cor- in noch motivierten Konstruktionen wie compatriote, concitoyen, condisciple, confrère, collocation, corrélation. In allen anderen Konstruktionen sind diese Präfixvarianten nicht mehr motiviert.
Coparticipant, coparticipation, copossession u. a. sind von Verben abgeleitet.

syn-: erscheint hauptsächlich in Fachtermini: syntaxe, synthèse, syntagme. Viele solcher Präfixbildungen sind direkt aus dem Griechischen entlehnt, dabei tritt dieses Morphem in mehreren Varianten auf: syl-: syllogisme; sym: symbiose, symphonie, symposium; syn: synonyme; sy-: symétrie, systyle. Ausgehend vom griechischen Bildungsmodell ist in den Fachwortschätzen eine Remotivierung dieses Präfixes erfolgt, die zu neuen Bildungen im Französischen führte.

2.2.2.3. Präfixe, die Gegnerschaft, Gegensatz, feindliche Haltung zum Ausdruck bringen

Morpheminventar: anti-, contra-, contre-, para- ≙ contre (= Gegensatz).

anti-: tritt sowohl an französische wie auch an gelehrte Stämme: anticolonialisme, anticommunisme, anticorps, antifascisme/antifasciste, antigel, antimilitarisme, antimissile, antineutron, antimatière; antibiotique, antidote, antipathie, antipode.
Manche Substantive sind durch Konversion aus Adjektiven zu erklären: un produit antimite(s) → un antimite(s), analog antidérapant, antidétonant, antigivrant, antiparasite, antitank.
Einzige Bildung mit der Morphemvariante anté- in dieser Bedeutung und Funktion: Antéchrist.

contre-: dieses Präfix ist semantisch nuancierter als «anti». Es drückt das Entgegengesetzte, Entgegengerichtete (mehr oder weniger feindlich) aus: contrecoup, contre-courant, contre-espionnage, contre-jour, contre-offensive, contrepoids, contre-révolution, contresens.
Rein räumliches Gegenüber findet man in: contre-allée, contre-digue, contreécrou, contre-fenêtre, contre-rail etc.
Auch ausgleichende Reaktion kann bezeichnet werden: contre-épreuve, contre-essai, contre-expertise, contre-partie, contrevaleur, contre-visite.
Einordnung in eine Hierarchie begegnet in: contre-amiral, contremaître.
Von anderer Wortart abgeleitet und damit keine primären Präfixbildungen sind contre-indication, contre-manifestation.
Die Schreibweisen mit Bindestrich bzw. in graphischer Einheit bestehen nebeneinander, jedoch nicht fakultativ.

contra-: dieses Morphem ist nicht mehr produktiv. Einzige französische Bildung im Nominalbereich: contraception.

Contradiction ist direkt dem Latein entlehnt, jedoch noch motiviert, contravention dagegen nicht mehr. Das Nomen «contraceptif» ist eine Konversion aus dem homophonen Adjektiv.

para-: nicht mehr produktiv: parafoudre, paragrêle, parapluie, parasol, paratonnerre, paravent. Demotiviert in: parachute. Dieses Präfix ist von dem ähnlich lautenden Kompositionselement «pare» zu unterscheiden: pare-brise, paresoleil (s. Komposition!).

2.2.2.4. Präfixe, die Freundschaft, Sympathie ausdrücken

Morpheminventar: pro- ≙ pour, en faveur de, partisan de (= für; freundliche Haltung gegenüber).

pro-: dieses Präfix ist das einzige in dieser Bedeutungsgruppe; es ist heute außerordentlich produktiv und kann auf den gleichen Rang wie «anti» gestellt werden, dem es antonymisch gegenübersteht. Das Morphem begegnet häufig in Ethnika und in Verbindung mit Eigennamen. Die Präfixbildungen können sowohl als Substantive als auch als Adjektive fungieren: celui qui est pour l'impérialisme ↔ le proïmpérialiste. Nach diesem Transformationsmuster lassen sich proallié, proanglais, procapitaliste, promarxiste u. v. a. beschreiben.

Dieses Präfix ist anderen Ursprungs und anderer semantischer Natur als das homonymische Präfix mit räumlicher Bedeutung (vgl. 2.2.2.1.!).

2.2.2.5. Präfixe, die Privation beinhalten

Morpheminventar: a(n)-, sans- ≙ sans (= Mangel an; ohne).

a(n)-: dieses aus dem Griechischen stammende Präfix erscheint in Bildungen, die direkt dem Griechischen entlehnt oder erst im Französischen mit griechischen Wurzeln gebildet wurden. Es sind gewöhnlich Termini, die den Fachwortschätzen zuzurechnen sind. Die Morphemvariante an- tritt vor Vokalanlaut bzw. «h». Semantisch ist das Präfix gleichbedeutend mit Mangel, Fehlen oder auch Negierung; im letzteren Fall gehört es der nachfolgenden Bedeutungsgruppe an, wird aber hier mit abgehandelt.
Es verbindet sich mit suffigierten und suffixlosen Stämmen.
(1) Mangel: anesthésie, apesanteur, anaérobie, anémie, athée etc.
(2) Negation: analgésie, analphabète, anonymie u. a.

sans-: dieses Morphem kann als Präfix in einer Reihe von Wortbildungen auftreten. Es hat privative Funktion und bildet Personenbezeichnungen (sansabri, sans-cœur, sans-culotte, sans-le-sou, sans-logis, sans parti, sans-travail) wie auch Abstrakta (sans-façon, sans-fil, sans-gêne). Die Personenbezeichnungen bleiben mit Ausnahme von sans-culotte im Plural unmarkiert. Alle Konstruktionen sind maskulin. Die Schreibung mit Bindestrich überwiegt. Bei sans-fil hat sich ein Bedeutungsunterschied durch Genuswechsel herausgebildet: sans-fil *f* = télégraphie sans fil; sans-fil *m* = radiogramme.

2.2.2.6. Präfixe, die Negation ausdrücken

Morpheminventar: a(n)-, dé(s)-, dis-, in-, mal-, mé-, non- ≙ ce qui n'est pas (plus) (= Verneinung). Ihre Antonyme sind Nullpräfixe oder die Präfixe bien-, caco- und eu-.

Den folgenden Präfixbildungen mit verneinendem Inhalt entspricht als äquivalente syntaktische Fügung nicht wie in den vorangehenden Fällen eine Präpositionalphrase, sondern ein negiertes Prädikat nach dem Transformationsschema:

le succès qui n'est pas succès ↔ l'insuccès

a(n)-: s. 2.2.2.5.!

in-: dieses Präfix dient in erster Linie der Bildung von Adjektiven. Die meisten Substantive mit diesem Präfix sind somit Ableitungen von Adjektiven: indissoluble ↔ indissolubilité, analog inaccessibilité, indignité, insoumission; improductivité; irrégularité usw. Es gibt einige Substantive, die primäre Präfixbildungen darstellen; dabei treten die Allomorphe im-, in- und ir- gleichfalls, wie in den voranstehenden Beispielen, in Erscheinung: impesanteur (= apesanteur), impitié, impréparation, imprévision; inappétance, inconfiance, inconnaissance, incurie, indiscipline, inexpérience, innocuité, insécurité; irrespect, irrévérence.

non-: dieses Element ist im Nominalbereich das produktivste Negationspräfix. Bei weitem nicht alle Wortbildungen sind in den Wörterbüchern verzeichnet. Ableitungen von Stämmen, die Animata wie auch Inanimata bezeichnen, sind möglich. Virtuell ist die Verneinung eines jeden Substantivs mit Hilfe dieses Elements denkbar. Einige Beispiele aus den Wörterverzeichnissen: non-agression, non-alignement, non-appartenance, non-assistance, non-combattant, non-conformisme, non-croyant, non-engagement, non-intervention, non-salarié, non-sens, non-spécialiste.

Bei den folgenden Präfixen ist eine semantische Verwandtschaft mit den Wortbildungsmorphemen zu beobachten, die unter 2.2.2.5. bzw. 2.2.2.7. beschrieben werden:

dé(s)-: morphophonemische Regeln wie beim Verb. Dieses Präfix erscheint in wenigen echten nominalen Präfixbildungen: défaveur, dégel, dénutrition, désaccord, désaffection, désagrément, désaveu, désillusion, désordre. In den meisten Lexemen hat das Präfix Intensitätswert (s. mal- und mé-!). Das Präfix ist vor allem im verbalen Bereich produktiv.

dis-: nicht mehr produktiv: disparité, dissemblance, dissymétrie. Diese Wörter stehen in einem Gegensatz zu den nicht präfigierten Positiva parité bzw. symétrie. In anderen Konstruktionen liegt im Vergleich zu den jeweiligen Simplizia ein Intensitätswert vor entsprechend einer Opposition „schlecht/gut" (dis ≙ loin de): discrédit, disgrâce, disproportion. Dissonance hat als Antonym consonance, dessen Präfix nicht mehr motiviert ist. Bei den meisten Wörtern mit dis- ist jedoch das syntagmatische Verhältnis zwischen Präfix und Basis nicht mehr motiviert.

mal-, mé(s)-: morphophonemische Regeln wie beim Verb (s. dort!). Diese Präfixvarianten erscheinen in Wörtern, die Ableitungen von Adjektiven sind:

malfaisant ↔ malfaisance, analog malveillance, médisance. Bei malaise, malchance, malfaçon, malformation, mal-logé, mal-jugé, malnutrition, mésentente, mésestime, mésintelligence, méfait handelt es sich hingegen um echte Präfigierungen. Diese Morpheme sind keine reinen Negationen, d. h. keine Antonyme. Auch hier ist die Opposition zwischen nichtpräfigiertem Positivum und Präfixbildung auf den Intensitätsmerkmalen «bon/mauvais» begründet. Es wird mit Hilfe dieser Affixe das vom Normalen nach dem Negativen Abweichende angegeben. Andererseits steht bisweilen als Antonym zu diesen Präfixen das Präfix bien- zur Verfügung: bienveillance/malveillance, analog bienfaisance, bienfait (s. weiter unten!).

Die folgenden drei Präfixe werden hier eingeordnet, da sie vereinzelt als Wortbildungselemente zur Verfügung stehen, die antonymisch zu den voranstehenden Negationspräfixen gebraucht werden. In der Mehrzahl der Fälle bilden jedoch nichtpräfigierte Lexeme das jeweilige Antonym zu den negativen Präfixbildungen: politesse/impolitesse usw.

bien-: ≙ Adverb bien. Mit Bindestrich: bien-aise, bien-dire, bien-être, bien-faire, bien-fondé, bien-jugé, bien-vivre. Zusammenschreibungen: bienfaisance, bienfait, bienveillance, bienvenue. Letztgenannte Gruppe besteht restlos aus deverbalen und deadjektivischen Derivaten.
Das Präfix steht häufig antonymisch zu Bildungen auf mal-.

caco-: ≙ mal. Wird in Fachtermini verwendet: cacographie, cacologie, cacophonie. Wird mitunter antonymisch zum nachfolgenden Element gebraucht.

eu-: ≙ bien. Geht wie caco- Verbindungen mit gelehrten Konstituenten ein: eupepsie, euphémisme, euphonie, euphorie, euthanasie.

2.2.2.7. Präfixe, die Intensität ausdrücken

Morpheminventar: archi-, demi-, hémi, hyper-, hypo-, mi-, péné-, per-, presque-, quasi-, re-, semi-, sous-, super-, sur-, ultra-. Diese relativ große Zahl von Präfixen fassen wir in Bedeutungsuntergruppen zusammen. Es überwiegen dabei die Präfixe, die Verstärkung, Hervorhebung bzw. Abschwächung beinhalten. Der lexikalische Stamm vertritt in den betreffenden Derivaten die Bedeutung des Normalmaßes:

le carburant qui est carburant à un degré supérieur ↔ le supercarburant.

Semantisch vermischt sich mit dem Bedeutungstyp, der Intensität ausdrückt, der Bedeutungstyp, der das Übertreffen bzw. die Stellung innerhalb einer Hierarchie angibt. Da diese Bedeutungen schwer voneinander zu trennen sind, werden beide Typen unter einem Punkt behandelt.

Morpheminventar: arch(i)-, extra-, hyper-, méta-, per-, super-, supra-, sur-, ultra- ≙ au-dessus de la normale.

arch(i)-: dieses Präfix beinhaltet in Nomina den höchsten Rang. In Verbindung mit Personenbezeichnungen ist es nicht produktiv, wohl aber aktiv: archichancelier, archidiacre, archiduc, archiprêtre, einzige neuere Bildung im

Schülersonderwortschatz: archicube. Vor Vokal arch-: archange, archevêque. Von diesen Stammwörtern gibt es eine Reihe Ableitungen: archevêché, archidiaconat, archiduché, archiduchesse, archiépiscopat u. a. Die superlativische Bedeutung ist nur bei Adjektiven vorhanden (s. dort!).

In Verbindung mit Abstrakta ist dieses Element jüngsten Datums und gehört dem linguistischen Fachwortschatz an: archiphonème, archisémème, archilexème.

extra-: ≙ au plus haut degré. Einziges Substantiv: extra-fort. In dieser Bedeutung sonst nur mit Adjektiven verknüpft.

hyper-: ≙ au plus haut degré. Die Lexeme sind meist Fachtermini. Das Präfix verbindet sich mit französischen und gelehrten Stämmen: hyperacidité, hypersécrétion, hypertension, hypertonie, hypertrophie.

Das Übertreffen wird angegeben in: hypermarché, hyperorganisme, hyperfréquence (im letzten Fall vgl. auch 2.2.2.1.!).

méta-: ≙ au-delà de. Motiviert in neueren Bildungen, die Fachwortschätzen angehören: métalangue, métalangage, métamathématique; andere Konstruktionen sind älter: métaphysique etc.

per-: ≙ au plus haut degré. Wird nur in der Chemie verwendet: peracide, perborate, perhydrol, peroxyde, persulfate, perchlorate.

super-: ≙ au plus haut degré. Dieses Steigerungspräfix verleiht gewöhnlich den Konstruktionen positive superlativische Bedeutung: supercarburant, supercarré, superciment, superfinition, superforteresse, supermarché, supernova, superphosphate, superproduction, superréaction. Die Lexeme bilden eine graphische Einheit.

supra-: begegnet nur in Fachtermini der Physik: supraconduction, supraconductibilité, supraconductivité.

sur-: ≙ trop; au-dessus de. Wird mit französischen Stämmen verknüpft: surcharge, surchoix, surenchère, surentraînement, surhomme, surnombre, surréalisme, surtaxe. In Verbindung mit einem Adverb: surplus. Die meisten präfigierten Nomina sind jedoch deverbale Ableitungen, z. B. surchauffement, surestimation, surpassement, surpeuplement, surproduction. Auch Konversion: le surnaturel.

ultra-: ≙ au-delà de. In wissenschaftlichen Terminologien: ultracentrifugation, ultrafiltration, ultramicroscope, ultrapression, ultrason, ultravirus.

Dieses Präfix war schon in den politischen und sozialen Kämpfen der Französischen Revolution von 1789 zu einem spezifischen Wortbildungselement der Sprache der Politik geworden: ultrapatriote, ultrarévolutionnaire usw. Dieser Gebrauch findet auch in unserer Zeit seine Fortsetzung: ultradémocrate, ultrafasciste, ultragauche usw. Substantive mit negativer Steigerung wie ultracolonialiste, ultraroyaliste usw. sind auch Adjektive.

Morpheminventar: hypo-, sous-, sub- ≙ au-dessous de la normale. Die folgenden Präfixe kennzeichnen Unzulänglichkeit, das unter dem Normalen Liegende.

hypo-: ≙ trop peu. Wird in Fachwortschätzen verwendet und tritt an französische wie auch an gelehrte Stämme: hypocalcémie, hypotension, hypotonie, hypotrophie.

sous-: ≙ trop peu. Wird mit französischen Stämmen verbunden. Die Schreibung mit Bindestrich ist Norm: sous-amendement, sous-emploi. Die meisten Wörter mit diesem Präfix sind deverbale Ableitungen (oft existiert nur das Partizip!): sous-alimentation, sous-consommation, sous-développement, sous-équipement, sous-estimation, sous-exposition, sous-production, sous-tension.
In einer zweiten Bedeutung kennzeichnet dieses Morphem den untergeordneten Rang im Verhältnis zur Basis: sous-aide, sous-bibliothécaire, sous-brigadier, sous-chef, sous-directeur, sous-ingénieur, sous-intendant, sous-lieutenant, sous-officier, sous-préfet. In Verbindung mit Inanimata wird gleichfalls die Stellung im Verhältnis zur höheren Einheit angegeben: sous-classe, sous-commission, sous-ensemble, sous-genre, sous-multiple, sous-station, sous-titre. Eine besondere Bedeutung liegt vor in sous-prolétariat = partie la plus exploitée du prolétariat, analog sous-prolétaire.

sub-: selten. Gibt die Stellung in einer Hierarchie an, erscheint nur in deverbalen Ableitungen: subdélégation, subdivision, subordination.

Morpheminventar: pro-, vice- ≙ à la place de, pour (= Gleichrangigkeit).

Die folgenden Präfixe geben hierarchische Einordnung bzw. Gleichrangigkeit an.

pro-: kommt nur in wenigen Bildungen vor. Wird mit Stämmen, die Inanimata beinhalten, verbunden: provitamine; direkt dem Latein entlehnt, jedoch noch motiviert: pronom. Wird gleichfalls an Personenbezeichnungen angefügt: propharmacien.

vice-: verbindet sich mit der zweiten Konstituente durch Bindestrich. Geht nur Verbindungen mit Personenbezeichnungen ein und bedeutet „stellvertretend": vice-amiral, vice-chancelier, vice-consul, vice-président, vice-recteur, vice-reine, vice-roi. Davon abgeleitete Abstrakta: vice-consulat, vice-présidence, vice-royauté usw. Älteren Datums ist das Präfix in reduzierter Form: vicomte, vidame.

Morpheminventar: demi-, hémi-, mi-, semi- ≙ à moitié; la moitié de (= halb).

demi-: alle Lexeme enthalten einen Bindestrich. In Personenbezeichnungen oder Abstrakta ≙ à moitié: demi-deuil, demi-dieu, demi-frère, demi-jour, demi-mal, demi-pension, demi-sœur, demi-sommeil, demi-vierge. Die erwähnten Personenbezeichnungen können auch prädikativ als Adjektive gebraucht werden. In anderen Wortbildungen bezeichnet das Präfix Quantität und entspricht dem Ausdruck «la moitié de»: demi-bas, demi-botte, demi-douzaine, demi-gros, demi-heure, demi-litre, demi-lune, demi-tarif, demi-ton. Manche Lexeme befinden sich auf dem Wege der Demotivierung: demi-monde; demi-place = place à moitié du prix.

hémi-: ≙ à moitié. Nur in Fachtermini üblich. Die Lexeme bilden eine graphische Einheit: hémicycle, hémiplégie, hémisphère, hémitropie.

mi-: ist eine morphologische Variante des Präfixes «demi» und entspricht à moitié; tritt nur in wenigen Substantiven auf: mi-bas, mi-carême, mi-laine, mi-occlusive, mi-temps. Einzelne Nomina sind erst durch Konversion aus Adjektiven entstanden: mi-lourd, mi-moyen.
Die Schreibung mit Bindestrich ist obligatorisch.

semi-: ≙ à moitié: semi-coke, semi-conducteur, semi-consonne, semi-remorque, semi-voyelle. Einzelne Nomina sind deadjektivische Derivate: semi-auxiliaire, semi-nomade. Alle Lexeme werden mit Bindestrich geschrieben.

Morpheminventar: péné-, presque-, quasi- ≙ à peu près, presque (= fast, beinahe).

pén(é)-: existiert nur in wenigen Bildungen: pénéplaine, péninsule, pénombre.
presqu(e)-: presqu'île; gewöhnlich Getrenntschreibung: presque totalité.
quasi-: quasi-cécité, quasi-contrat, quasi-délit, quasi-mariage, quasi-synonyme, quasi-totalité. Dieses Präfix wird durch Bindestrich mit dem Stamm verknüpft.

Morpheminventar: tout(e)- (= ganz, vollkommen).

tout(e)-: toute-bonne, toute-épice, tout-fou, tout-petit, tout-puissant (davon abgeleitet toute-puissance), tout-venant. Die meisten der genannten Lexeme sind aus Konversionen entstanden.

Morpheminventar: re- ≙ de nouveau.

re-: dieses Präfix ist ein ausgesprochenes Verbalpräfix. In einzelnen Nomina tritt es, wie es scheint, mit Intensitätswert auf: recoin, regain, relent, remugle, renouveau (letzteres und relent aus Adjektiven entstanden). Dieses Bildungsmuster ist jedoch nicht mehr produktiv im modernen Französisch. Dagegen ist erst jüngst eine Tendenz spürbar, das Präfix re- in der Bedeutung «de nouveau» auch im Nominalbereich heimisch zu machen: re-bonjour. Vgl. z. B. Humanité Dimanche N⁰ 133/1973, S. 11: «... où je prends la voiture (...), le métro (...). Je quitte mon travail à 17 heures. *Re-métro, re-voiture.*» Solche Bildungen sind vorerst noch als vornehmlich der «langue parlée courante» zugehörig zu betrachten.

2.2.3. Parasynthetika

Die Zahl der echten parasynthetischen Bildungen im Nominalbereich ist überschaubar. Nach unserer Auffassung rechnen wir nur solche Konstruktionen dazu, in denen Wurzeln auf der rechten Seite der syntagmatischen Achse Kombinationen dann aktualisieren, wenn sie gleichzeitig Kombinationen auf der linken Seite der Wurzel eingehen. Strukturell handelt es sich um den Typ P · TN · S: apiéceur, atterrissage, décavaillonneuse, déclenchement, défenestration, démembrement, démutisation, détoxication, détroncation, empiècement, emplacement, emprisonnement, encolure, encouragement, ennoblissement, enrésinement, ensellement, ensellure, enseuillement, ensouchement, épulpeur, intonation u. a. Dieses Verfahren der Wortbildung findet seine besondere Ausprägung im Bereich der Verben (s. dort!).

2.3. Komposition

Für das Französische hat die Komposition sicherlich nicht den Stellenwert innerhalb der sprachinternen Mittel zur Bereicherung des Wortschatzes, den sie beispielsweise für das Deutsche besitzt, wo sie eine schier unerschöpfliche Quelle der Wortschatzerweiterung darstellt. Dennoch ist in der französischen Sprache in den letzten zwei Jahrhunderten eine zunehmende Tendenz zur Komposition namentlich im Nominalbereich spürbar, wie in der Fachliteratur nachgewiesen wird (vgl. Paepcke, Französische Nominalkompositionen, und Grieve-Schumacher, Nominalkomposition im Französischen!). Es kann festgestellt werden, daß die Komposition heute immer stärker einzelne Register der Sprache prägt, z. B. Fachwortschätze wie die Reklamesprache, womit durchaus nicht in Frage gestellt werden soll, daß Derivation und Präfigierung nach wie vor die bevorzugten Verfahren der Erweiterung des Wortschatzes darstellen. Allein die formale Vielfalt der französischen Nominalkomposita ist Ausdruck des gestiegenen Wertes dieses Wortbildungsverfahrens.
Insbesondere die sogenannten «recomposés» umspannen in den Fachwortschätzen einen weiten Raum. Gelehrte Bildungen sind bis in die Anfänge der französischen Sprache zurückzuverfolgen. Ein stabiles Wortbildungssystem, das auf lateinischen oder griechischen Bausteinen basiert, hat sich im Laufe des 15. und 16. Jahrhunderts ausgeprägt, an dessen Grundlegung die Übersetzer Karls des V. maßgeblichen Anteil hatten. Einen ersten Höhepunkt erreicht die „gelehrte" Bildungsweise mit dem 16. Jahrhundert (vgl. dazu P. Guiraud, Les mots savants!).
Die Reihenfolge der Beschreibung der verschiedenen Bildungstypen entspricht den beiden grundlegenden syntagmainternen Beziehungen im Innern der Komposita, der Koordination und Subordination. Unter jedem Grundstrukturtyp werden die verschiedenen grammatischen Typen nach der morphologischen Beschaffenheit sowie gemäß der semantischen Verknüpfbarkeit ihrer Konstituenten beschrieben. Als lexikalische Grundmodelle eignen sich für die Komposition die Modelle 12–17.

2.3.1. Koordination

2.3.1.1. Morphologische Klassifizierung

Hierzu rechnen nur solche Komposita, zwischen deren Konstituenten ein rein kopulatives Verhältnis besteht. Sie folgen den *lexikalischen Grundmodellen* $TN_1 + TN_2 + (TN_3)$ bzw. $TN'_1 + TN_2$.
(1) Hinsichtlich ihrer Wortbildungsstruktur können sich die Komposita aus Konstituenten zusammensetzen, die Simplizia sind (guide-interprète) oder selbst strukturierte Einheiten, d. h. Morphemgliederungen, darstellen (taxi-camionnette, compositeur-chef d'orchestre). Doppelungen sind die Regel. Dieser Typ von Komposita wird auch mot-tandem genannt (s. Knauer, Vulgärfranzösisch!). Drillingsformen sind seltener und als okkasionelle Bildungen aufzufassen, obwohl sie, wie

auch noch weitere Expandierungen, vom Modell her möglich sind: compositeur-pianiste-chef d'orchestre. Die Schreibung mit Bindestrich ist vorherrschend und kann als Ausdruck für das additive Verhältnis zwischen den Konstituenten gelten. So ist es nicht verblüffend, daß in manchen Fällen eine Umstellung der Konstituenten möglich ist, ohne daß die Bedeutung des Kompositums verändert wird:

> bracelet-montre = montre-bracelet, auditeur-lecteur = lecteur-auditeur, bar-épicerie = épicerie-bar u. a.

Allerdings muß zugestanden werden, daß die Vertauschung der Reihenfolge nicht immer zu einer sprachüblichen Form führt und somit nicht willkürlich gehandhabt werden kann:

> porte-fenêtre, aber *fenêtre-porte.

Die Kopplung von Verbalformen, die im additiven Verhältnis zueinander stehen, ist selten: va-et-vient.
In der Morphologie völlig identisch mit diesem Modell sind solche Konstruktionen wie ingénieur électronicien, poids plume etc. Ihnen liegt jedoch ein anderes syntagmatisches Verhältnis der konstitutiven Glieder zugrunde. Sie werden daher ihrer internen Syntax gemäß unter der Subordination beschrieben.
(2) Beim zweiten Modell ($TN'_1 + TN_2$ oder $TN'_1 + TN'_2 + [TN'_3]$) ist mindestens ein Element gelehrter Natur (ferro-nickel) oder alle Konstituenten sind griechische oder lateinische Elemente (morphosyntaxe = morphologie + syntaxe, analog physico-chimie, strato-cumulus). Die Morphologie des ersten Elements, die sich in dem Bindevokal „o" manifestiert, ist charakteristisch für das gelehrte Entlehnungsmodell aus dem Griechischen und hat sich in den Wortbildungssystemen verschiedener Fachwortschätze verallgemeinert.
Auch bei diesem gelehrten Modell können die Konstituenten Simplizia verkörpern (ferro-manganèse) oder ihrerseits konstruiert sein und damit den Anschein von Derivation erwecken (pharyngo-laryng*ite*). In diesem Fall ist die Ableitung der Komposition jedoch vorausgegangen:

> une machine qui est turbine et compress*eur* ↔ un turbocompress*eur*.

Orthographisch äußert sich die Verbindung der Konstituenten in der Zusammenschreibung oder im Bindestrich, ohne daß genaue Regeln für die Schreibung in jedem Falle angegeben werden könnten. Sicherlich spielt das Alter der jeweiligen Bildung in diesem Zusammenhang eine Rolle. Es kann konstatiert werden, daß bei Hiatus (Aufeinanderstoßen zweier Vokale) stets die Schreibung mit Bindestrich angewandt wird: ferro-aluminium, gastro-entérite, aber sociolinguistique; andererseits pharyngo-laryngite.
Der Anteil der Komposita mit koordinierendem Verhältnis zwischen den Konstituenten ist im Vergleich zu den Komposita, denen Unterordnung zugrunde liegt, gering, dennoch ist dieses Modell produktiv und läßt neue Konstruktionen jederzeit zu. Bisweilen ist der Prozeß der Komposition mit dem Verfahren der Kürzung verquickt. Namentlich in den wissenschaftlichen Terminologien finden wir den Vorgang, daß der erste Teil der Zusammensetzung in Kurzform eine(n) Wissenschaft(szweig) verkörpert. Die gekürzte Konstituente ist ihrerseits aus einem Kom-

positum hervorgegangen: astro = astronomie in astrophysique; morpho = morphologie in morphophonologie; psycho = psychologie in psycholinguistique; socio = sociologie in sociolinguistique. In der chemischen Fachterminologie fallen folgende Kurzformen in Komposita auf: hydro = hydrogène in hydrocarbure (= carbure + hydrogène), oxy = oxygène oder oxyde in oxysulfure (= combinaison d'un corps avec l'oxygène + le soufre), oxychlorure (= combinaison de chlore et d'un oxyde).
Allerdings ist in manchen Fällen auch eine andere Interpretation der Entstehung solcher Bildungen denkbar, z. B. sociolinguistique = linguistique sociale, psychosociologie = sociologie psychologique, physiopathologie = pathologie physiologique. In einer solchen Deutungsweise entspricht die erste Komponente auf -o dem jeweiligen Adjektiv, das im gelehrten Modell im Regelfall sich in Erststellung befindet. Dieses Bildungsmodell wäre dann der Subordination zuzuordnen (vgl. Guilbert, GLLF, S. LXXX!).

2.3.1.2. Syntagmainterne strukturelle und semantische Beziehungen.

Allen Kopulativkomposita gemein ist, daß die Beziehungen der Konstituenten zueinander auf einer Addition beruhen. Es werden zwei (in seltenen Fällen drei) Seiten eines Gegenstandes, einer Person usw. gekennzeichnet: un taxi-camionnette ist gleichzeitig «taxi» und «camionnette»; die Kopula *et* ist in der Lexikalisierung durch den Bindestrich ersetzt:

une voiture qui est taxi et camionnette ↔ un taxi et une camionnette ↔ un taxi-camionnette

Das Genus wird im Regelfall vom Genus des ersten Elements bestimmt. Die Beziehungen sind grundsätzlich gleicher Natur bei dem Strukturtyp gelehrter Prägung, wenn also die erste Konstituente auf «o», seltener «i» endet. Dieser Bildungstyp verkörpert das Nebeneinander von Bezeichnungen, die z. B. zwei Wissenschaften, die gleichzeitige Erkrankung zweier Organe usw. benennen:

morphophonologie = morphologie + phonologie, surdi-mutité = surdité + mutité, pharyngo-laryngite = pharyngite + laryngite.

Voraussetzung für die Bildung solcher Komposita ist die semantische Kongruenz ihrer Konstituenten, so ist z. B. eine Verbindung von «mariage» und «ardoise» oder «charrue» und «pensée» in zusammengesetzten Lexemen kaum denkbar. Vom gegenwärtigen Forschungsstand ausgehend lassen sich vorerst mehr oder weniger allgemeine Angaben machen. Mit dem relativ knapp bemessenen Beispielmaterial zur Illustration wollen wir keinesfalls eine starke Beschränktheit der semantischen Verknüpfbarkeit der Konstituenten beim Kopulativkompositum andeuten. Generell gilt, daß die neue Bezeichnung gegenüber ihren Einzelbestandteilen einen neuen Begriff definiert, der durch die Vereinigung mehrerer Funktionen charakterisiert ist.
Eine erste Bedeutungsgruppe umfaßt Bezeichnungen von Personen, die mehrere Ämter, Funktionen u. ä. auf sich vereinen:

comédienne-chanteuse, général-président, compositeur-pianiste, guide-interprète, colonel-ambassadeur

Unter den Inanimata findet sich eine Gruppe von Sachbezeichnungen, denen eine doppelte Zweckbestimmung gemein ist:

bar-restaurant, bracelet-montre, café-restaurant, chasseur-bombardier, porte fenêtre, marteau-pilon, point-virgule

Wie bereits unter 2.3.1.1. angedeutet wurde, liegt nicht bei allen Komposita mit nebengeordneten Komponenten das gleiche innersyntagmatische Verhältnis vor. So unterscheiden sich vom vorliegenden Bildungstyp im Hinblick auf die syntagmatischen Beziehungen zwischen den Konstituenten z. B. Wörter wie chirurgien-dentiste, médecin spécialiste, wagon-lit, in denen das zweite Element eine adjektivische Funktion gegenüber der ersten Konstituente hat. Das erste Nomen behält hier seine wesentlichen Bedeutungsmerkmale, während das zweite Nomen in adjektivischer Funktion nur einzelne Bedeutungsmerkmale mit in das Kompositum einbringt: ein «médecin spécialiste» bleibt ein Arzt, der sich auf einem bestimmten Fachgebiet spezialisiert hat; ein «wagon-salon» bleibt ein Eisenbahnwagen, das zweite Nomen übernimmt von «salon» nur das Bedeutungsmerkmal «espace pour reúnir des personnes»; ingénieur-chimiste = ingénieur en chimie usw. Allerdings muß eingeräumt werden, daß ähnliche Beispiele auch verschieden interpretierbar sein können, so daß eine Entscheidung nicht immer leicht zu fällen ist.
Auch mit Polysemie einer Konstituente bzw. des Kompositums muß gerechnet werden. Im zweiten Fall beruht sie auf einer unterschiedlichen Syntagmatik der Konstituenten: thermo-électricité = 1. électricité qui est par la chaleur; 2. ... qui est chaleur et électricité (vgl. Guilbert, GLLF, S. LXXXI!).
Eine weitere Bedeutungsgruppe charakterisiert vor allem die wissenschaftlichen Terminologien, was sich auch im gelehrten Bildungscharakter der Lexeme äußert. Die zunehmende Integration von selbständigen Wissenschaften findet ihren sprachlichen Niederschlag in Komposita: physico-chimie, psychopédagogie, biophysique. Die erste Konstituente ist durch Kürzung zu erklären. In der Meteorologie zur Bezeichnung von Wolken: cirro-cumulus, nimbo-stratus; in der Medizin zur Bezeichnung von Krankheiten: broncho-pneumonie, rhino-pharyngite. In beiden Fällen ist jeweils das Suffix des ersten Gliedes getilgt. In der Chemie wird mit diesem Kompositionstyp eine Mischung von zwei Körpern bezeichnet, das Mischungsverhältnis ist dabei ohne Bedeutung für die semantischen Beziehungen zwischen den Konstituenten. Das Kompositum bezeichnet auch in diesem Falle einen neuen Begriff: cupro-nickel = cuivre + nickel, ferro-aluminium = fer + aluminium; auch suffigierte Komponenten begegnen hier: sulfocarbon*ate* = sulfure + carbon*ate*, ferri-cyan*ure* = fer + cyan*ure*.
Wortbildungen mit gekoppelten Verbalstämmen wie cache-cache, pousse-pousse u. a. sind wohl eher als Reduplikationen (s. dort!) anzusehen, denen Wortbildungsprozesse zugrunde liegen, wie sie in der Kindersprache üblich sind.

2.3.2. Subordination

Bei den sogenannten Determinativkomposita, die in diesem Abschnitt zu erörtern sind, ist eine erstaunliche Vielfalt einerseits in der Wortbildungsstruktur und andererseits im syntagmainternen Bezugsfeld zu konstatieren. Der letztgenannte Faktor läßt schon erkennen, daß der Terminus Determinativkompositum nur eine grobe Charakterisierung sein kann. Eine weitergehende Klassifizierung erlaubt, diese Komposita zu unterteilen entsprechend dem Expansionsbezug innerhalb der Konstituenten. In einer ersten Gruppe besteht zwischen den Konstituenten ein Verhältnis prädikativer Expansion. Solche Zusammensetzungen sind durch metasprachliche Sätze beschreibbar, die ein Verb enthalten, welches in der Lexikalisierung explizit als morphologisches Element erscheint:

ce qui cache le nez ↔ le cache-nez

In der zweiten Gruppe sind die Beziehungen zwischen den Konstituenten nicht prädikativer Natur. Eine semantisch adäquate Beschreibbarkeit solcher Bildungen ist mit Hilfe von Transformationen möglich, denen die Verben «être» oder «avoir» zugrunde liegen. Das Verb erscheint nicht als morphologisches Glied im Kompositum:

le sang qui est pur ↔ le pur-sang

Es muß jedoch deutlich gemacht werden, daß solche Komposita in ihrem lexikalischen Status eine Idiomatisierung erfahren, die mehr oder weniger stark sein kann, was in der Semstruktur der neuen Bildung begründet ist. Im Extremfall führt die Idiomatisierung dazu, daß dem Sprecher die Strukturiertheit des Kompositums nicht bewußt ist:

gendarme < gens d'armes, printemps (< primum tempus).

Auf synchroner Ebene können solche Lexeme nicht mehr als Komposita betrachtet werden.
Bildungen aus gelehrten Stämmen, die zwar isoliert als freie Morpheme nicht existieren (astronaute, géologie etc.), werden in diesem Abschnitt behandelt, da die syntagmainternen Beziehungen zwischen den Konstituenten bei diesen Lexemen, die von Martinet «recomposés» genannt werden, grundsätzlich gleicher Natur sind. Lediglich die morphologische Struktur der Konstituenten sowie ihre Anordnung sind gelehrt und entsprechen jenen der griechischen bzw. lateinischen Sprache:

(a) ce qui fait que la musique est observée ↔ la musicologie (Vertauschung des nominalen (musico-) und verbalen (logie) Elements gemäß dem gelehrten Modell)
(b) le nom qui est faux ↔ pseudonyme

2.3.2.1. Komposita mit prädikativer Expansion

2.3.2.1.1. Morphologische Klassifizierung

(1) Die erste Konstituente stellt einen Verbalstamm in der 3. Person Indik. Präs. dar, die zweite Konstituente ist ein Nomen im Singular oder Plural. Nicht jedes transitive Verb eignet sich als erste Konstituente in solchen Komposita.

In den einschlägigen Wörterbüchern weisen sich als produktivste Verbalstämme aus:

brise-: brise-bise, brise-glace(s), brise-jet, brise-lames, brise-mottes, brise-vent
cache-: cache-col, cache-flamme, cache-misère, cache-nez, cache-mouchoir, cache-pot, cache-sexe
casse-: casse-cou, casse-croûte, casse-cul, casse-gueule, casse-noix, casse-pieds, casse-pipe(s), casse-poitrine, casse-tête
chasse-: chasse-chien, chasse-clou, chasse-coquin, chasse-marée, chasse-mouches, chasse-neige
chauffe-: chauffe-assiettes, chauffe-bain, chauffe-eau, chauffe-lit, chauffe-plats
couvre-: couvre-chef, couvre-feu, couvre-lit, couvre-nuque, couvre-pied(s), couvre-plat, couvre-radiateur
croque-: croque-madame, croque-mitaine, croque-monsieur, croque-mort
essuie-: essuie-glace(s), essuie-meubles, essuie-pieds, essuie-plume, essuie-verres
garde-: garde-boeuf, garde-bois, garde-boue, garde-bras, garde-cendre(s), garde-col, garde-corps, garde-côte(s), garde-crotte, garde-feu, garde-fou, garde-frein, garde-magasin, garde-main, garde-malade, garde-manger, garde-robe, garde-temps, garde-voie
gratte-: gratte-ciel, gratte-cul, gratte-dos, gratte-pieds
lance-: lance-bombes, lance-engins, lance-flammes, lance-grenades, lance-roquettes, lance-satellites
pare-: pare-balles, pare-boue, pare-brise, pare-feu, pare-fumée, pare-soleil
passe-: passe-boule(s), passe-lacet, passe-montagne, passe-plat, passe-temps, passe-thé
pèse-: pèse-acide, pèse-alcool, pèse-bébé, pèse-lait, pèse-lettre, pèse-sirop, pèse-vin
porte-: porte-aiguille(s), porte-bagages, porte-bonheur, porte-bouquet, porte-bouteilles, porte-clefs (-clés), porte-documents, porte(-)faix, porte-feuille, porte-manteau, porte(-)mine, porte-monnaie, porte-parole, porte-plume, porte-savon, porte-serviettes
presse-: presse-citron, presse-papiers, presse-purée
serre-: serre-file, serre-fils, serre-frein(s), serre-livres, serre-nez
tire-: tire-botte, tire-bouchon, tire-braise, tire-clou, tire-fesse, tire-filet, tire-jus, tire-lait, tire-ligne.

Andere Stämme hingegen sind nur in wenigen Lexemen vertreten bzw. treten reihenbildend überhaupt nicht auf: accroche-cœur, allume-cigare, allume-feu, allume-gaz; brûle-gueule; arrête-bœuf; dompte-venin.
Die verwendeten Verbalstämme sind in den meisten Fällen nicht konstruiert. Einzelne präfigierte Verbalstämme sind z. B.: *réveille*-matin (neben réveil-matin), *remonte*-pente, *anti-monte*-lait (Milchkochtopf). Die Schreibweise mit Bindestrich überwiegt gegenüber Zusammenschreibung, die zumeist das höhere Alter des Kompositums bezeugt, z. B. portefaix, tournevis, tournemain, portefeuille, portemanteau, portemine. Die graphische Einheit des Kompositums kann identisch sein mit einer mehr oder weniger starken Demotivierung: chantefable, hochequeue, claquedent, marchepied. Dieser Bildungstyp ist bereits im Altfranzösischen

ausgeprägt. Manche alten Komposita sind zu Eigennamen geworden: Bois l'eau → Boileau, taille-fer → Taillefer u. a.
Aufgrund von Ambiguität zwischen nominaler oder verbaler Herkunft der ersten Konstituente bestehen Schwankungen in der Schreibung zwischen appui und appuie in: appui(e)-bras, appui(e)-coude, appui(e)-livre, appui(e)-main, appui(e)-nuque, appui(e)-tête. In erster Auslegung erhält nur die erste Konstituente das Plural-«s», in zweiter bleibt das Wort unverändert: des appuis-tête bzw. des appuie-tête.
Um Zweideutigkeiten zu vermeiden, werden in Komposita mit den Konstituenten «garde» oder «aide» Personenbezeichnungen mit Plural-«s» markiert, in diesem Fall sind die ersten Konstituenten Nominalstämme: des aides-cuisiniers, des gardes-voie(s). Handelt es sich um verbale Konstituenten, ist das Kompositum gewöhnlich unveränderlich: des aide-mémoire, des garde-boue. Nominalstamm liegt z. B. vor auch in: *couche*-culotte – des couche*s*-culotte*s*.
Unter den aus französischen Stämmen zusammengesetzten Bildungen mit prädikativer Expansion ist der erste *Strukturtyp* TV · TN bzw. P · TV · TN der zahlreichste. Sein Modell bleibt in der modernen Sprache disponibel, wie neuere Bezeichnungen in der Technik unter Beweis stellen: lance-missiles, lance-fusées, porte-avions u. a. Die 2. Konstituente ist strukturell zumeist auf Simplizia beschränkt: guide-âne, mire-œufs. Selten sind es suffigierte (porte-cigarettes, casse-noisettes, perce-muraille, cache-radiateur), präfigierte Konstituenten (porte-parapluies) oder Komposita (porte-hélicoptères).
In geringen Fällen hat die zweite Konstituente einen Artikel: trompe-la-mort, trompe-l'œil.

(2) Nicht sehr verbreitet ist der *Typ* TV · Adv: passe-partout, passe-debout, couche-dehors, couche-tôt, couche-tard, lève-tôt, lève-tard, gagne-petit, frappe-devant (eigentlich marteau à frapper devant), porte-fort; mit adverbiellen Wendungen: boute-en-train, croque-en-bouche (oder croquembouche), porte-à-faux. Dieser Strukturtyp wie auch der erste begegnen auch in der Funktion von Adjektiven oder Adverbien: à la croque au sel, à cloche-pied, à brûle-pourpoint, à la va-comme-je-te-pousse.
Zum *Typ* TV · Circon gehören: monte-en-l'air, touche-à-tout, tire-au-flanc, crève-de-faim, meurt-de-faim, tire-au-cul, vol-au-vent, tape-à-l'œil, meurt-de-soif.

(3) Hier werden strukturell unterschiedliche und seltene Typen zusammengefaßt: Imperativ + Infinitiv (laissez-passer), Infinitiv + Infinitiv (laisser-aller, savoir-vivre, savoir-faire), Infinitiv + Nomen (lever-Dieu), Adverb + Infinitiv (pis-aller), Eigennamen + Infinitiv (jean-foutre).
Nicht mehr produktiv ist der Typ Adjektiv + artikuliertes Substantiv: haut-le-cœur, haut-le-corps. Beide Lexeme sind im Plural unveränderlich entsprechend der ihnen zugrunde liegenden Syntax. Diese Bildungen sind strukturell anders geartet als haut-de-corps, haut-de-côtelettes, haut-de-forme, in denen die erste Konstituente als nominale empfunden wird, wenn auch etymologisch die Verhältnisse anders liegen können. So ist z. B. das letzte Lexem diachronisch als eine Ellipse zu erklären: (chapeau) haut de forme.

(4) Eine Gruppe für sich stellen zu Lexemen erstarrte Sätze bzw. Wortgruppen dar. Diese haben durch häufigen Gebrauch ohne Veränderung den Status von lexikalischen Einheiten erlangt. Solche Konglomerate (zum Terminus vgl. Benveniste, BSL, T. 61, 1966!) sind auch dadurch gekennzeichnet, daß sie morphologische Verbmerkmale, wie Zeit, Modus, Person, ebenso wie die Wortstellung bewahren:

sauve-qui-peut, écoute-s'il-pleut, décrochez-moi-ça, m'as-tu-vu, qu'en-dira-t-on, on-dit, qui-vive, va-nu-pieds, cessez-le-feu, garde-à-vous, rendez-vous, suivez-moi-jeune-homme, pince-sans-rire, laissé(-)pour(-)compte, sot-l'y-laisse, marie-couche-toi-là, ne-m'oubliez-pas, je ne sais quoi, va-tout, pas grand-chose, quant-à-moi, chez-soi, en-avant, entre-deux-guerres, entre(-)deux, jusqu'au-boutiste (vgl. auch Suffigierung!).

2.3.2.1.2. Syntagmainterne strukturelle und semantische Beziehungen. Die Mehrzahl der genannten Lexeme können in Sätze transformiert werden, die Verb und Objekt bzw. Umstandsbestimmung enthalten:

ce qui (l'engin) lance des torpilles ↔ lance-torpilles

Dabei erscheinen Merkmale der syntaktischen Auflösung wie Artikel gewöhnlich nicht im Kompositum. Ausnahmen: trompe-l'œil, monte-en-l'air etc. Andererseits zeigt die Bewahrung des Plural-«s» in der 2. Konstituente, daß die Beziehung zur syntaktischen Alternative – zumindest im graphischen Code – sichtbar bleibt:

porte-cigarettes, lance-missiles,
porte-bouteilles, chauffe-pieds.

Es ist bemerkenswert, daß in der Konstituentenstruktur Identität mit anderen Bildungstypen vorzuliegen scheint. Der Transformationstest macht jedoch deutlich, daß unterschiedliche strukturelle Verhältnisse bestehen: in guide-interprète z. B. ist die erste Konstituente ein Nominalstamm, der zu «interprète» in einem kopulativen Verhältnis steht. In guide-âne handelt es sich hingegen beim 1. Glied um einen Verbalstamm, dem das 2. Glied – analog einer syntaktischen Fügung «qch. guide l'âne» – auf Grund interner Syntax untergeordnet ist.
Heute nicht mehr produktiv ist das Bildungsmuster, in dem die 2. Konstituente als Subjekt zur verbalen 1. Konstituente in einem syntagmatischen Verhältnis anzusehen ist. Hierfür gibt es im modernen Französisch nur wenige Beispiele:

croque-monsieur, croque-madame, pense-bête.

Diese Bildungen erhalten im Plural kein «s» auf Grund der syntagmainternen Beziehungen:

qch. fait que la bête pense ↔ le pense-bête.

Hinsichtlich der semantischen Beziehungen zwischen den einzelnen Konstituenten bei den im vorangehenden Punkt beschriebenen Bildungstypen liegen noch wenige Untersuchungen vor.

(1) Am fruchtbarsten ist das Modell, das Inanimata aufweist. Die verbale Konstituente weist auf den Zweck hin. Die Lexeme benennen daher zumeist ein Werkzeug, Mittel, Gerät u. ä.:

essuie-mains, appuie-livres, porte-allumettes, presse-fruits, rince-bouteiles.

Die moderne Technik bringt ständig neue Schöpfungen hervor, die auf diese Weise benannt werden können:

porte-avions, brise-glace, pare-chocs, porte-hélicoptères etc.

Die zweiten Konstituenten stellen Bezeichnungen für Objekte dar (avion, glace, hélicoptère). Seltener erscheinen Animata in solchen Komposita:

attrape-nigaud, guide-âne, prie-Dieu, tue-diable, tue-mouche.

(2) Bei Personenbezeichnungen kann die 2. Konstituente selbst Personen charakterisieren:

aide-comptable, aide-maçon, croque-mort, garde-chiourme, garde-malade.

Viel häufiger jedoch bezeichnet das zweite Glied ein Objekt:

garde-barrières, gâte-sauce, gratte-papier, porte-bannière, porte-drapeau, tire-sou

oder auch Abstrakta:

gâte-métier, traîne-malheur, traîne-misère

(3) Ferner findet man Tierbezeichnungen:

garde-bœuf, gâte-bois, porte-bât, porte-musc, porte-queue, tourne-pierre, tue-mouche

sowie Pflanzennamen:

dompte-venin, perce-neige, perce-muraille, perce-pierre, tue-chien, tue-loup,

wobei die zweiten Konstituenten wie im vorliegenden Fall unterschiedlich semantisch strukturiert sein können.
Bei den Bezeichnungen für Tiere und Pflanzen steht dieser Art der Benennung, die volkstümlichen Charakter trägt, eine wissenschaftliche Nomenklatur gegenüber: tue-chien = colchique etc.

2.3.2.1.3. Gelehrte Bildungen (recomposés). Unter diesem Strukturtyp fassen wir die Komposita zusammen, die aus gelehrten Stämmen zusammengesetzt sind. Die Zahl der Konstituenten ist groß. Es kann deshalb in diesem Rahmen keine Vollständigkeit angestrebt werden. Wir werden uns auf häufig vorkommende griechische bzw. lateinische Elemente beschränken. Viele solcher Konstruktionen können sowohl als Adjektiv als auch als Substantiv im Satz fungieren:

celui qui craint l'eau ↔ (l')hydrophobe (= Adj. u. Subst.).

Sie erfahren bei den Adjektiven eine ausführlichere Behandlung. Hier werden sie nur kurz erwähnt. Hinsichtlich der syntagmainternen Beziehungen entsprechen diese Lexeme den vorangehenden Bildungen aus französischen Stämmen (Typ 1–3).

In der Reihenfolge ihrer Beschreibung lassen wir uns von der Art der semantischen Beziehungen leiten, die zwischen den konstitutiven Elementen bestehen.

(1) In einer ersten Gruppe stehen Nomina agentis und Nomina actionis (auch mit resultativer Bedeutung) in Korrelation. Man kann dabei folgende Transformationsmuster ansetzen:

celui qui étudie les mots ↔ le lexicologue
ce qui fait que les mots sont étudiés ↔ la lexicologie

-crate/-cratie: verbale Basis «dominer»:
aristocrate/-cratie, bureaucrate/-cratie, démocrate/-cratie, ploutocrate/-cratie, technocrate/-cratie.
In autocrate/-cratie ist das 1. Element ein Adverb.

-culteur/-culture: verbale Basis «cultiver» bzw. «soigner».
Agriculteur/-culture, analog apiculture, arboriculture, aviculture, floriculture, horticulture, oléiculture, pisciculture, sylviculture, viticulture. Der Bindevokal «i» entspricht dem lateinischen Bildungsmodell. In motoculture fungiert die erste Konstituente als Instrumental.

-game/-gamie: verbale Basis «se marier».
Die erste Konstituente fungiert als Adverb oder Adjektiv: bigame/bigamie, analog monogame, polygame. In der Botanik bedeutet die verbale Basis «féconder»: cryptogame, phanérogame.

-gène/-génie: verbale Basis «engendrer».
Carbogène, hydrogène, oxygène. Die meisten Bildungen sind jedoch Adjektive. Bildungen auf «génie»: embryogénie, histogénie, pathogénie.

-graphe/-graphie/-gramme: verbale Basis «décrire», «écrire».
-graphe bezeichnet den Handlungsträger (Person oder Apparat), -graphie den Vorgang und -gramme das Resultat.
Télégraphe/télégraphie/télégramme, analog cardiographe u. a. Nicht immer existieren alle drei Bildungen nebeneinander: oscillographe/-gramme, analog cosmographe, monographe, zincographe; auch Konstruktionen mit einer dritten Konstituente existieren: autobiographie, paléogéographie etc. Das Paar graphe/graphie kommt vor bei: bibliographe/bibliographie, analog autographe, biographe, cartographe, dactylographe, ethnographe, historiographe, lexicographe, pornographe, sténographe, typographe.
In einzelnen Fällen existiert heute nur eine einzige Form, z. B.: stylographe.
In anderen Wörtern ist die erste Konstituente das Werkzeug: ce qui fait qu'il est écrit *par les rayons* ↔ la radiographie, ebenso chromatographie, lithographie, zincographie u. a.

-lâtre/-lâtrie: verbale Basis: «adorer».
-lâtre bezeichnet das Nomen agentis, -lâtrie das Nomen actionis: iconolâtre/iconolâtrie, analog astrolâtre, zoolâtre.

-logue oder -logiste/-logie: verbale Basis «étudier».
Die erste Konstituente bezeichnet das Feld des Studiums. Anthropologue/anthropologie, analog bactériologue, dialectologue, ethnologue, géologue, gérontologue, gynécologue, neurologue, psychologue, radiologue, sociologue, toxicologue etc. Handlungsträger ist auch die Form auf -logiste: biologiste,

criminologiste, étymologiste, minéralogiste, pathologiste, physiologiste, stomatologiste.
Alle beiden Formen existieren für den Handlungsträger bei bactériologue = bactériologiste, analog dermatologue, hydrologue, météorologue, ophtalmologue, zoologue.
In einigen direkten Entlehnungen aus dem Griechischen bedeutet das Element «-logie» eine Form der Rede oder etwas Geschriebenes: amphibologie, phraséologie, scatologie, tétralogie, trilogie.
In philologie/philologue ist die erste Konstituente die verbale Basis (= aimer).
Dialogue, épilogue, prologue, direkt aus dem Griechischen entlehnt, sind Präfigierungen.
Auch französische Stämme können sich mit dem Element «-logie» verbinden: filmologie, réflexologie.
Neuester Prägung sind Bildungen mit drei Konstituenten: microbiologie, parapsychologie, phytopathologie u. a.

-mane/-manie: verbale Basis «être fou de».
Zum Handlungsträger vgl. Adjektive! Die Bildungen auf -manie kennzeichnen den Zustand: anglomane/anglomanie, analog cleptomanie, cocaïno-, éroto-, gallo-, morphino-, nympho-, pyro-, toxico-.
Wie anglomanie, gallo-, morphino- u. a. zeigen, können auch französische Stämme Verbindungen eingehen mit dem gelehrten Stamm. Die meisten Lexeme gehören dem Wortschatz der Psychiatrie an.

-moteur/-motion: verbale Basis «mouvoir».
Locomoteur/locomotion. Die erste Konstituente stellt eine Umstandsbestimmung dar: ce qui fait mouvoir par la turbine ↔ turbomoteur. Die Reihe auf -moteur ist ziemlich einseitig entwickelt, ohne daß Entsprechungen auf -motion registriert sind: aéromoteur, électro-, hydro, servo-. Das Element moteur kann auch mit Zahlwörtern verknüpft werden: trimoteur etc.

-nome/-nomie: verbale Basis «régler».
Astronome/astronomie, analog agronomie, économie, gastro-, taxi-. Die Formen auf -nome bilden den Handlungsträger.

-ope/-opie: verbale Basis «voir».
Die Fachtermini gehören vorwiegend der Physiologie und Optik an: myope/myopie, analog amblyope, nyctolope. Die erste Konstituente fungiert als Adverb oder Umstandsbestimmung.

-pathe/-pathie: verbale Basis «souffrir».
-pathe = Handlungsträger, -pathie = Handlung oder Zustand (Krankheit): névropathe/névropathie, analog hémo-, psycho-, télé-; apathie, anti-, sym- sind Präfixbildungen. In homéopathie und allo- (beide aus dem Deutschen entlehnt) bezeichnet die zweite Konstituente die Behandlungsweise.

-phage/-phagie: verbale Basis «manger».
Zum Nomen agentis vgl. Adjektiv! Das Nomen actionis ist weniger ausgebildet: hippophagie, ichthyo-, zoo-.

-phile/-philie: verbale Basis «aimer».
Sehr produktiv. Zum Handlungsträger vgl. Adjektiv! Cinéphile/cinéphilie,

analog disco-, haltéro-, hydro- u. v. a. Auch französische Stämme als erste Konstituente sind möglich: anglophilie, germano-.

-phobe/-phobie: verbale Basis «craindre».

Wie das voranstehende Paar sehr produktiv; viele Lexeme gehören der Psychiatrie an. Zum Handlungsträger s. Adjektiv! Hydrophobe/hydrophobie, analog franco-, germano-, xéno- etc.

-phone/-phonie: verbale Basis «parler».

Die erste Konstituente hat die Funktion eines Adverbs: francophone/francophonie, analog homo-, ortho-, stéréo-, télé-; selbständige Entwicklungen von -phone: Dictaphone, électro-, gramo-, magnéto-, méga-, micro-, saxo-, xylo-.

-plaste/-plastie: verbale Basis «façonner».

Beide sind unabhängig voneinander ausgebildet. Plastie = Nomen actionis vor allem in der Chirurgie: kératoplastie, ostéo-, thoraco- etc.

-plaste gibt das Ergebnis einer Synthese an in der Chemie oder Botanik: aminoplaste, carbo-, protéo- etc.

-scope/-scopie: verbale Basis «observer».

Die erste Konstituente gibt das Instrument bzw. den Ort, die zweite die Handlung bzw. das Resultat an: cytoscope/cytoscopie, analog électro-, hygro-, recto-, spectro-. Auch voneinander unabhängige Bildungen existieren: einerseits Cinémascope, kaléido-, stétho-, télé-; andererseits cranioscopie, radio-.

In manchen Wörtern kann die erste Konstituente die Funktion eines Instrumentals ausüben: ce qui observe par les rayons ↔ la radioscopie, analog magnétoscope. Viele Termini gehören der Medizin an.

Aus radioscopie hat sich in der Umgangssprache das erste Element verselbständigt.

-tome/-tomie: verbale Basis «couper».

-tome = Nomen agentis (Instrument). In den Komposita beinhaltet die erste Konstituente das zu behandelnde Organ: cystotome, phlébo-; -tomie = Nomen actionis, meist in chirurgischen Fachtermini: artériotomie, broncho-, ostéo-, trachéo- etc. Bei Abtragung eines Organs oder eines Teiles desselben wird die Konstituente -ectomie angewandt: amygdalectomie, prostatectomie.

-type/-typie: verbale Basis «imprimer».

-type bezeichnet gewöhnlich eine Maschine. Beide Elemente gehören dem Fachwortschatz des Buchdrucks und der Buchkunst an: linotype/linotypie, analog photo-, sténo-, stéréo-. In diesen Lexemen hat die erste Konstituente die Funktion eines Adverbs oder einer Umstandsbestimmung.

(2) In einer zweiten Gruppe bezeichnet die zweite gelehrte Konstituente das Nomen agentis. Die auf diese Weise konstruierten Lexeme können im Satz als Adjektiv oder Substantiv fungieren. Sie werden ausführlicher unter den Adjektiven beschrieben. In den Komposita stehen erste und zweite Konstituente in einem syntagmatischen Verhältnis von Objekt und Prädikat.

-cide: «tuer». Fongicide, tyranni- sind Substantive. Weiteres s. unter Adjektiven!
-fuge: «faire fuir». Vermifuge u. a., s. unter Adjektiven!

-grade: «marcher». Plantigrade u. a., s. unter Adjektiven! Die erste Konstituente spielt in den Komposita die Rolle eines Instrumentals.
-pare: «engendrer». Multipare, ovipare; s. unter Adjektiv!
-phore: «porter». Rhizophore; s. unter Adjektiv!
-stat: «fixer». Rhéostat, thermostat.
-vore: «dévorer». Fumivore, herbivore; s. unter Adjektiv! Vorwiegend in der Zoologie verwendet.
-duc: «conduire». Aqueduc, gazoduc, oléoduc.

(3) Eine dritte Gruppe umfaßt Nomina actionis. Die medizinischen Fachtermini herrschen vor.
-algie: «faire souffrir». Die erste Konstituente bezeichnet das erkrankte Organ: lombalgie, névralgie, otalgie.
-esthésie: «percevoir par les sens». Kinesthésie, radiesthésie. Anesthésie und hyperesthésie sind Präfixbildungen.
-genèse: «faire naître». Histogenèse, ontogenèse, phylogenèse u. a.
Ältere Formen: -génèse, -génie: phylogénèse, phylogénie.
-gnosie: «connaître». Géognosie, stéréognosie. Präfigierte Bildungen wie diagnose, prognose enden auf -gnose.
-lyse: «décomposer». Histolyse, lipo-, plasmo-. In hydrolyse und électrolyse ist die erste Konstituente ein Instrumental.
-machie: «combattre». Logomachie, tauromachie.
-mancie: «prédire». Die erste Konstituente gibt das Mittel an: astromancie, carto-, chiro-.
-opsie: «faire voir». Biopsie, nécropsie, zoopsie.
-rr(h)agie: «faire jaillir». Blennorragie, hémo-; in anderen Bildungen bezeichnet die erste Konstituente den Ort, das Organ: otorragie, phlébo-.
-rr(h)ée: «faire couler». Leucorrhée, oto-.
-technie: «façonner». Mnémotechnie, pyro-, zoo-. Bisweilen synonym mit «technique»: mnémotechnique, œnotechnique.
-thérapie: «traiter». Die erste Konstituente ist gewöhnlich ein Instrumental: biothérapie, chimio-, hélio-, kinési-, psycho-, radio-.
-urie: «faire uriner». Albuminurie, bacill-, phosphat-.

(4) Eine vierte Gruppe bezeichnet das Mittel, das Werkzeug.
-drome: «faire courir». Autodrome, boulo-, hippo-; in cosmodrome und aérodrome sind die ersten Konstituenten Kurzformen aus «vaisseau cosmique» bzw. «aéronef».
-thèque: «ranger, collectionner». Bibliothèque, carto-, cinéma-, disco-, filmo-, phono-, photo-, sono-, vidéo-. Dieses Element ist sehr disponibel.

(5) Eine letzte Gruppe erfaßt die sogenannten hybriden Formen mit verbaler Basis. In diesen Fällen bestehen die Lexeme aus einer gelehrten Konstituente in Erststellung und einem nachfolgenden französischen Stamm, der die verbale Basis darstellt. Er bestimmt somit das syntagmatische Verhältnis zwischen den Konstituenten. Es werden nur die gelehrten Elemente «auto-» und «télé-» beschrieben, da sie große Reihen hervorgebracht haben und nach wie vor disponibel sind.

auto-: tritt in 2 Bedeutungen auf.

1. «soi-même». Neben «recomposés», deren beide Konstituenten gelehrt sind (autopsie, autodidacte, autobiographie), erscheint dieses Element in Verbindungen mit einer französischen Verbbasis. Es tritt auf in Nomina actionis (auto-allumage, autodéfense, -destruction, -détermination, -fécondation, -gestion, -suggestion) und in Nomina agentis (Autocuiseur, -moteur, -propulseur).

2. In einer anderen Bildungsweise mit nominaler Basis ist auto die Kurzform von automobile. Die zweite Konstituente ist gewöhnlich hier ein französischer Stamm: autoberge, -bus, -car, -chenille, auto-école, automitrailleuse, -pompe, -radio, -rail, -route, -stop, -strade (aus dem It.), -coat (aus dem Engl.).

In beiden Bildungstypen ist Zusammenschreibung üblich, nur bei Hiatus wird ein Bindestrich gesetzt. Die zweite Konstituente kann ein Simplex wie auch ein konstruierter Stamm sein.

télé-: Alle Komposita bilden eine graphische Einheit.

1. «à distance, de loin». In dieser Bedeutung wird es mit griechischen wie mit französischen Stämmen kombiniert: télécommunication, -gramme, -graphe, -guidage, -pathie, -phérage, -phone, -scripteur, -vision. Die zweite Konstituente, die ein Simplexstamm oder konstruiert sein kann, fungiert als verbale Basis. Aus diesen Wortbildungen können Derivate hervorgehen: télévision ↔ téléviser, -viseur, -visuel.

2. Die Bedeutung «télévision» ist Ausgangspunkt einer 2. Reihe von Komposita, in denen die Kurzform «télé» auftritt: télécinéma, -écran, -spectateur;

3. In einer 3. Reihe finden wir die Bedeutung «téléphérage»: télébenne, -cabine, -siège, -ski.

Bei 2. und 3. ist die Basis nicht mehr verbal, sondern nominal.

2.3.2.2. Komposita mit nicht-prädikativer Expansion.

2.3.2.2.1. Morphologische Klassifizierung. Unter dieser Rubrik findet man eine große Vielfalt an Bildungstypen, die einerseits aus französischen Elementen und andererseits aus gelehrten Komponenten zusammengesetzt sind oder auch Mischtypen darstellen.

Wir werden diese Gruppen zunächst nach morphologischen Gesichtspunkten gliedern.

(1) Die Konstituenten sind ein Nomen und ein Adjektiv. Das Adjektiv kann sowohl in Erststellung als auch in nachgestellter Position auftreten. Außerordentlich produktiv ist der Bildungstyp mit Adjektiv als 2. Konstituente. Zur Unterscheidung dieser lexikalisierten Wortverbindung von einer freien syntaktischen Fügung aus Substantiv + Adjektiv vgl. 2.3.2.2.2.!

Zum genannten Bildungstyp gehören z. B.: blouson noir, espace cosmique, bête noire, entreprise nationalisée, art culinaire, classe terminale, film muet, marée basse, ondes courtes, table ronde, guerre froide.

Das Adjektiv kann aus einem Partizip hervorgegangen sein: carte perforée, dessin animé, place assise, signal clignotant.

Erweiterungen um eine adjektivische Konstituente: grande propriété foncière, grand propriétaire foncier.
Schreibungen mit Bindestrich können auf einen höheren Grad der Lexikalisierung hinweisen: coffre-fort, fer-blanc, amour-propre, bas-bleu, cerf-volant, chaise-longue, arc-rampant ,opéra-comique, pied-fort, pied-noir, poisson-volant, sang-froid, procès-verbal.
Das nominale Element kann ein appellativisch gebrauchter Eigenname sein: marie-galante (Pflanze), louise-bonne (Birne).
Komposita, die aus vorangestelltem Adjektiv + Nomen bestehen, sind heute kaum produktiv. Sie verkörpern zumeist einen älteren französischen Sprachzustand, wo die Position des Adjektivs variabel war. Der Typ Adj. + Nomen ist seit dem Altfranzösischen bekannt: vif-argent, verjus < vert jus. Manche Bildungen dieser Art enthalten neben diesem syntaktischen Archaismus auch lexikalische Archaismen: franc-bourgeois, petit-maître, prud'homme. Entlehnung aus dem Englischen kann gleichfalls Ursache für die Voranstellung des Adjektivs sein: franc-maçon, libre-penseur, libre-échange, libre-service. Die heute noch gebräuchlichen französischen Komposita dieses Bildungstyps weisen gegenüber den Komposita mit nachgestelltem Adjektiv in der Regel eine stärkere Idiomatisierung auf. In vielen Fällen bleibt jedoch das syntagmatische Verhältnis zwischen den Konstituenten für den Sprecher durchsichtig:

bas-fond, basse-cour, beaux-arts, blanc-bec, bonhomme, bonjour, bon sens, bas-relief, chauve-souris, court-circuit, court-métrage, belles-lettres, franc-tireur, gentilhomme, gros gibier, gros mot, grand ensemble, haute fréquence, long-courrier, moyen âge, mauvaises herbes, haut-bois, sage-femme, plate-forme, plein air, petit-fils, petit-bourgeois, rouge-gorge.

Die Kompositionen mit «grand» bezeugen die im Altfranzösischen geltenden syntaktischen Regeln der Übereinstimmung:

grand-route, grand-mère, grand-tante, grand-messe, grand-chose, grand-croix, grand-maman etc.

Auch die Zusammensetzungen von saint mit Eigennamen sind in diese Gruppe zu stellen. Manche davon sind zu Appellativa geworden: Tierbezeichnungen (saint-bernard, saint-pierre), Früchte (saint-germain), Käsesorten (saint-paulin), Kuchen (saint-honoré) sowie scherzhafte Ausdrücke, deren zweite Konstituenten aus dem Allgemeinwortschatz stammen: sainte nitouche, saint-frusquin.

(2) Beim 2. Bildungstyp geht es um Komposita, deren Bestandteile gelehrte Elemente aus dem Grch. oder Lt. sind. Auch Mischformen, die einen französischen Stamm enthalten, sind hier mit einbezogen. Entsprechend dem Bildungsmechanismus dieser alten Sprachen ist das Adjektiv in Linksstellung. Es handelt sich vorwiegend um Termini der Wissenschaft und Technik. Als Transformationsmuster für die Lexeme kann das folgende gelten:

une pierre qui est grande ↔ un mégalithe.

Die griechischen und lateinischen Elemente, die in solchen Bildungen benutzt werden, sind zahllos, so daß eine Beschränkung auf häufig wiederkehrende Stämme in alphabetischer Reihenfolge geboten scheint:

acro- „spitz“: acrocéphale, acromégalie
aéro- „Luft“: aéroplane, -port
archéo- „alt“: archéoptéryx
bary- „schwer“: baryton, barysphère
bathy- „tief“: bathyscaphe
brachy- „kurz“: brachycéphale
brady- „langsam“: bradycardie
chloro- „grün“: chlorophylle
chresto- „nützlich“: chrestomathie
crypto- „verborgen“: cryptogramme
cyano- „blau“: cyanophycées
dino- „schrecklich“: dinosaures
dolicho- „lang“: dolichocéphale
érythro- „rot“: érythrocyte
équi- „gleich“: équipartition
fissi- „gespalten“: fissidactyle
glycéro- „süß“: glycérophosphate
gymno- „nackt“: gymnoblaste
hétéro- „anders“: hétérochromie
hiéro- „heilig“: hiéroglyphe
(h)olo- „ganz“: holoblaste
homo- „ähnlich, gleich“: homonyme
homéo- „ähnlich, gleich“: homéopathie
idio- „eigen(tümlich)“: idiosyncrasie, idiolecte
iso- „gleich“: isoglosse, isotopie
lepto- „dünn“: leptosome
leuco- „weiß“: leucocyte, leucodermie
longi- „lang“: longicorne
macro- „groß“: macromolécule
maxi- „groß“: maxi-manteau
méga- „groß“: mégacôlon, mégalithe
mélan(o)- „schwarz“: mélancholie, mélanosarcome
més(o)- „mittler“: mésentère, mésoderme
micro- „klein“: microcorne, microbus
mini- „klein“: minicar, minibus, minisalaire
multi- „viel“: multimillionnaire
nécro- „tot“: nécropole
néo- „neu“: néo-colonialisme, néopositivisme
oligo- „wenig“: oligo-élément, oligopole
omni- „alles“: omnipraticien
ortho- „gerade, richtig“: orthodoxe, orthopédie
oxy- „sauer; spitz“: oxycéphale, oxybromure
pachy- „dick“: pachyderme
paléo- „alt“: paléoclimat
picro- „bitter“: picrotoxine
plagio- „schief“: plagiocéphale
platy- „flach, breit“: platypode
poly- „viel“: polytechnique, polyarthrite
pseudo- „falsch“: pseudonyme, pseudosavant
rect(i)- „gerade“: rectangle, rectiligne
sclér(o)- „hart“: sclérodermie
simili- „in der Art von“: similipierre, similigravure
sténo- „eng“: sténotype, sténocardie
stéréo- „fest, räumlich“: stéréochimie, stéréogramme
strepto- „gedreht“: streptocoque
tachy- „schnell“: tachycardie
viridi- „grün“: viridipenne
xantho- „gelb“: xanthocilline, xanthophylle
xéno- „fremd“: xénoparasitisme
xéro- „trocken“: xérophyte

Die zweite substantivische Konstituente solcher Konstruktionen ist oft ein gelehrtes nominales Element, das reihenbildend auftritt. Die Zahl solcher Morpheme ist Legion. Wir beschränken uns auf einige wichtige, die namentlich in den Nomenklaturen der Biologie, Anatomie, Medizin, Mathematik und Chemie zu Reihenbildungen führen:

-anthrope: „Mensch“ pithécanthrope
-bare: „Druck“ isobare
-blaste: „Keim“ chondroblaste
-émie: „Blut“ urémie
-glossie: „Sprache“ isoglossie
-gyne: „Frau“ androgyne

-cardie: „Herz“ myocardie
-carpe: „Frucht“ cléistocarpe
-cèle: „Geschwulst“ cystocèle
-céphale: „Kopf“ macrocéphale
-chromie: „Farbe“ héliochromie
-coque: „Korn“ streptocoque
-cosme: „Welt“ microcosme
-cyte: „Zelle“ leucocyte
-dactyle: „Finger“ macrodactyle
-derme: „Haut“ blastoderme
-doxe: „Meinung“ orthodoxe
-dyne: „Kraft“ hétérodyne
-èdre: „Fläche“ rhomboèdre
-iatre: „Arzt“ psychiatre
-lithe: „Stein“ aérolythe
-mycose: „Pilz“ actinomycose
-(o)nyme: „Name“ toponyme
-phylle: „Blatt“ chlorophylle
-pode: „Fuß“ rhizopode
-pole: „Stadt“ nécropole
-ptère: „Flügel“ hyménoptère
-some: „Körper“ chromosome
-sperme: „Samen“ gymnosperme
-taphe: „Grab“ cénotaphe
-thermie: „Wärme“ géothermie

(3) Ein weiterer Bildungstyp besteht aus Zahlwort und Nomen. Die erste Konstituente – das Zahlwort – ist ein französischer oder gelehrter Stamm. Die Zahl der Komposita mit französischen Numeralia als erster Konstituente ist vergleichsweise gering. Als Numeralia kommen dabei vorwiegend in Frage:

premier (premier plan); deux (deux-chevaux [Auto]; deux-temps [Motor]); double (double-crème [Käsesorte]); second (second plan); trois (trois-quarts [Mantel]; trois-mâts [Schiff]; trois-pièces [Kleidung oder Wohnung]); quatre (quatre-saisons [Erdbeersorte]); six (six-cylindres [Auto]); huit (huit-reflets [Hut]); dix (dix-tonnes [Lastwagen]; dix-cors [Hirsch]); mille (mille-pattes [Insekt]; mille-feuille [Pflanze; Gebäck]).

Dieser Bildungstyp ist produktiv in Verbindung mit bestimmten nominalen Konstituenten wie „cylindre», «cheval», «pont», «mât», «tonne» und «cor».
Die Komposita mit gelehrtem Element in der Funktion eines Zahlwortes sind in großer Zahl ambivalent als Substantiv und Adjektiv (vgl. auch Adjektiv!). Das Bildungsmodell ist außerordentlich fruchtbar. Nicht alle Bildungen sind in Wörterbüchern registriert. Die zweite Konstituente – suffigiert oder mit Nullsuffix – kann ebenfalls ein gelehrtes Element sein. Es kommen vor allem folgende Elemente in Anwendung:

uni- oder mono- ≙ un: uniaxe, unijambiste, univalve; monobloc, monocycle, monolythe, monomoteur, monorail. Das Muster mit uni- bildet mehr Adjektive;
primo- ≙ premier: primogéniture; vor Hiatus mit Bindestrich primo-infection;
prot(o)- ≙ premier: protagoniste, protohistoire, prototype;
bi- oder di- ≙ deux: bicycle, bichlorure, bimoteur, bipied; diode, dipôle, disyllabe;
dipl(o)- ≙ double: diplocoque, diploïde;
ambi- ≙ tous deux: ambivalence. Wenig produktiv;
tri- ≙ trois: tri-alcool, triangle, trimestre, trisyllabe; mit Bindekonsonant: trisaïeul;

quadr(i)- oder quadru- oder tétra- ≙ quatre: quadrangle, quadrijumeaux, quadrupède; tétrachlorure, tétraèdre, tétralogie;
quinqu(e)- oder penta- ≙ cinq: pentaèdre, pentamètre, pentathlon. Quinque erscheint nur in Adjektiven;
hexa- ≙ six: hexacorde, hexagone, hexamètre;
hepta- ≙ sept: heptagone, heptamètre;
octo- ≙ huit: octaèdre, octogone, octosyllabe;
ennéa- ≙ neuf: ennéagone, ennéasyllabe;
déci- ≙ dixième partie: décilitre, décimètre;
déca- ≙ dix: décaèdre, décagramme, décamètre;
dodéca- ≙ douze: dodécaèdre, dodécagone, dodécaphonie;
centi- ≙ centième partie: centibar, centigramme, centimètre;
hect(o)- ≙ cent: hectare, hectolitre, hectomètre;
milli- ≙ millième partie: millibar, millimètre, millimicron;
kilo- ≙ mille: kilogramme, kilomètre, kilowatt;
myria- ≙ dix mille: myriamètre, myriapodes.

(4) Entsprechend der Klassifizierung nach der Zugehörigkeit zu Wortklassen kann eine vierte Gruppe als präpositionale Komposita bezeichnet werden. Sie sind dadurch gekennzeichnet, daß die Konstituenten mit einer Präposition verknüpft werden. Als präpositionale Bindeglieder kommen im wesentlichen à, de und en, seltener andere Präpositionen in Frage. Die größte Produktivität verzeichnen die Lexeme mit «de» und «à», die in vielfältigen Sprachbereichen nachweisbar sind. Die zweite Konstituente ist bei diesen Determinativkomposita als Bestimmungswort zu betrachten. Getrenntschreibung ist die Regel. Die Schreibweise mit Bindestrich ist seltener. Solche Komposita sind neu im 13. Jahrhundert (chef d'œuvre, arc-en-ciel) und werden in den folgenden Jahrhunderten immer zahlreicher, was mit einer Schwächung des asyndetischen Bildungstyps einhergeht, ohne daß man behaupten kann, daß derselbe völlig unproduktiv wird.

Komposita mit «de»: chemin de fer, cabinet de travail, camp de concentration, congé de maternité, colonie de vacances, conseil de gestion, cul-de-sac, conseil d'Etat, force de frappe, goulot d'étranglement, jardin d'enfants, jus d'ananas, maître d'école, moyen de production, musique de chambre, main d'œuvre (idiomatisiert), pièce de rechange, point de départ, point de vue, pomme de terre, prix Nobel de littérature, Révolution d'Octobre, salle de bains, trait d'union u. v. a.

Die ersten Konstituenten können auch aus anderen Wortarten kommen. In diesem Falle geht Wortartwechsel (Konversion) der Verwendung im Kompositum voraus:

dessous-de-plat, dessus-de-lit, permis de conduire.

Die Komposita dieses Typs können durch Konstituenten erweitert werden:

billet de chemin de fer, purée de pomme de terre, dame-d'onze-heures (= Milchstern [Pflanze]).

Seltener sind die Komposita, bei denen die zweite Konstituente mit Artikel erscheint:

maison de la culture, Code de la route, Bourse du Travail, syndicat des enseignants.

Starke Reihenbildung mit rekurrenten zweiten Konstituenten führen dazu, daß diese Bestimmungswörter Suffixcharakter annehmen können (man vgl. hierzu im Dt. -zeug, -werk!). Als Beispiele führen wir an:

d'avant-garde (cinéma d'avant-garde, théâtre d'avant-garde) und de pointe (heure de pointe, science de pointe, industrie de pointe).

Solange diese Glieder jedoch mit der autonomen Form identifizierbar sind, muß man die Konstruktionen noch als Komposita ansehen. Ähnliche Prozesse vollziehen sich auch bei Typ (5).

Komposita mit «à»: Diese Komposita unterscheiden sich von den vorangehenden nur durch den Wechsel der Präposition. In der Mehrzahl der Fälle sind es auch dreigliedrige Ausdrücke (1. Konstituente/Präposition/2. Konstituente). Auch hier sind Schreibungen mit Bindestrich wohl eher die Ausnahme:

avion à réaction, assiette à dessert, arme à feu, brosse à cheveux, brosse à dents, couteau à fromage, fils à papa, face-à-main, fer à cheval, ennemi à mort, marche à pied, moulin à vent, moteur à essence, pied-à-terre, tête-à-tête, ver à soie, verre à liqueur.

Die zweite Konstituente ist mit bestimmtem Artikel versehen:

boîte aux lettres, conférence au sommet, bombe au cobalt, escroquerie au mariage, mise au point, mort-aux-rats, pot-au-feu, travail à la chaîne.

Die zweite Konstituente ist ein Infinitiv:

crème à raser, cartes à jouer, chambre à coucher, fil à coudre, salle à manger, huile à graisser, métier à tisser, meuble à ranger.

In den Sonderwortschätzen der verschiedenen Industriezweige, wo diese Konstruktionen außerordentlich produktiv sind, haben sich Wortgefüge mit stereotyper erster Konstituente herausgebildet:

machine à écrire, – à laver, – à calculer, – à traduire, – à coudre, – à tricoter, à traire, – à dicter, – à repasser etc.; – à friser, – à repasser, – à souder, – à tuyauter etc.

Analoge Beispiele, in denen die 2. Konstituente ein Nomen ist:

moulin à huile, – à papier, – à poudre, – à poivre, – à café électrique, – à prières, – à vent; armoire à linge, – à livres, – à glace, – à pharmacie; brosse à chaussures, – à dents, – à habits; boîte à cigares, – à outils, – à malice, – à surprise, – à musique, – à ouvrage, – à ordure, – à bijoux; bateau à vapeur, – à voile usw.

Seltener sind Komposita, die mehr als drei Glieder haben:

bête à bon Dieu, chandail à col roulé, arme à double tranchant, machine à laver la vaisselle, missile à tête nucléaire. Beispiele mit noch längeren Expansionen finden sich höchstens in Glossaren einzelner Fachgebiete: charrue pour labour à plat à traction animale sans avant-train (s. Guilbert, Créativité, S. 254!).

Komposita mit «en»:
arc-en-ciel, café en poudre, collision en chaîne, croc-en-jambe, mise en congé, mise en place, mise en garde, film en couleurs, mise en relief, pipe en écume; in Ortsnamen: Bourg-en-Bresse, wo die Motivation zwischen den Gliedern noch bewahrt geblieben ist.

Komposita mit «par»:
enseignement par correspondance, meuble par éléments, mariage par procuration, vente par correspondance.

Komposita mit «pour»:
confection pour dames, coiffeur pour messieurs, salon pour dames.

Komposita mit «sans»:
avion sans pilote, accouchement sans douleur, vol sans escale.

Komposita mit «après»:
service après vente, coiffure après bain.

Komposita mit «sur»:
gravure sur métaux, gravure sur bois; in Ortsnamen: Boulogne-sur-Mer, Neuilly-sur-Seine.

Komposita mit «sous»:
territoire sous mandat.

Komposita mit «avant»:
enfant avant terme.

Komposita mit «contre»:
amour contre nature.

(5) In dieser Gruppe sind Komposita vereint, deren interne Syntax ziemlich vielfältig strukturiert sein kann (vgl. zu den syntagmainternen Beziehungen Punkt 2.3.2.2.2.!).
In ihrem morphologischen Aufbau sind sie identisch mit manchen unter 2.3.1.1. genannten Lexemen. Jedoch liegt bei den hier zu beschreibenden asyndetischen, d. h. ohne Bindewort verbundenen, Komposita kein additives Verhältnis zwischen den Bestandteilen vor. Es handelt sich vielmehr um Komposita, die zwar in puncto Wortbildungsstruktur aus zwei aneinandergereihten Nomina bestehen, deren zweite Konstituente jedoch in einem Abhängigkeitsverhältnis im Sinne eines «complément» zur 1. Konstituente steht. Die zahlreichen Beispiele zeugen vom hohen Disponibilitätsgrad dieses Bildungsmodells. Die 1. Konstituente ist das Grundwort, was sich auf morphologischer Ebene darin äußert, daß das neue Lexem derselben grammatischen Klasse wie die erste Konstituente angehört und auch deren Genus bewahrt:

le chou-fleur, *une séance* marathon, *la prise*-rasoir.

Weitere Beispiele: assurance maladie, assurance-vie, avion-cargo, bas Nylon, arrêt-pipi, café-concert, congé-maladie, chemise popeline, Etat patron, femme ingénieur, ingénieur électronicien, histoire-fiction, langue mère, maison mère, idée mère, mandat-lettre, mot-clé, oiseau-mouche, pause-café, poids plume, roman-fleuve, médecin spécialiste, tiroir-chauffe-plats, thé-citron, usine pilote, ville-champignon, ville martyr, voiture-lit, wagon-couchettes, wagon-restaurant, voiture sport.

Die Stämme können Simplizia oder strukturiert sein, wie die obengenannten Beispiele zeigen. Erweiterte Konstituenten begegnen in:

assurance tous risques, chauffage-air pulsé, meubles Louis XV, voiture tous terrains (*od* tout terrain).

Seltener sind Kombinationen von oder mit Eigennamen in appellativischer Verwendung:

marie-louise, jean-fesse, jean-sucre, marie-graillon, dame-jeanne.

In Ausnahmefällen hat die 2. Konstituente den bestimmten Artikel: jean-le-blanc (Vogel). Aus solcherart Komposita können adjektivische Derivate entstehen: louis-philippard, louis-quatorzien u. a.

(6) Diese Gruppe ist in bezug auf die interne Syntax ihrer Konstituenten identisch mit der Gruppe (5). Sie unterscheidet sich hingegen morphologisch von ihr. In der Anordnung ihrer Elemente entspricht sie dem gelehrten Modell (vgl. 2.3.2.2.2.!). Das Grundwort folgt dem Bestimmungswort. Hinsichtlich der Morphologie der Konstituenten läßt sich diese Gruppe in 2 Untergruppen teilen. In einer ersten Gruppe handelt es sich durchweg um Kombinationen gelehrter Stämme, die autonom in der Sprache nicht existieren:

astronaute, artériosclérose, cholestérolémie, hémotoxie, pédogénèse, toponyme etc.

Die erste Konstituente ist morphologisch meist durch den auslautenden Vokal «o» gekennzeichnet, was für das gelehrte Bildungsmodell typisch ist.
Zur zweiten Untergruppe gehören solche Bildungen, deren Morphologie in der Verknüpfung von gelehrtem Element und französischem Stamm seinen Ausdruck findet:

chimie thermique ↔ thermochimie,
analog balnéothérapie, astrophysique, biochimie, cosmobiologie, hydravion, géophysique, thermodynamique, thermosiphon.

Diese Bildungsweise kann mit Wortkürzung verflochten sein:

héliport < hélicoptère + aéroport, gastrotechnie < gastronomie + technie, cyclotron < cycle + électron u. a.

In manchen Fällen täuscht der gelehrte Aspekt der Bildung darüber hinweg, daß es in Wirklichkeit nicht um gelehrte Elemente, sondern um gekürzte französische Lexeme geht, die mit anderen Wörtern in Kontakt treten:

ciné (< cinéma[tographe]) in: ciné-club, auto (< automobile) in: autoroute, électro (< électricité) in: électrochoc, mòto (< moteur) in: motopompe, télé (< télévision) in: téléspectateur, turbo (< turbine) in: turboréacteur (vgl. dazu auch 2.3.2.1.3.(5)!), ferner photo (<photographie) in: photo-finish, radio (<radiophonie) in: radiodiffusion, radio (<radiographie) in: radio-diagnostic, radio (<radioactif) in: radiocobalt.

Wie die letzten Beispiele veranschaulichen, können sich hierbei homonymische Reihen bilden.

(7) Eine letzte Gruppe betrifft Wörter, die in neuerer Zeit aus anderen Sprachen (zumeist aus dem Englischen oder Angloamerikanischen) ins Französische eingedrungen sind. Wenn auch diese Lexeme für den französischen Sprecher nicht motiviert sind durch die syntagmainterne Struktur ihrer Konstituenten, so kann doch davon ausgegangen werden, daß sie dem Sprachbenutzer als zusammengesetzte Wörter erscheinen. Dies wird einerseits durch das Schriftbild bekräftigt und andererseits in Einzelfällen durch formähnliche oder identische heimische Morpheme unterstützt (vgl. partie und garden-party, masse und mass-media, balle, ballon und basket-ball, base-ball!).
Viele dieser Bezeichnungen entstammen Fachwortschätzen (Ökonomie, Politik, Industrie, Sport), haben sich eingebürgert und werden nicht mehr als Fremdkörper empfunden:

pull-over, black-out, lock-out, blue-jean, cosy-corner, boogie-woogie, cameraman, duffel-coat, ex aequo, goal-average, hold-up, hit parade, knock-out, kidnapping, happy end, negro spiritual, pick-up, new-look, recordman, recordwoman, ping pong, script-girl, self-service, striptease, water polo, volley-ball, week-end.

2.3.2.2.2. Syntagmainterne strukturelle und semantische Beziehungen.

(1) Beim 1. *Strukturtyp* (TA · TN bzw. TN · TA) kann es sich um differenzierte syntagmainterne Beziehungen handeln. Generell muß gesagt werden, daß dieser Bildungstyp unterschiedliche Lexikalisierungsgrade aufweisen kann. Bisweilen findet dieser Tatbestand äußerlich seinen Ausdruck in der Schreibweise mit oder ohne Bindestrich. Allerdings ist dieser orthographische Aspekt kein untrügliches Zeichen für richtige Einordnung. Im Unterschied zur freien syntaktischen Fügung N + A bzw. A + N bezeichnen diese Komposita einen einzigen Begriff. Damit zusammen hängt eine Mutation innerhalb der semantischen Merkmalstruktur der Konstituenten. Die Bedeutung des Kompositums sang-froid ist nicht identisch mit der Summe der Einzelbedeutungen seiner Konstituenten. Es muß jedoch eingeräumt werden, daß es sich hier um eine breite Übergangszone handelt, so daß es nicht immer leicht ist zu entscheiden, ob man sich einer syntaktischen Fügung oder einem Kompositum gegenübersieht. Wortverbindungen wie «bière blonde» oder «classe terminale» stehen den freien syntaktischen Verbindungen viel näher als beispielsweise «bête noire» oder «table ronde». Gewissermaßen das andere Extrem stellen die Lexeme dar, bei denen die Motiviertheit der Konstituenten für den Gegenwartssprecher verlorengegangen ist. Pot-pourri und printemps (< primum tempus) z. B. sind nur diachronisch als Komposita zu bezeichnen. Auch hier gibt es Grenzfälle, die strittig sind.

Dem Strukturtyp A + N oder N + A kann als Ausdrucksalternative ein Relativsatz mit être und prädikativem Adjektiv zur Seite gestellt werden:

le dessin qui est animé ↔ le dessin animé

Diesem Modell folgen z. B. exode rural, coffre-fort, basse-cour, chauve-souris, morte-saison, plein emploi, plate-forme, belles-lettres u. a.

Bei Verwandtschaftsbezeichnungen, die eine adjektivische Konstituente wie «grand» oder «petit» enthalten, entspricht diese Konstituente in ihrer Bedeutung nicht der Grundbedeutung des Adjektivs. Sie beinhalten vielmehr, zumindest genetisch, Respekt bzw. Zuneigung und bringen Generationenfolge zum Ausdruck:

grand-maman, grand-père, grand-oncle, petite-fille, petit-neveu etc.

Meliorativen bzw. depreziativen Wert, gepaart mit hierarchischem Wert, besitzen diese Konstituenten in grand-bourgeois, petit-bourgeois, grand-croix de la Légion d'honneur.
Dem Strukturtyp TA · TN oder TN · TA kann jedoch auch eine andere Syntax innewohnen. Dem Kompositum «casque bleu» entspricht z. B. das Transformationsmuster: qn (soldat) qui a le casque bleu ↔ le casque bleu.
Dieser Typ von Lexemen wird mitunter als exozentrisches Kompositum bezeichnet. Beim exozentrischen Kompositum ist zwar das syntagmainterne Verhältnis der Konstituenten «casque bleu» das gleiche wie z. B. bei «basse-cour», jedoch differieren die syntagmaexternen und denotativen Beziehungen. Basse-cour ist eine «cour», aber casque bleu ist kein «casque», sondern ein Soldat der UNO. Das eigentlich Bestimmte ist der Handlungsträger. Er bleibt bei dem exozentrischen Typ außerhalb der Konstituenten. Das Genus wird durch den zugrunde liegenden Handlungsträger bestimmt, z. B. *un* peau-rouge (= Indianer). Exozentrische Komposita bezeichnen vielfach Animata:

(Tiere) pur-sang = Pferd, rouge-gorge = Vogel, bec-croisé = Vogel, bec-fin = Vogel;
(Menschen) peau-rouge, cordon-bleu, pied-plat, cul-terreux, pied-noir, bas-bleu, blouson noir, double-mètre.

Inanimata sind bei diesem Strukturtyp seltener: Croix-Rouge.
In Gruppe (3) sind sie zahlreicher vertreten.
Manche adjektivischen Konstituenten in Komposita sind als Umstandsbestimmungen zu interpretieren:

agent en commerce ↔ agent commercial, circulation sur route ↔ circulation routière, garçon en épicerie ↔ garçon épicier, pont dans l'air ↔ pont aérien.

(2) Dieser *Strukturtyp* mit gelehrten Stämmen hat wie der erste Typ zwei verschiedene syntagmainterne Verhältnisse aufzuweisen. Dem ersten Strukturschema folgen endozentrische Komposita: une cellule qui est blanche ↔ un leucocyte.

Innerhalb dieses Bildungstyps nach gelehrtem Modell haben sich Wortbildungssubsysteme ausgebildet, die Oppositionen ausdrücken:

macro/micro: macromolécule/micromolécule
maxi/midi/mini: maximanteau/manteau midi/minimanteau
homo/hétéro: homonyme/hétéronyme.

Mitunter ist in dem Prozeß der Komposition eine gleichzeitige Suffigierung einbegriffen:

aéro + modèle + isme ↔ aéromodélisme
pan + germain + isme ↔ pangermanisme.

Besonders Nomenklaturen der Botanik und Zoologie nutzen dieses Bildungsschema, so z. B. das Suffix -iens in der Zoologie, das Suffix -ées in der Botanik.
Dem zweiten *Strukturschema* entsprechen exozentrische Komposita, die sich wie folgt transformieren lassen:

(un oiseau) qui a de grandes pattes ↔ mégapode
(un être vivant) qui a une grosse tête ↔ macrocéphale.

Dieses Muster schließt auch Adjektive (s. dort!) ein.

(3) In dieser Gruppe sind die Bildungsmechanismen analog zu den Gruppen (1) und (2). Sie lassen demnach endozentrische und exozentrische Komposita zu. Die endozentrischen Komposita folgen dem Bildungsmuster le rail qui est unique ↔ le monorail, die exozentrischen dem Muster (le navire) qui a deux ponts ↔ le deux-ponts bzw. (un homme) qui a une seule jambe ↔ un unijambiste.
Bei den exozentrischen Komposita sind sowohl Inanimata als auch Animata vertreten:

(a) Inanimata: (Schiffe) deux-mâts, trois-ponts; (Fahrzeuge) deux-chevaux, six-cylindres, deux-roues, deux-places; (Flugzeuge) trimoteur, monoplan, quadriréacteur; (Kleidung) trois-pièces, trois-quarts; (Motoren) deux-temps; (Käsesorten) double-crème, mille-trous;
(b) Animata: (Pflanzen und Früchte) mille(-)feuille, quatre-épices, quatre-saisons, mille(-)pertuis; (Person) unijambiste.

Das Genus wird bei den exozentrischen Komposita üblicherweise durch das außerhalb der Konstituenten stehende Bezugswort bestimmt:

une deux-chevaux = voiture,
Ausnahme: *un* deux-roues; aber *un* biplan = avion; *un* trois-mâts = navire.

Die Komposition mit gelehrten Zahlwort-Stämmen wird vorzugsweise in den Wissenschaftsterminologien gebraucht. Diese Elemente treten oft in Verbindung mit Maßbezeichnungen, wie litre, mètre, ampère, are, bar, grade, gramme, tonne, volt, watt usw., zur Bezeichnung von Untereinheiten: centigrade, hectolitre, kilowatt, millibar usw.
In Kombination mit Elementen wie «flore», «pétale» usw. erfüllen sie eine wichtige Funktion in der botanischen Nomenklatur. Ähnliches läßt sich sagen von gelehrten

Stämmen wie «pode», «corne», «dactyle», «ptère» usw. in der Zoologie, von «èdre» und «gone» in der Geometrie.

(4) Für diese Gruppe (= *präpositionale Komposita*) gilt generell, daß die mit einer Präposition angeschlossene zweite Konstituente als nähere Bestimmung der ersten Konstituente aufzufassen ist. Diese Wortverbindungen bilden stets eine lexikalische und phonetische Einheit unabhängig von ihrer Schreibweise.
Auch diese Komposita können mit unterschiedlichen Transformationsmodellen beschrieben werden. So gehören die Komposita, deren erste Konstituente ein Verbalsubstantiv ist (mise en train), eher zu den Komposita mit prädikativer Expansion in bezug auf ihre interne Syntax (s. 2.3.2.1.!). Wegen ihrer morphologischen Identität mit den Komposita mit nichtprädikativer Expansion werden sie hier behandelt. So lassen sich Komposita wie montée de lait und marche à pied umformen in Sätze wie:

le lait monte ↔ la montée de lait
on marche à pied ↔ la marche à pied,

analog baisse de tension, chute des cheveux, course d'automobiles, coût de la vie, mise en train, vente à crédit u. a.
Anders zu erklären sind die folgenden Komposita:

ce cheval est de race ↔ ce cheval de race.

Die Präposition «de» kann unterschiedliche Relationen ausdrücken. Sie kann im Prozeß der Lexikalisierung als Stellvertreter für andere Präpositionen angesehen werden:

médecin de famille	= pour la famille
classe de neige	= dans la neige
plat de viande	= de viande
coup de pied	= avec le pied
soirée d'automne	= pendant l'automne
médecin de campagne	= à la campagne.

Auch die Präposition «à» drückt unterschiedliche Relationen aus:

die zweite Konstituente erläutert den Verwendungszweck (à = pour) in couteau à fromage, fer à souder, machine à repasser, pelle à tarte, tasse à café, verre à liqueur; die Funktionsweise (à = par) in frein à main, fusil à piston, moteur à essence, moteur à réaction; die Bestandteile (à = avec) in balai à manche, casque à pointe, charrette à bras, cruche à anse, robe à traîne, stylo à billes, wagon à couloir.

In Lexemen mit Infinitiv als zweiter Konstituente wird in erster Linie der Verwendungszweck angegeben:

huile à graisser, machine à coudre, salle à manger usw. Maître-à-danser (Meßgerät) ist stark idiomatisiert.

Zwischen «de» und «à» kann sich in manchen Wortpaaren ein antonymisches Verhältnis zwischen Inhalt und Zweck widerspiegeln:

verre de vin (Inhalt)/verre à vin (Zweck).

Andere Komposita – exozentrische – sind innersyntagmatisch vergleichbar mit Sätzen, die eine Umstandsbeziehung enthalten. Der Handlungsträger bleibt außerhalb der Konstituenten:

> (costume qui est fait en) fil-à-fil ↔ un fil-à-fil, (substance qui donne) la mort-aux-rats, (plante qui est comme) la gueule-de-loup; ähnlich müssen tête-à-tête, bec-de-lièvre, porte-à-porte, pied-à-terre, tout-à-l'égout, coq-à-l'âne usw. gedeutet werden.

Viele dieser exozentrischen Komposita sind volkstümliche Äquivalente für Fachtermini verschiedener Wissenschaften. Ihre ersten Glieder sind nicht selten Bezeichnungen für Körperteile. Die zweiten Konstituenten sind zumeist Tierbezeichnungen (âne, bœuf, chat, coq, pie etc.) oder Gegenstände des Hauses (jatte, lampe etc.). Mittels Metonymie werden diese Komposita zur Benennung von Animata und Inanimata verwendet:

> (Pflanzen) langue-de-bœuf, pied-de-veau, crête-de-coq, dent-de-lion, queue-de-renard; (Tiere) oreille-de-mer, pied-de-cheval; (Personen) cul-de-jatte, Œil-de-Faucon; (Inanimata) bec-de-cane, pied-de-biche, queue-de-cochon, queue-de-morue, tête-de-loup, tête-de-moineau.

Alle diese Lexeme sind bereits stark demotiviert, was ihre Beziehung zum Denotat anbelangt. Ihre syntagmainternen Beziehungen sind jedoch nicht verdunkelt.

(5) In Gruppe (5) handelt es sich um den *morphologischen Typ* TN · TN, der von seinem morphologischen Aufbau her identisch ist mit dem der unter 2.3.1. beschriebenen Kopulativkomposita. Die syntagmainternen Beziehungen sind hingegen grundsätzlich anderer Natur. Die zweite Konstituente übernimmt bei diesem Typ die syntaktische Rolle eines «complément» in bezug auf die erste Konstituente. Solche asyndetischen Bildungen sind bereits im ältesten Französisch belegt: bain-marie, Fête-Dieu, Hôtel-Dieu. Hier ist die zweite Komponente «complément» der ersten.
In einer ersten Untergruppe läßt sich folgendes Transformationsschema anwenden: le camion qui est citerne ↔ un camion-citerne. Die zweite Konstituente erfährt eine größere semantische Mutation und übernimmt nur einzelne Bedeutungsmerkmale des Lexems «citerne», während die erste Konstituente im wesentlichen ihren semantischen Wert bewahrt. Ein «camion-citerne» bleibt ein «camion». Dieser Tatbestand findet auch seinen Ausdruck darin, daß das Genus des Kompositums durch seine erste Konstituente festgelegt wird. Das Basiselement, d. h. die erste Konstituente, hat die Rolle der Gattungsbezeichnung, die durch die zweite Konstituente im Sinne eines attributiven Adjektivs näher bestimmt wird.
Nicht grundsätzlich anders, wohl aber etwas modifiziert, ist das Transformationsschema bei poisson-chat, das interpretiert werden muß als «poisson qui est comme un chat».
Das semantische Gewicht liegt auch hier auf der ersten Konstituente: ein poisson-chat ist ein Fisch, ein bateau-mouche ist ein Schiff, ein homme-grenouille ist ein Mensch.
Dieses determinative bzw. appositionelle Verhältnis läßt sich nachweisen bei den

folgenden Komposita, die nach den beiden genannten Transformationsmustern umformbar sind:

Objektbezeichnungen vielfältigster Art: avion-radar, bateau-phare, carte-lettre, machine-outil, papier-monnaie, wagon-restaurant; Pflanzen- und Tierbezeichnungen: chat-tigre, chien-loup, chou-fleur, chou-navet, oiseau-mouche, poisson-chat; Personenbezeichnungen: fille mère, homme-orchestre, homme-sandwich, femme ingénieur, femme médecin, maître-maçon, médecin spécialiste; ferner ballet-pantomime, comédie-drame, jeu-concours, nœud papillon, pantalon fuseau, robe sac, roman-fleuve.

Auch die Kopplung eines Nomens mit einem Eigennamen ist von grundsätzlich gleicher Art:

voiture Citroën. acier Siemens-Martin, colonne Morris, moteur Diesel, prix Nobel,

In der Gegenwartssprache ist eine Tendenz zur *Reihenbildung* zu beobachten, die zu serienweisen Determinativkomposita führt. Einerseits treten Konstituenten massenhaft in Zweitstellung auf, die eine relativ allgemeine Bedeutung haben:

industrie-clé, mot-clé, position-clé, problème-clé; guerre éclair, manœuvre éclair, visite éclair, voyage éclair; niveau de vie record, production record, récolte record; cadeau surprise, grève surprise, pochette surprise,

analog die Konstituenten miracle, bidon, choc, modèle, monstre, pilote, témoin type u. a. m. Auf Grund ihrer großen semantischen Distributionsfähigkeit nähern sich diese Konstituenten den Suffixen. Diese Determinativkomposita befinden sich in der Übergangszone von Komposita und Ableitung. Solange diese Glieder mit der autonomen Form identifizierbar sind, können solche Konstruktionen zur Komposition gerechnet werden.
Andererseits treten auch erste Konstituenten als Grundwörter ziemlich konstant auf und führen gleichfalls zu Serienbildung mit dem gleichen Grundwort. In Analogie zu einem Muster entstehen durch Wechsel des determinierenden Elements immer weitere Bildungen, z. B. zur Benennung der Gewichtsklassen im Boxsport und Gewichtheben: poids mouche, poids coq, poids plume.
Ferner mit dem Grundwort avion:

avion-cargo, avion-cible, avion-citerne, avion-école;

mit dem Grundwort wagon:

wagon-bar, wagon-citerne, wagon-lit, wagon-poste, wagon-réservoir, wagon-restaurant, wagon-salon, wagon-tombereau, wagon-trémie;

mit dem Grundwort navire:

navire-atelier, navire-citerne, navire-école, navire-hôpital, navire-jumeau, navire-usine.

Bei anderen Komposita muß das Transformationsschema modifiziert werden.

Die zweite Konstituente entspricht hier einer Umstandsbestimmung verschiedenster Art. Im Kompositum erscheint die Präposition nicht:

l'assurance est pour la vie ↔ l'assurance-vie.

Die in der syntaktischen Umformung vorhandene Präposition ist variabel, wie in der Folge zu zeigen ist:

Präposition «à»: café crème, wagon-couchettes, pause-café, thé-citron, bulletin-réponse.

Präposition «avec»: automitrailleuse, café-concert, cité-jardins, dîner-débat.

Präposition «contre»: assurance-chômage, assurance tous risques.

Präposition «de»: station-relais, appareil photo, chaussures sport, cas limite, pays refuge.

Präposition «en»: brosse Nylon (auch de Nylon), pantalon cuir (auch de cuir), chemise popeline (auch de popeline), boîte acier (auch d'acier), flacon verre (auch de verre), ingénieur automaticien.

Präposition «par»: mètre-seconde, watt-heure, grève surprise,chauffage-gaz.

Präposition «pour»: descente-messieurs, poche-revolver, arrêt-pipi, passage piétons, prise-rasoir, timbre-poste (auch de).

Präposition «sur»: assurance-vie, autorail.

(6) In der letzten Gruppe unterscheidet sich die Wortbildungsstruktur von den vorher genannten Bildungstypen dadurch, daß die Konstituenten gelehrte Elemente darstellen; die erste Konstituente ist durch auslautendes «o», seltener «i» charakterisiert. Gemäß der Morphologie des gelehrten Bildungsmodells stellt die 2. Konstituente das Grundwort dar, das durch die 1. Konstituente determiniert wird. Das Grundwort kann auch aus dem Allgemeinwortschatz kommen. Das erste Glied des Kompositums ist im Transformationsmuster Complément du Sujet oder Umstandsbestimmung. Die Präposition erscheint nicht in der Wortbildung:

le nom qui est de l'homme ↔ l'anthroponyme
l'électricité qui est par la lumière ↔ la photo-électricité
la navigation qui est vers les astres ↔ l'astronautique
le poison qui est dans le sang ↔ l'hémotoxie
le bateau qui glisse sur l'eau ↔ l'hydroglisseur (vgl. dazu Guilbert, GLLF, S. LXXIII!).

Diesen Bildungsmustern entsprechen z. B.: neuropsychologie, phytopathologie, thermo-électricité, hémarthrose, artériosclérose, électrométallurgie, cyclotourisme.

Diese Lexeme gehören in der Regel den Fachwortschätzen an. Manche Komposita dieser Art sind in die Allgemeinsprache gedrungen.

2.4. Konversion

Im Nominalbereich erstreckt sich dieses besondere Wortbildungsverfahren, des Übertritts von einer morphologischen Klasse in die des Substantivs ohne Substanzveränderung, nahezu unbeschränkt auf alle Wortklassen. Allerdings treten die Möglichkeiten der Substantivierung von Zahlwörtern (s. S. 134), Pronomen, Adverbien und Interjektionen weit hinter den Fällen der Konversion von Verbalformen oder Adjektiven zurück. Vom strukturellen Standpunkt sind dabei generell alle unter den verschiedenen Wortklassen genannten Typen möglich. Ein näheres Eingehen auf die einzelnen *Strukturtypen* erübrigt sich daher in diesem Kapitel.

2.4.1. V → N

2.4.1.1. Partizip I → N

Grundsätzlich sind alle Partizipien auf -ant substantivierbar, was nur über die Zwischenstufe einer Adjektivierung denkbar ist. Tatsächlich können substantivierte Partizipien auch Adjektive sein (vgl. auch 2.2.1.1.2.!):

l'ouvrier militant (dans un parti) ↔ le militant.

Auszuschalten sind solche Adjektive, die nach dem Formmuster der Partizipien gebildet sind, jedoch keinen synchronischen Zusammenhang mit dem Verb (= Partizip) zeigen: élégant, pimpant u. a. Die substantivischen Partizipien der Gegenwart übernehmen in der Regel die aktivischen Bedeutungen des Verbs:

étudiant = celui qui étudie (qch.).

Die substantivierten Lexeme bezeichnen Personen (assistant, commerçant, débutant, dirigeant, enseignant, fascisant, figurant, gagnant, gauchisant, manifestant, négociant, participant, passant, représentant, ressortissant usw.) oder Gegenstände (battant, brillant, carburant, collant, détachant, tranchant). In selteneren Fällen liegen Abstrakta vor: dominante, penchant, revenant, variante. Je nach dem in einer syntaktischen Transformation zugrunde liegenden Nomen können die Wörter maskulin oder feminin sein:

une ouvrière dirigeante ↔ une dirigeante
une machine imprimante ↔ une imprimante.

Dort, wo die Sprache vom gleichen Verb suffigierte Wörter für die Bezeichnung des Nomens agentis ausgebildet hat, wird das Partizip I üblicherweise nicht in dieser Verwendung gebraucht.
Es kann dann nur zur Bezeichnung eines Abstraktums dienen oder lexikalisch anders spezialisiert sein:

l'agitateur (nomen agentis), l'agitant (= le caractère agitant de qch.); l'excitateur (nomen agentis), l'excitant (le café est un excitant).

Die mit «anti» präfigierten Formen sind nicht von Präfixverben abgeleitet, sondern sekundär präfigiert:

déraper → (dispositif) dérapant → antidérapant analog antigivrant, antidétonant.

Die durch Konversion produzierten Substantive können in ihrem semantischen Verhältnis zum Basisverb in unterschiedlichem Grade idiomatisiert sein: étudiant (Student) ↔ étudier (studieren), aber revenir (zurückkommen) ↔ revenant (Gespenst), pencher (neigen) ↔ penchant (Neigung, Hang). Revenant und penchant sind völlig idiomatisiert, ebenso le montant, le croissant, le couchant.
Substantivische Partizipien begegnen auch in festen Wendungen, wo ihre völlige Idiomatisierung einer synchronen Analyse entgegensteht: à l'avenant, d'un seul tenant, les tenants et les aboutissants.

2.4.1.2. Partizip II → N

Strukturell und genetisch gilt das unter 2.4.1.1. Gesagte (vgl. auch Adjektiv, 3.2.1.1.!). Diese Partizipien in ihrer substantivierten Form bezeichnen zunächst Personen, wobei im Regelfall die Opposition m/f gewahrt bleibt: agrégé(e), blessé(e), déporté(e), émigré(e), fiancé(e), licencié(e), parvenu(e), vaincu(e) etc.
Bisweilen ergeben sich semantische Oppositionen zwischen den substantivierten Partizipien I und II: aktivisch/passivisch (blessé/blessant, condamnant/condamné), durativ/perfektiv bei intransitiven Verben (arrivant/arrivé, mourant/mort).
Des weiteren können auch Inanimata (einschl. Abstrakta) benannt werden: abrégé, aperçu, contreplaqué, combiné, extrait, fait, permis, ralenti, résumé, reçu.
Dabei ist kaum eine unterschiedliche Distribution zwischen Maskulina und Feminina zu erkennen. Auch Feminina bezeichnen Handlung, Gegenstände wie Abstrakta: crainte, entrée, revue, sortie, teinte, tenue etc. Jedoch werden Nomina actionis fast nur mit Feminina benannt: arrivée, battue, échapée, entrée, mise au point, montée, prise de position, pensée, saignée, sortie, traversée, veillée, vue, wobei diese Bedeutung häufig eine neben anderen Bedeutungsvarianten ist: entrée und sortie = 1. Vorgang, 2. Nomen instrumenti usw.
Auch bei diesen substantivischen Partizipien kann die Idiomatisierung unterschiedlich entwickelt sein. Völlige Idiomatisierung haben allée und tranchée erreicht. Wörter wie la perte, la chute, la recette, la vente u. a. müssen heute als Simplizia betrachtet werden. Diachronisch sind auch sie aus dem Übergang von alten Partizipien zu Substantiven zu erklären.
Demotivierung kennzeichnet auch diese substantivierten Partizipien in phraseologischen verbalen oder adverbialen Wendungen. Bisweilen liegt ein Archaismus in Form eines Partizips vor: jeter son dévolu, à son insu, prendre au dépourvu, au vu et au su de tout le monde u. a.

2.4.1.3. Infinitiv → N

Im Französischen ist im Grunde genommen jeder Infinitiv der Substantivierung fähig. Jedoch steht diese absolute Disponibilität in einem Mißverhältnis zu den tatsächlich usuellen Bildungen:

l'avoir, le boire, le coucher, le parler, le déjeuner, le dîner, le devoir, le devenir, le dire, le manger, le pouvoir, le repentir, le goûter, le souvenir, le savoir, le toucher, le vouloir.

In dem Falle, wo Infinitive nicht nur Aktion, sondern auch Resultat widerspiegeln können, sind sie pluralfähig:

les dires, les dîners, les devoirs, les (sou)rires, aber nur le boire, le manger.

Bei manchen Lexemen wie «les vivres» ist nur der Gebrauch im Plural üblich. Auch Komposita existieren im Französischen, wenn auch selten: le savoir-faire, le savoir-vivre, le laisser-aller.
Die Pluralisierung ist oft mit einer mehr oder weniger starken Idiomatisierung verbunden: les parlers (Sprechweisen), les dires (Gerede), les vivres (Lebensmittel).

2.4.1.4. Konjugierte Verbalform → Nomen.

Seltener ist die Konversion von anderen Verbalformen: un *tiens* vaut mieux que deux *tu l'auras*; le *laissez-passer*.

2.4.1.5. Satz(teil) → Nomen.

Auch Wortgruppen oder ganze Sätze können lexikalischen Status erlangen: un écoute-s'il-pleut, un décrochez-moi-ça, le qu'en-dira-t-on, le va-et-vient, une marie-couche-toi-là, le rendez-vous, un cessez-le-feu, le suivez-moi-jeune-homme, le qui-vive.

2.4.2. A → N

Prinzipiell ist auch jedes Adjektiv im Französischen substantivierbar. Dabei sind die maskulinen wie die femininen Formen des substantivierten Adjektivs möglich, wenn sie Lebewesen bezeichnen auf Grund hervorstechender Merkmale. Die Maskulina und Feminina entsprechen dann jeweils dem natürlichen Geschlecht im Denotatsbereich:

la vieille femme ↔ la vieille
l'homme maigre ↔ le maigre

analog la belle, le sot, le capable, le Français, l'Allemande, le mignon, la paresseuse, la pauvrette, le fiérot, la fiérote. Auch Kollektivbezeichnungen sind möglich: le collectif.
Im Prozeß der Konversion geht das gesamte System der Flexionsformen des Adjektivs in die Flexion des Substantivs über. So sind z. B. Steigerungsformen möglich: la plus belle, un plus sérieux.
Beziehen sich die Substantivierungen auf Inanimata und Abstrakta, dann ist das Genus abhängig vom Genus des ausgelassenen Substantivs:

le train qui est rapide ↔ le (train) rapide
la science qui est linguistique ↔ la (science) linguistique

Nach dem gleichen Muster: le (film) documentaire, la (lettre) majuscule, la (ville) capitale, la (ondulation) permanente, la (main oder fraction) gauche, la (chanson) Marseillaise, la (Association oder chanson) Internationale, la (ondulation) indéfrisable, les (gens) soviétiques, le (espace) intérieur, le (ouvrage) manuel, les (auteurs) classiques, la (proposition) complétive, le (côté) contraire usw.

In diesem Zusammenhang kristallisieren sich vor allem drei deutlich abgrenzbare Bedeutungsgruppen heraus:

(1) im Bereich der Technik und Wissenschaften ist das elliptische Bezugswort häufig «dispositif», «machine», «appareil» oder «produit»: réfrigérateur *m*, aspirateur *m*, moissonneuse *f*, calculatrice *f*, dépanneuse *f*, perforatrice *f*, cireuse *f*,

(2) in der maskulinen Form werden Farben und Sprachen bezeichnet: le bleu, le gris, le noir; l'anglais, l'italien, le portugais. Allerdings sind diese Substantivierungen zweideutig, da beide auch Personenbezeichnungen darstellen können (im 2. Falle mit Großschreibung),

(3) bei Adjektiven, die sich nicht auf Personen beziehen, wird die maskuline Form in der Funktion eines Neutrums zur Benennung von abstrakten Begriffen gebraucht:
le calme, le vrai, l'idéal, le ridicule, le sous-entendu, l'essentiel, le nécessaire, le passé.
Gebrauch des Maskulinums in der Funktion eines Neutrums ist auch in Wendungen zu beobachten wie six mètres de long (= en longueur), tomber de tout son long, vingt mètres de large (= en largeur) u. a.

2.4.3. Substantivierung anderer Wortarten

Adverbien: le *bien* (patrimonial, se contenter de *peu*, un *à-coup*, *l'arrière*, prendre le *dessus*, prendre *les devants*, l'*à-peu-près*, le *comment*, l'*acompte*, le *trop* de confiance, un *mais*, un *non* u. a.

Pronomen/Interjektionen/Konjunktionen: le *moi*, ne pas pouvoir répondre à tous les *pourquoi*, les *tiens* (= parents, amis oder alliés), des *chuts*

Zahlwörter (s. S. 134!): le garçon entre en *troisième* (classe), nous habitons au *troisième* (étage), le *onze* (= équipe sportive), le *quinze* (équipe de rugby) u. a.

Präpositionen: l'*à-côté*, peser le *pour* et le *contre*.

2.5. Wortkürzung und Abkürzung

Die verschiedenen Verfahren der Reduzierung des Wortkörpers kommen am wirksamsten im Bereich der Nomina zur Geltung. Hier sind alle Möglichkeiten der Verwendung von gekürztem Wortgut in der Rede zu konstatieren.

2.5.1. Wortkürzungen

Nach dem grammatischen Verhältnis zwischen *Vollform* und *Kurzform* ist zu unterscheiden zwischen *Kurzwörtern* und *Initialwörtern.*
Grundsätzlich können zwei Typen von Kurzwörtern voneinander geschieden werden: solche, die um Morpheme und solche, die um Phoneme gekürzt werden. Dabei können die sogenannten *Kopfformen*, d. h. diejenigen, die durch Apokope entstanden sind, von den sogenannten *Schwanzformen*, d. h. denjenigen, die durch Aphärese zustande kommen, getrennt werden. In beiden Fällen erscheint die Kurzform als zusammenhängender Teil der Vollform. Eine Reihe solcher Kurzformen, die gewöhnlich in verschiedenen Sprachregistern ihren Ausgangspunkt haben, sind bereits in das français écrit gedrungen: auto *f*, cinéma *m*, dactylo *f*, kilo *m*, métro *m*, micro *m*, photo *f*, piano *m*, pneu *m*, taxi *m*, vélo *m*.
Die Vollformen gelten hier z. T. als veraltet (cinématographe, vélocipède, automobile). Viele der nachfolgend aufgeführten Kurzformen gehören der langue parlée courante (l. p. c.) contrôlée ou non contrôlée, der langue vulgaire, dem Argot oder den Fachsprachen an. Wir werden daher im Folgenden die Verwendungsweise angeben, wenn sie auf engere Bereiche beschränkt ist.

2.5.1.1. Kopfformen

(1) die Morphemgrenzen werden bei der Kürzung bewahrt:
auto (< automobile), amphi (< amphithéâtre) l. p. c., aristo (< aristocrate), chromo *m* (< chromolithographie), ciné oder cinéma (< cinématographe), dactylo *f* (< dactylographe), mélo (< mélodrame) l. p. c., micro (< microphone), métro (< chemin de fer métropolitain), moto (< motocyclette) l. p. c., philo (< philosophie) jarg., piano (< piano-forte), photo (< photographie), polio (< poliomyélite), radio (< radiographie oder radiogramme oder radioscopie oder radiodiffusion oder radiorécepteur), sténo *f* (< sténodactylographe), super (< supercarburant) l. p. c., taxi (< taximètre), télé (< télévision) l. p. c., tram (< tramway) l. p. c., trolley (< trolleybus) l. p. c.; diese Kürzungen werden auch an Komposita mit rein französischen Konstituenten vorgenommen: timbre-(poste), (navire) bananier. Die gekürzten Formen behalten das Genus der Basis: une (voiture) Simca. Eine Ausnahme bilden solche Komposita, deren Determination aus einer Präposition + Substantiv besteht: une réunion au sommet ↔ *un* sommet, vgl. dazu Guilbert, Créativité, S. 273! (s. auch unter Komposition der Nomina!).

(2) Die Vollform wird um Phoneme oder ganze Silben unabhängig von den Morphemgrenzen gekürzt:
accu (< accumulateur) l. p. c., ampli (< amplificateur) l. p. c., bac (< baccalauréat) l. p. c., bid (< bidon) vulg., colo (< colonie de vacances) l. p. c., came (< camelote) vulg., calva (< calvados) l. p. c., collabo (< collaborateur), colon (< colonel) jarg., combine (< combinaison) vulg., convalo (< convalescence) l. p. c., croco (< crocodile) vulg., der (< dernier) jarg., expo (< exposition) l. p. c., fan(a) (< fanatique), frigo *m* (< viande frigorifiée) l. p. c., gym (< gymnastique) l. p. c., l'Huma (< l'Humanité) l. p. c., imper (< imperméable) l. p. c., indic (< indicateur) l. p. c., labo (< labora-

toire) l. p. c., mac (< maquereau) arg., math(s) *m/Pl* (< mathématiques) jarg., météo (< météorologie) l. p. c., perm(e) (< permission) l. p. c., para (< parachutiste) l. p. c., pneu (< pneumatique), prof (< professeur) l. p. c., jusqu'à perpète (< jusqu'à perpétuité), promo (< promotion) l. p. c., rata (< ratatouille) l. p. c., récré (< récréation) jarg., sana (< sanatorium) l. p. c., sous-off (< sous-officier) l. p. c., transfo (< transformateur) l. p. c., vélo (< vélocipède) l. p. c.

Es ist zu beachten, daß zwischen Vollform und gekürzter Form nicht immer semantische Äquivalenzbeziehungen bestehen: frigo ≠ frigorifique, sondern viande frigorifiée, convalo ≠ convalescence, sondern permission de convalescence, chromo ist pejorativ, vgl. dagegen chromolithographie. Andererseits überträgt sich bei polysemen Vollformen gewöhnlich nur eine Bedeutungsvariante auf die gekürzte Form: collabo (< collaborateur) = Person, die während der Jahre 1940–44 mit den Nazis zusammenarbeitete; croco = Krokodil*leder*, der (< dernier) = Klassenletzter in der Schule; promo (< promotion) = Absolventenjahrgang, Matrikel. Auch im Bereich der Vornamen gibt es öfters Kurzformen in der Bedeutung und Funktion von Kosenamen: Mado (< Madeleine), Margot (< Marguerite).

2.5.1.2. Schwanzformen

Dieser Bildungstyp ist vergleichsweise gering vertreten.

(1) Die Vollformen werden um ganze Konstituenten unter Wahrung der Morphemgrenzen gekürzt:

bus (< autobus) l. p. c., car (< autocar).

(2) Durch Aphärese wird das Wort um Phoneme bzw. ganze Silben am Wortanfang gekürzt:

chandail (< marchand d'ail) = Gemüseverkäufer in den Pariser Markthallen; ferner pitaine (< capitaine) jarg., Ricain (< Américain) vulg., gnard (< mignard) vulg. = enfant, binette (< bobinette) l. p. c. = figure.

Nicht selten findet man Schwanzformen bei Anthroponymen, so vor allem Vornamen, die z. T. die Rolle von Hypokoristika übernehmen: Colette (< Nicolette), Thoin (< Anthoine), T(h)urin (< Mathurin), Lise (< Elisabeth oder Elisée), ähnlich nitouche, das aus dem Eigennamen Sainte Nitouche hervorgegangen ist.
Kurzformen können ihrerseits Ableitungen oder Komposita bilden:

ciné/aste, télé/aste, ciné/-roman usw.

2.5.1.3. Besondere Formen von Wortkürzungen

Eine Kombination von Kopf- und Schwanzformen (auch *mot-portemanteau* oder *mot-valise* oder *mot-centaure* oder *acronyme* genannt, vgl. Guilbert, Créativité, S. 245!) stellen folgende Lexeme dar:

autobus (< auto[mobile] + [omni]bus), héliport (< héli[coptère] + [aéro]-

port), analog altiport (< alti[tude] + [aéro]port), stagflation (< stag[nation] + [in]flation), bêtatron (< [rayons] bêta + [élec]tron).

Mitunter wird nur eine Konstituente solcher Komposita reduziert:

lunaute (< lune + [astro]naute).

Aus umfangreichen Reihenbildungen innerhalb der Komposita mit gelehrten Konstituenten haben sich einzelne Elemente zu einer Art Präfix oder Suffix verselbständigt. Sie stellen in neuen Komposita Kurzformen dar, die bisweilen sogar polysemen Charakter besitzen:

auto = automobile in: auto-location, auto-radio
électro = électricité in: électrochoc
gastro = gastronomie in: gastrotechnie
géo = géographie in: géopolitique
gyro = gyroscope in: gyrocompas
hydro = hydrogène in: hydrocarbure
matic = automatique in: Lavomatic (nach engl. Modell)
oxy = oxygène in: oxychlorure
photo = photographie in: photocopie
radio = 1. radiophonie in: radio-journal
2. radiographie in: radio-diagnostic
rama: = panorama in: cinérama, circorama, Restaurama
télé = 1. télévision in: téléspectateur
2. téléphérique in: téléski
tron = électron in: cyclotron, bêtatron
turbo = turbine in: turbocompresseur.

In der Germanistik werden solche Komposita, in denen die erste Konstituente als Repräsentant einer Zusammensetzung aufzufassen ist (Laubsäge < Laubholzsäge, Bierdeckel < Bierglasdeckel), Klammerformen genannt – die beiden Außenstücke werden als Glieder einer Klammer betrachtet (s. Fleischer, Wortbildung, S. 93!). Dies entspräche im Französischen dem Typ héliport, autobus.

Ein anderes Bildungsmuster ist ferner aufzuzeigen, wo Wortgruppen gekürzt werden. Hier wird in der Regel bei jedem Wort das Ende ohne Rücksicht auf die Konstituentengrenzen durch Apokope gestutzt; aus der Wortgruppe entsteht so ein einziges *mot phonétique* (die Schreibweise ist sekundär!):

bat d'Af (< bataillon d'Afrique) jarg., Boul'Mich' (< Boulevard Saint-Michel) l. p. c., Vel'd'Hiv (< Vélodrome d'Hiver) l. p. c.

Auf Grund seiner Einprägsamkeit eignet sich dieser Typ besonders für eine massenwirksame Reklame, z. B. auf Firmenschildern, in Annoncen etc. Aber auch in anderen Sprachbereichen ist er anzutreffen. Durch Kürzung der Bestandteile von Wortgruppen entstehen sprechbare Silben, die aneinandergereiht werden:

Mini-Mag (< Magasin à prix minimes), Magnis (< Magasins réunis), Artex (< articles exceptionnels), Elesca (< lait, sucre, cacao) (man vergleiche dazu R. Georgin, Le langage de l'administration et des affaires!), ferner Restoroute

(< Restaurant au bord d'une grande route), Eurovision (< [Union] euro-[péenne de radiodiffusion et de télé]vision), Eurodollar (< Euro[pe] + dollar), mondovision (< mond[e] + [télé]vision), Benelux (< [Comité de rapprochement international] be[lgo]-né[erlando]-lux[embourgeois]), SECAM (< [Système] sé[quentiel] c[ouleurs] à m[émoire]). Das letzte Wort stellt bereits den Übergang vom Kurzwort zum Initialwort dar.

Überdies hat die französische Sprache eine Vielzahl von Kurzwörtern aus anderen Sprachen übernommen. Wir beschränken uns in diesem Rahmen auf eine kleine Auswahl:

motel (< angloam. mot[or-car hot]el), napalm (< lat. na[trium] palm[itate]), radar (< engl. rad[io detecting] a[nd] r[anging]), transistor (< engl. trans[fer res]istor), bob (< engl. bob[sleigh]), tan-sad (< engl. tan[dem]-sad[dle]) = Soziussitz.

Es ist auffällig, daß das Französische eine Art Abkürzungssuffix herausgebildet hat, das sich mit dem Argotsuffix -o(t) (s. Guiraud, Argot, S. 72!: coffiot < coffre; Américain > Amerlot; directeur > dirlot) gekreuzt hat, begünstigt durch das Phänomen, daß viele Konstituenten in griechisch-lateinischen Fachwörtern auf «o» auslauten (vgl. Guilbert, Créativité, S. 271!). Es besteht ferner ein Nebeneinander von Wörtern mit Diminutivsuffix -ot (z. B. îlot, cageot) mit den Kurzwörtern, wie sie weiter oben erwähnt wurden (photo, dactylo, collabo etc.). Zu diesen Lexemen gesellen sich Bildungen, in denen das Suffix durch das sogenannte Abkürzungssuffix «o(t)» ersetzt wird. Viele solcher Wörter gehören bereits der langue parlée courante, einzelne auch der langue écrite an: Personenbezeichnungen (métallo < métallurgiste, mécano < mécanicien, prolo < prolétaire, proprio < propriétaire, mendigot < mendiant, camaro < camarade, cuistot < cuisinier; Inanimata (apéro < apéritif, bachot < baccalauréat).
Wie sehr dieses Suffix bereits in das moderne französische Wortbildungssystem eingegliedert ist, zeigen cheminot und traminot, die schon der langue écrite angehören.

2.5.1.4. Postverbale Ableitung

Einen Sonderfall der Wortkürzung stellt die Ableitung von Substantiven aus Verben dar. Die Produktivität dieser regressiven Bildungsweise ist in der gesamten Geschichte der französischen Sprache ziemlich beträchtlich gewesen, scheint jedoch in der Gegenwart zum Stillstand gekommen zu sein. Bei dieser postverbalen Ableitung ist das Resultat in der gesprochenen Sprache gewöhnlich identisch mit der Wurzel des Verbs:

accueillir → accueil, douter → doute, troubler → trouble oublier → oubli, jedoch galoper → galop.

In den ältesten Texten herrscht bei den postverbalen Derivaten das maskuline Genus vor (s. Nyrop, Grammaire historique, III, 541!). Allmählich gewinnt das Femininum in der Folgezeit an Boden:

chasse, charge, écoute, embauche, taille, visite, jedoch maskulin: recul, remblai, report.

Neueren Datums sind ajout (1895) und relève (1872). In der langue parlée courante finden wir Redewendungen mit solchen regressiven Derivaten:

de la casse; faire de l'épate; faire sa gratte; c'est de la triche.

Lexeme, die aus älteren Sprachperioden stammen, weisen bisweilen auf Stammabstufungen innerhalb der Verbparadigmen hin:

avouer → aveu, espérer → espoir, grever → grief, relever → relief.

Bei gleicher Wurzel können Maskulinum und Femininum ausgebildet sein:

relief *m*/relève *f*; train *m*/traîne *f*.

2.5.2. Initialwörter

Unter Initialwörtern sind auf die Anfangsbuchstaben der geschriebenen Vollformen gekürzte Wortbildungen zu verstehen, wobei die Vollformen gewöhnlich syntaktische Gruppen mit dem Charakter von Komposita sind. Die Initialwörter werden üblicherweise in Großbuchstaben geschrieben. Solche Sigelwörter (frz. siglaisons) sind in der Gemeinsprache wie in den Fachsprachen (namentlich Verwaltung und Presse) außerordentlich zahlreich. Ihre starke Verbreitung ist unbestreitbar mit der modernen Zivilisation verbunden, die ständig neue Bezeichnungen in diesem Bereich hervorbringt. Eine Beschränkung auf typische Beispiele ist in diesem Rahmen geboten.
Wir verweisen hier auf die beiden einschlägigen Abkürzungswörterbücher von Partchevski, Dict. des abréviations, und Baudry, Dictionnaire d'abréviations. Initialwörter sind Gegenstand der Wortbildungslehre, da ihnen im Code oral eine besondere Form entspricht.

2.5.2.1. Alphabetische Initialwörter

Ein Bildungstyp wird nach Buchstabennamen ausgesprochen: C. G. T. [seʒete] = Confédération générale du travail, P. C. F. [peseɛf] = Parti Communiste Français, C. N. R. S. [seɛnɛrɛs] = Centre National de la Recherche Scientifique, F. M. J. D. oder FMJD [ɛfɛmʒede] = Fédération mondiale de la jeunesse démocratique, R. T. F. oder RTF [ɛrteɛf] = Radiodiffusion-télévision française, S. N. C. F. oder SNCF [ɛsɛnseɛf] = Société nationale des chemins de fer etc. Aus anderen Sprachen kommende Initialwörter sind z. B.: S. O. S. [ɛsoɛs] = Save our souls!, B. B. C. oder BBC = British Broadcasting Corporation, W.-C. = [vese] = water-closet, K.-O. = knock-out, U. S. A. = United States of America.
Wie sehr manche dieser Initialwörter bereits im Sprachsystem verwurzelt sind, beweist die Tatsache, daß sie, ebenso wie der nachstehende Bildungstyp, Derivate bilden: C. G. T. → cégétiste, T. C. F. → técéfiste, etwas abweichend C. F. D. T. (= Confédération française démocratique du travail) → cédétiste, A. J. (= Auberges de la jeunesse) → ajiste.
Das syntaktische Prinzip, das der Bildung der Initialwörter zugrunde liegt, bleibt

trotz phonetischen Wandels erhalten, was seinen Ausdruck in der Bewahrung der Kategorie des Genus der Vollform findet. Das Initialwort gehört seinem Wesen nach zur Kategorie der Nomina: C. G. T. *f* (la Confédération ...). Um in eine andere Kategorie überzugehen, bedarf es der Ableitung durch Suffigierung mit Ausnahme einiger Bildungen, die im nächsten Abschnitt beschrieben werden.

2.5.2.2. Phonetisch gebundene Initialwörter

Im Gegensatz zur voranstehenden Gruppe, die in Buchstabierweise ausgesprochen wird, gilt für die zweite Gruppe von Initialwörtern die Phonemsequenz-Aussprache, d. h. nur dann, wenn sich Phonemkombinationen ergeben, wie sie in Silben französischer Wörter üblich sind. Das Initialwort wird phonetisch gebunden wie ein normales Lexem gesprochen:
U. R. S. S. [yrs], auch in Buchstabierweise [yɛrɛsɛs], O. N. U. oder ONU [ony], C. R. E. D. I. F. [credif] = Centre de Recherches et d'Etudes pour la diffusion du français, O. T. A. N. oder OTAN [otã] oder [otan] = Organisation du traité de l'Atlantique Nord, A. T. A. L. A. oder ATALA [atala] = Association pour la Traduction automatique et la Linguistique appliquée, SIMCA = Société industrielle et mécanique des constructions automobiles, IMPEX oder Impex = Importation-exportation, S. M. I. G. [smig] = salaire minimum interprofessionnel garanti, C. A. P. E. S. [kapɛs] = Certificat d'aptitude pédagogique à l'enseignement secondaire, U. N. E. F. [ynɛf] = Union nationale des Etudiants de France, ferner aus fremden Sprachen: U. N. E. S. C. O. oder UNESCO = United Nations Educational, Scientific and Cultural Organization.
Diese Initialwörter können den Status eines Gattungsnamens (Appellativums) erreichen. Die Schreibweise ist die des üblichen Substantivs: lem (< L. E. M. = angloam. Lunar Excursion Module) = Mondfähre, Jeep (< G. P. [dʒipi] = angloam. general purpose), radar (s. weiter oben!), laser (< angloam. l[ight] a[mplification by] s[timulated] e[mission of] r[adiations]).
Auch dieser Bildungstyp kennt Ableitungen. Die Derivation vollzieht sich nach den Distributionsregeln der Suffixe und den bekannten morphophonemischen Gesetzmäßigkeiten:
ONU → onusien, C. A. P. E. S. → capésien, E. N. A. (= Ecole Nationale d'Administration) → énarque (= ehemaliger Schüler der E. N. A.), SMIG → smigard.
Zu den Initialwörtern kann eine weitere Untergruppe gerechnet werden, die aus einer Vollform + einer Initiale besteht. Die Initiale übernimmt die Funktion eines Adjektivs, das das Nomen näher bestimmt: tube en U, fer en T, bombe H, crochet X, rayons X, antenne en T, Monsieur X, l'heure H.
Außerhalb solcher Verbindungen kommen die Initialen in entsprechender Bedeutung nicht vor.

2.5.2.3. Kürzel

Für die Wortbildungslehre irrelevant sind die *Kürzel* (frz. auch *abréviations*), d. h. Abkürzungen, die rein graphemisch sind. Sie stellen lediglich eine besondere Schreibweise dar. Diese graphischen Symbole werden immer in ihrer entsprechenden Vollform gelesen. Sie müssen daher als Rationalisierungen auf der Ebene der schriftlichen Repräsentation der Sprache angesehen werden: Pl. oder plur. = pluriel, Sg. oder Sing. = singulier, p. = page, Dr. = docteur, vol. = volume, id. = idem, M. = Monsieur, Al = aluminium, Mme = Madame.

2.6. Reduplikation

Die Reduplikation ist ein alter Prozeß der Wortbildung in der Sprache. Die entsprechenden Bildungen haben ihren Ursprung zumeist in der Kindersprache bzw. sind Klangnachahmungen. Die Mehrzahl solcher Lexeme gehört auf Grund ihres affektiven Charakters (hypokoristisch, pejorativ, ironisch) der langue parlée courante und natürlich auch der Kindersprache an. Einige hingegen, wie joujou, bébé, maman, papa, frou-frou, train-train, sind fester Bestandteil der Allgemeinsprache.
Nicht selten sind solche Bildungen mehreren Registern der Sprache zuzuordnen: dada = 1. Hotto (Kindersprache), 2. Steckenpferd, Hobby (l. p. c.); joujou = 1. Kinderspielzeug (l. p. c.), 2. = truc; mimi = 1. Katze (Kindersprache), 2. Küßchen (l. p. c.), 3. Kosewort. Reduplikationen findet man hauptsächlich im Nominalbereich, aber auch unter den Adjektiven und Adverbien begegnen, wenn auch weitaus seltener, Doppelbildungen: mimi (l. p. c.) = mignon; c'est kifkif; dare-dare; à la Saint-Glinglin; en rester baba; à gogo; cucu(l) (vulg.) = albern; riquiqui etc.
Unter den Reduplikationen im Nominalbereich, die zumeist Zwillings- (néné) oder seltener Drillingsformeln (bla-bla-bla) sind, können drei Haupttypen konstatiert werden:

2.6.1. Einfache Doppelungen

Beide (seltener alle drei) Segmente des Wortes sind identisch. Der Begriff „Konstituente" ist hier problematisch, da die Silben einzeln nicht immer als Simplizia auftreten:

> bébé (Baby), bonbon (Bonbon), bla-bla-(bla) (Gequatsche), bibi (l. p. c. 1. Frauenhut, 2. ich, 3. Kosewort), bobo (Wehweh), (faire des) chichis (l. p. c. Trara, großes Theater), dazu die Ableitung chichiteux, chienchien (l. p. c. Hündchen), chouchou (l. p. c. Liebling, Hätschelkind), coucou (Kuckuck), cricri (Heimchen), crincrin (l. p. c. Kratzgeige), coco (Kindersprache Ei; l. p. c. Kosewort), dada (s. oben!), dodo (1. Schlaf – Kindersprache; 2. l. p. c. Bett), dondon (l. p. c. Dickerchen), fanfan (l. p. c. 1. kleines Kind, 2. Kosewort), fifi (l. p. c. Vögelchen; Kosewort), fla(-)fla (l. p. c. Effekthascherei), flouflou (l. p. c. Refrain), froufrou oder frou-frou (Rascheln von Seide etc.), gnian-gnian oder gnangnan (l. p. c. zimperlich), gaga (l. p. c. pej. Tattergreis), grigri oder gri-gri (Talisman), jean(-)jean (l. p. c. Einfaltspinsel), joujou (s. oben!), kiki (l. p. c. Hals), lolo (Kindersprache Milch), loulou (Hund; l. p. c. Kosewort), mimi (s. oben!), nana (Arg. Prostituierte; Frau, Mädchen), nénés (vulg. Brüste), nounou (Kindersprache Amme), papa,

pépée (Kindersprache Puppe; vulg. Frau, Mädchen), pépé (Kindersprache Opa), faire pipi (l. p. c. pinkeln), pi(t)pit (Sperling), tata (Kindersprache Tante), teuf-teuf (Kindersprache Auto; l. p. c. Schnauferl), titi (l. p. c. Straßenjunge), faire tintin (sich den Gürtel enger schnallen), tonton (Kindersprache Onkel), toto (Arg. Laus), toutou (Wau-wau; treuer Hund), train-train (üblicher Trott, Schlendrian), tutu (Ballettröckchen).

Verwandt damit sind Komposita vom Typ béni-oui-oui (Jasager).

2.6.2. Teilreduplikation

In einer zweiten relativ großen Gruppe endet die gesamte Morphemkonstruktion auf einen Konsonanten; während das erste Segment nur aus der Phonemfolge Konsonant + Vokal besteht, wiederholt das zweite Segment diese Phonemfolge und schließt mit Konsonant ab:

bibiche (vulg. Kosewort), bobonne (dito), fifille (l. p. c. Mädchen), gnognot(t)e (l. p. c. etwas Wertloses), gugusse (dummer August), mémère (l. p. c. Großmutter; l. p. c. Dickerchen), nanan (l. p. c. Leckerbissen), nénette (vulg. Mädchen, Frau), pépère (l. p. c. Großvater), popote (l. p. c. Suppe; Küche), ferner Gelegenheitsbildungen wie «jouer à la baballe (< balle), sosotte (< sotte) (s. Haensch, Wortbildungslehre, S. 19!).

Auch manche Eigennamen folgen diesem Wortbildungsprinzip. Sie besitzen hypokoristischen Charakter:

Gégène (< Eugène), Lolotte (< Charlotte), Totor (< Victor), Gugusse (< Auguste), Mimile (< Emile).

2.6.3. **Ablautbildungen** weisen Variation eines Vokals auf:

bric-à-brac (Trödelkram, Plunder), fric-frac (vulg. Einbruch), micmac (l. p. c. Machenschaften), prêchi-prêcha (l. p. c. Senf, Kohl, Gequatsche), tic(-)tac (Ticktack), zig-zag (Zickzack); ähnlich auch in adverbieller Wendung, wie cahin-caha.

2.6.4. **Reimbildungen**, in denen lediglich die Anlautkonsonanten der beiden Segmente variieren, sind selten:

tohu-bohu (Tohuwabohu).

2.6.5. **Doppelungen von Verbalformen** sind ebenfalls selten. Diese Bildungen sind unveränderlich:

cache-cache (Versteckspiel), coupe-coupe (Buschmesser), (tour de) passe-passe (Taschenspielertrick), pousse-pousse (Rikscha), vire-vire (Ventilator).

3. Adjektive

3.1. Wortbildungsarten

Adjektivierungen durch:

Suffigierung

V → A (accablé, militant, réalisable)
N → A (accidenté, montagnard, révolutionnaire)
A → A (blondasse, maigrichon).

Präfigierung (hypertendu, irrésistible, préscolaire).
Parasynthetische Bildung (accrêté, éhonté, enluné).
Komposition (aigre-doux, dernier-né, viticole).
Wortkürzung (nazi, porno, sensass).
Konversion (costume sport, étoffe citron, place debout).
Als *Grundmodelle* französischer Stämme für die Bildung von Adjektiven in der modernen französischen Sprache kommen folgende in Frage: M_2 (souliers **marron**), M_6 (pleurard), M_7 (définissable), M_{10} (postclassique), M_{11} (imprévisible), M_{12} (sourd-muet), M_{14} (queue-de-renard), M_{15} (morphosyntaxique, carnivore), M_{16} (audio-visuel).

3.2. Explizite Ableitung

3.2.1. Suffigierung

Da ein größerer Teil Suffixe sowohl für Nominalisierungen als auch für Adjektivierungen bereitsteht, werden in diesem Kapitel wiederholt Suffixe erscheinen, die bereits bei der Analyse der suffigierten Nomina beschrieben wurden.
Die Adjektivsuffixe werden hier gemäß der Art des Stammes (substantivisch, verbal, adjektivisch) abgehandelt. Dies bringt mit sich, daß manche Affixe zwei- oder gar dreimal erörtert werden – je nach der Beschaffenheit des Stammes, mit dem sie sich verbinden. Entsprechend ihrer morphologischen Struktur sind nachstehende *Strukturtypen* für Adjektivierungen maßgebend: TV · S, TV′ · S, TN · S, TN′ · S, TA · S, TA′ · S.

3.2.1.1. V → A

Morphologische Klassifizierung und Erörterung der syntagmainternen strukturellen und semantischen Beziehungen erfolgen bei der Analyse des jeweiligen Suffixes.

Die Zahl der Suffixe, die mit Verbalstämmen verknüpft werden, ist gering. Es zählen zunächst die beiden Partizipialsuffixe (Gegenwart und Vergangenheit) dazu. Der häufige adjektivische Gebrauch beider Partizipialformen berechtigt – auf Grund einer Reihe von Gemeinsamkeiten von Adjektiv und Partizip – dazu, sie hier in diesem Zusammenhang zu beschreiben. Sie können allerdings auch als Wortbildungen betrachtet werden, die aus einer Konversion hervorgegangen sind. Auf sie kann folgendes Transformationsschema angewandt werden:

(1) une parole qui provoque ↔ une parole provocante
(2) le président (qui est) élu par le bureau ↔ le président élu (par le bureau)

3.2.1.1.1. Adjektiv = Partizip I

Syntaktisch entspricht das Derivat einem Relativsatz:

une eau qui pétille ↔ une eau pétillante

analog apaisant, agissant, compromettant etc.;
Ableitungen von Verben auf -iser enthalten das Bedeutungselement „tendierend zu ..., -freundlich": fascisant, anarchisant, gauchisant.
In Einzelfällen begegnen synchron isolierte Stämme: abracadabrant. Wörter wie élégant, galant, pimpant u. a. sind dem Latein oder anderen Sprachen entlehnt und somit nur diachronisch motiviert.

3.2.1.1.2. Adjektiv = Partizip II

Die syntaktische Entsprechung für Adjektive dieser Art ist ein Relativsatz:

la résolution est prise ↔ la résolution prise

Die einzigen produktiven Bildungstypen sind die auf -é und -i: interrogé, provoqué, réfléchi. Bei allen anderen Formen liegen Lexeme vor, die nicht als Wortbildungen empfunden werden:

-ait: extrait, fait
-aint: craint
-eint: feint
-i: jauni, suivi
-is: assis, mis, pris
-it: dit, écrit
-os: clos
-ous: absous
-u: conclu, lu
-us: inclus

3.2.1.1.3. -able, -ible, -uble

Dieser Typ von Adjektiven ist mit der Transformation in einen Passivsatz mit dem Modalverb «pouvoir» vergleichbar (vgl. jedoch Suffix -able in Verbindung mit Nominalstämmen unter 3.2.1.2.4.!):

(a) transitive Verben:
cette faute peut être punie ↔ cette faute est punissable

(b) intransitive Verben:
ces insectes peuvent nuire ↔ ces insectes sont nuisibles

(vgl. dazu Dubois, Phrase et transf., S. 123!).
Morphophonemische Regeln: Auf der Basis der vorliegenden Bildungen kann folgende Distribution der Allomorphe konstatiert werden. Alle drei Varianten schließen einander aus bei ein und demselben Stamm. Die morphophonemischen Gesetzmäßigkeiten ähneln jenen der Nominalisierungen auf -ion, -age und -ement:

(1) Das Suffix -able alterniert mit dem Suffix des Partizips II: calcul/é ↔ calcul/able, analog pardonnable, adorable, durable, lavable, mangeable etc.
(2) Gleiche Alternanz auch bei Verbstämmen der 2.–4. Konjugation: défend/u ↔ défend/able, analog convenable, tenable, valable, vendable.
(3) Das Suffix -able alterniert mit dem Suffix des Partizips I: puniss/ant ↔ punissable, analog périssable, connaissable, croyable, faisable, guérissable, haïssable, mettable, saisissable.
(4) Das Suffix -ible alterniert mit dem Suffix des Partizips II: compat/i ↔ compat/ible, analog convertible, corrigible, divisible, faillible.
(5) Das Suffix -ible alterniert mit dem Suffix des Partizips I: traduis/ant ↔ traduis/ible, analog lisible, nuisible
(6) Das Suffix -ible tritt an gelehrte lateinische Stämme: dispos/er ↔ dispon/ible, ähnlich éligible; ferner viable (zu vivre), audible (zu entendre).
(7) Das Suffix -ible verbindet sich mit dem Stamm der parallelen Verbalsubstantive: corruption ↔ corruptible, analog fusible (fusion), admissible (admission), accessible (accesion), submersible (submersion), réflexible (réflexion), perceptible (perception), prévisible (prévision) etc.
(8) Die Variante -uble verbindet sich nur mit wenigen gelehrten Stämmen: résoluble (résolution), soluble (solution), im letzten Fall ist das entsprechende Verb veraltet.

Syntagmainterne strukturelle und semantische Beziehungen: Den unmittelbaren Konstituenten entspricht die syntagmainterne Struktur Stammbedeutung/semantischer Modifikator + Kategorem. Das Suffix -able und seine Varianten verkörpern den semantischen Modifikator mit der Bedeutung „Möglichkeit/Notwendigkeit" einschließlich kategorialer Zuordnung zum Adjektiv.
In der Bedeutung entspricht das Suffix dem deutschen Suffix -bar, bisweilen -lich oder -sam. Die meisten Lexeme haben ein transitives, d. h. passivfähiges Verb als Stamm. Dieser Typ ist stark produktiv, nicht alle potentiellen Bildungen werden von den Wörterbüchern verzeichnet. Diesem Bildungstyp sind z. B. zuzuordnen: acceptable, maniable, cassable u. a.
Die verbale Basis kann auch ein präfigiertes Verb sein: décapotable (< décapoter), analog prévisible, rééligible u. a. Die Masse der Derivate mit -able + Allomorphe läßt die Negation mit dem Präfix in- zu: inaliénable, incessable.
Manche negierten Formen existieren sogar ohne Positivum: infatigable/*fatigable, insatiable/*satiable u. a.

Nicht immer sind negierte Formen als semantische Gegensätze zu betrachten: impitoyable ≠ pitoyable.
Andererseits kann es bei der Bildung des Antonyms auch Unregelmäßigkeiten in der Form geben: conven*able*/inconven*ant*.
In Einzelfällen ist das entsprechende Verb inexistent, kann aber als virtuelle Bildung angesehen werden:

ministrable/*ministrer.

Die Derivate der transitiven Verben beinhalten, daß die durch das Verb bezeichnete Handlung in bezug auf ein bestimmtes Objekt ausgeführt werden kann. Hier wird der enge Zusammenhang zwischen Syntax und Wortbildung als mikrosyntaktischer Ausdruck besonders augenfällig:

ce projet peut être réalisé ↔ ce projet est réalisable

Bei manchen Verben kann semantisch eine Bewertung im Sinne einer leichten Ausführbarkeit hinzutreten: compréhensible, influençable, lisible.
In Einzelfällen kann auch das semantische Merkmal „Notwendigkeit eines Vorgangs" ausgedrückt werden: détestable, haïssable, insupportable u. a.
Bei intransitiven Verben bringt das Derivat zum Ausdruck, daß sich der bezeichnete Vorgang vollzieht:

ce jugement peut valoir ↔ ce jugement est valable,

analog dazu flottable, nuisible, responsable (< répondre de), durable etc.
Bei gewissen Lexemen liegt synchron keine Ableitungsbeziehung mehr vor zwischen Stamm und Suffix. Die Stämme sind isoliert. Eine relative Motiviertheit ergibt sich dann aber aus der kategorialen Bestimmung durch das Adjektivalsuffix: possible, potable.

3.2.1.1.4. -eur *m*/-euse *f* oder -eresse *f*; -(a)teur *m*/-(a)trice *f*

Dieses Suffix bzw. seine Varianten erscheinen auch bei Ableitungen von Nominalstämmen (s. dort!).
Morphologische Klassifizierung.
Das Suffix schließt sich ebenso wie -able an Verbalstämme an. Dabei gibt es drei Variationen in der Genusopposition zu beachten:

berceur/-euse, encreur/-euse, menteur/-euse; enchanteur/-eresse, vengeur/-eresse; conservateur/-trice, directeur/-trice, expéditeur/-trice, libérateur/-trice, opérateur/-trice, organisateur/-trice.

Viele dieser Bildungen können auch substantivisch gebraucht werden. In manchen Fällen ist das Adjektiv als Ganzes aus dem Latein entlehnt worden, was in der mehr oder weniger unterschiedlichen Lautung des Stammes bei Verb und Adjektiv sichtbar wird:

diriger ↔ directeur.

Syntagmainterne strukturelle und semantische Beziehungen. Diese suffigierten Konstruktionen entsprechen einem Transformationsmodell nach der Art von

la lettre qui venge ↔ la lettre vengeresse.

Es handelt sich vorwiegend um Bezeichnungen für Eigenschaften, die die Neigung zu der durch das Basisverb ausgedrückten Handlung charakterisieren (flatteur, enchanteur, charmeur etc.). Den unmittelbaren Konstituenten solcher Adjektive entspricht semantisch folgendes Modell:

denotative Bedeutung (Eigenschaft)/Modifikator (Neigung zu ...) + Kategorem (Adjektiv).

3.2.1.2. N → A

Die bei einer Adjektivierung mittels Nominalstämmen verwendeten Suffixe sind zahlreich. Es handelt sich um:

-able (-ible), -aire, -al (-el), -ard, -asse, -âtre, -aud, -é, -(el)et, -escent, -esque (-asque), -eux, -ichon, -ien, -ier, -(at)if, -in, -ique, -iste, -oire, -ot, -u sowie die vielen Suffixe zur Bildung geographischer Bezeichnungen.

Auf Grund ihrer Semantik lassen sich diese Suffixe in Gruppen aufteilen. Die morphophonemischen Gesetzmäßigkeiten wie auch die semantischen Beziehungen werden jeweils bei der entsprechenden Gruppe erörtert.
Die substantivische Basis bei diesen Bildungen ist ein Simplex (forme → formel). Präfigierte Konstruktionen sind sekundäre Ableitungen und werden im Kapitel der Präfigierung behandelt, da sie eine primäre Ableitung voraussetzen (scolaire → préscolaire, classique → postclassique).
Den unmittelbaren Konstituenten Stamm/Suffix entspricht bei den folgenden Konstruktionen die syntagmainterne semantische Struktur denotative Bedeutung/ Modifikator (in der Art von; in bezug auf) + Kategorem (Adjektiv). Die auf diese Weise strukturierten Adjektive haben als äquivalente syntaktische Entsprechung zumeist eine Konstruktion aus Präposition + Nomen (= complément déterminatif du nom): fleurs *automnales* = fleurs *d'automne*.
Im Bereich der Adjektivalsuffixe ist im 20. Jahrhundert die schnellste Entwicklung bei dem Morphem -ique zu registrieren (vgl. J. Dubois, La dérivation suffixale, Paris 1962!). Diese Expansion hängt zusammen mit der Vitalität des Nominalsuffixes -ie in Fachwortschätzen (chimie/chimique usw.), das mit -ique korreliert. Danach folgen -el und -al (carentiel, directionnel, intemporel, résiduel; minimal, racial, substantival usw.) mit sichtbarem Vorsprung von -el, ohne daß sich eine konstante Bedeutungsschattierung der einen oder anderen Variante erkennen läßt. Das Suffix -if, das an vierter Stelle rangiert (compétitif, contraceptif, duratif), hat eher an Boden verloren als gewonnen. Das Suffix -aire (allocataire, déficitaire, totalitaire) büßt seinen hervorragenden Platz im gesellschaftspolitischen Wortschatz zugunsten von -el ein. Dagegen expandiert gewaltig das Nominal- und Adjektivalsuffix -iste. Seit der Französischen Revolution von 1789 im politischen, sozialen und philosophischen Wortschatz fest verwurzelt (cégétiste, centriste, programmatiste usw.), dringt es in weitere Bereiche der Lexik ein (Kunst: verslibriste; Sport: scooteriste; Technik: accessoiriste). Vgl. dazu auch Nomina!

3.2.1.2.1. Die Derivate sind Nomina, die der Klasse der Inanimata angehören. Es lassen sich semantisch zwei Teilgruppen unterscheiden. In der ersten Gruppe haben die Konstruktionen die Bedeutung „in der Art von, wie“. Im zweiten Fall sind es Relationsadjektive, die eine allgemeine Beziehung ausdrücken: „in bezug auf“. Sie sind in der Regel nicht steigerungsfähig und können bisweilen auch nicht prädikativ verwendet werden (circulatoire, géographique, scolaire u. a.).

-aire *m/f*: sehr produktiv. Die Anfügung des Suffixes erfolgt

a) ohne Veränderung des Stammes (bisweilen wird ein Graphem abgeworfen oder verändert): arbitraire, bancaire (< banque), élitaire, lunaire, tarifaire,

b) indem der Endkonsonant des Stammes hörbar bzw. entnasaliert wird: alimentaire, révolutionnaire, tributaire; bisweilen Einschub eines Bindekonsonanten: tissulaire,

c) durch Suffixtausch (té/taire, ature/aire): communautaire, autoritaire, égalitaire, humanitaire, littéraire, paritaire; isoliert téméraire (< témérité),

d) an einen gelehrten Stamm: lait ↔ *lact*aire, noyau ↔ nucléaire, peuple ↔ *popul*aire, santé ↔ *sanit*aire, école ↔ *scol*aire, siècle ↔ *sécul*aire, étoile ↔ *stell*aire, temps ↔ *tempor*aire. Vgl. auch Gruppe der Animata!

-al *m*/-ale *f*: sehr produktiv. Die Verknüpfung mit dem Stamm geschieht

a) durch einfache Anfügung (bisweilen wird das Graphem «e» getilgt bzw. eine andere orthographische Veränderung vorgenommen): architectural, automnal, caricatural, fiscal, génial, hormonal, musical (< musique), original, tropical (< tropiques),

b) indem der Endkonsonant des Stammes hörbar oder entnasaliert wird: final, gouvernemental, matinal, national,

c) durch Austausch mit einem gelehrten Stamm: coeur ↔ *cordi*al, face ↔ *faci*al, famille ↔ *famili*al, enfer ↔ *infern*al, marge ↔ *margin*al, race ↔ *raci*al, espace ↔ *spati*al.

d) isoliert ohne Ableitungsbeziehung: fatal, banal u. a.

Die Morphemvariante -ial ist durch falsche Wortsegmentierung entstanden in Wörtern wie lt. fili-um + alem ↔ /fili/ + /al/ ↔ fil/ial.

-el *m*/-elle *f*: heute produktiver als -al. Die Verknüpfung mit dem Stamm erfolgt analog zu -al:

a) culturel, formel, naturel, originel, résiduel,

b) accidentel, mortel; durch Entnasalierung (Digraph «nn»): conditionnel, confessionnel, constitutionnel, institutionnel, occasionnel, oppositionnel, prévisionnel, professionnel, rationnel, sensationnel, traditionnel,

c) an ↔ *annu*el, corps ↔ *corpor*el, crime ↔ *crimin*el, intellect ↔ *intellectu*el, main ↔ *manu*el, point ↔ *ponctu*el, sexe ↔ *sexu*el, temps ↔ *tempor*el, us ↔ *usu*el,

d) durch Suffixtausch: (ence/entiel; ie/iel): bactériel, cérémoniel, concurrentiel, différentiel, potentiel, présidentiel, valentiel; sowie Einzelfälle torrent → torrentiel, artifice → artificiel.

Analog zu -al ist das Allomorph -iel durch falsche Wortsegmentierung entstanden (offici + el → offic/iel).

-(at)if *m*/-(at)ive *f*: kaum produktiv, jedoch in der linguistischen Terminologie disponibel: concessif, duratif, factitif etc. Die Verschmelzung mit dem Stamm erfolgt analog zu -al:

a) abusif, combatif, craintif, fautif, hâtif, instinctif, massif, normatif, offensif,

b) durch Suffixtausch ([a]tion/[a]tif, ition/itif, té/atif, sion/sif): administratif, agressif, affectif, associatif, attractif, affirmatif, adoptif, coopératif, décoratif, démonstratif, descriptif, éducatif, explosif, impulsif, qualitatif, quantitatif, représentatif,

c) wenige Derivate stammen von Adjektiven bzw. Verben: intense → intensif, malade → maladif, penser → pensif,

d) einzelne Lexeme sind synchron nicht mehr motiviert: captif, naïf u. a.

-ier *m*/-ière *f*: morphophonemische Regeln analog zu -al:

a) betteravier, boursier, chicanier, coutumier, dépensier, minier, ordurier, pétrolier, routier, saiso*nn*ier,

b) der Endkonsonant des Stammes wird hörbar: traca*ss*ier,

c) meuble → mobilier, forêt → forestier, hôpital → hospitalier, plein → plénier,

d) nach g [ʒ] und ch [ʃ] wird das Suffix reduziert auf -er/-ère: maraîcher, ménager, mensonger; von einem Adjektiv abgeleitet: gaucher,

e) in Einzelfällen sind Nomina der Klasse der Animata die Basis: policier, princier.

Scheint verdrängt zu sein durch -aire.

-(at)ique *m*/*f*: sehr produktiv. Der Anschluß an den Stamm erfolgt analog zu -al:

a) atomique, azotique, catastrophique, classique, cubique, démocratique, filmique, méthodique, typique,

b) volcanique, étatique,

c) analytique, apostolique, clinique, dogmatique, dramatique, érotique, flegmatique, électrique, historique, magnifique, physique, problématique, scientifique, synthétique, technique,

d) durch Suffixtausch (isme/ique, ie/ique): antagonique, archaïque, biologique, chimique, économique, ironique, phraséologique.

-oire *m*/*f*: dieses Suffix wird mit dem Stamm verbunden durch Suffixtausch (ion/oire): diffamatoire, discriminatoire, dissimulatoire, exécutoire, illusoire, opératoire, ostentatoire; mit Verbalstamm: blasphématoire; nicht motiviert: péremptoire.

Die folgenden Suffixe haben im wesentlichen nur eine Bedeutung.

-escent *m*/-escente *f*: dieses Suffix ist fachsprachlichen Charakters. Die Derivate haben inchoative Funktion mit der Bedeutung „die Eigenschaft von ... annehmend“:

fluorescent, phosphorescent; an gelehrte Stämme tretend: déliquescent, latescent, luminescent.

-esque *m*/*f* (-asque *m*/*f*): „in der Art von, wie“. Morphophonemische Gesetzmäßigkeiten wie in den vorangehenden Fällen:

feuilletonesque, gigantesque, livresque, romanesque. Die Stämme sind synchron nicht mehr motiviert in: burlesque, grotesque, pittoresque. Formen auf -asque sind nicht mehr produktiv: fantasque. Vgl. auch Animata!

-estre *m*/*f*: „in bezug auf". Nicht produktiv. Alpestre, terrestre; mit gelehrtem Stamm: rupestre.

-(i)eux *m*/-(i)euse *f*, -ueux *m*/-ueuse *f*: dieses Suffix gibt zumeist das Vorhandensein an, nicht selten in enger Berührung mit der Bedeutung „in der Art von". Die Derivate gehören oft Fachwortschätzen an. Es begegnet auch mit pejorativer Bedeutung: facétieux, factieux, séditieux.

Betreffs Verknüpfung mit dem Stamm vgl. morphophonemische Regeln bei -al:

a) amoureux, astucieux, audacieux, boueux, chicaneux, courageux, crasseux, délicieux, épineux, litigieux, luxueux, luxurieux, mystérieux, paresseux, peureux, pierreux, pompeux, poreux, prestigieux, scandaleux,

b) cafardeux, coto*nn*eux, savo*nn*eux; mit Bindekonsonant: caoutchou*t*eux,

c) coma → comateux, délit → délictueux, fruit → fructueux, fer → ferreux, muscle → musculeux, soufre → sulfureux, volume → volumineux,

d) durch Suffixtausch (ion/eux, té/tueux): difficultueux, infectieux, religieux,

e) der Stamm ist synchron unmotiviert in: curieux, fameux u. a.,

f) der Anschluß an Verbalstämme ist selten: boiteux, chatouilleux; von einem Kompositum abgeleitet: moyenâgeux (< moyen âge).

-in *m*/-ine *f*: Die Bedeutung dieses Suffixes ist „besitzt die Eigenschaft von ...". Hinsichtlich des Anschlusses an den Stamm vgl. -al!

a) cristallin, ivoirin, sanguin,

b) argentin; Suffixtausch (té/tin): libertin,

c) mer → marin,

d) in Einzelfällen Ableitung von Adjektiven: blondin, plaisantin.

3.2.1.2.2. Die Derivate sind Adjektivierungen von Nomina, die der Klasse der Animata angehören. Die meisten der hier zu erwähnenden Suffixe sind bereits in der vorangehenden Gruppe vertreten. Das morphophonemische Verhalten wird nicht wiederholt, da es dem der vorher beschriebenen Gruppe entspricht.

-al *m*/-ale *f*: ancestral, arbitral, artisanal, patronal.

-esque *m*/*f*: unproduktiv, vor allem literarisch.

barbaresque, chevaleresque, clownesque, faunesque, pédantesque, soldatesque.

Mit Hilfe dieses Suffixes werden auch Derivate von Personennamen gebildet, die die Bedeutung von „würdig eines ..., à la ..." haben. In dieser Funktion ist das Morphem noch produktiv: dantesque, moliéresque, titanesque u. a.

-ien *m*/-ienne *f*: sehr produktiv. Bildet Ableitungen von Personennamen, die die Bedeutung „in bezug auf; typisch für" besitzen: baudelairien, brechtien, darwinien, kantien, racinien, sartrien, mit morphophonemischen Veränderungen: balza*c*ien, corn*él*ien, hugo*l*ien, pompid*ol*ien.

Tritt selten an andere Substantive: bactérien, microbien.

-in *m*/-ine *f*: unproduktiv. Chevalin, enfantin, vipérin. In Verbindung mit gelehrten Stämmen: étudiant → estudiantin, femme → féminin, mâle → masculin.

-iste *m/f*: leitet Adjektive von Personennamen ab in der Bedeutung „Anhänger von": de Gaulle → gaulliste, analog hébertiste, léniniste, marxiste etc.

3.2.1.2.3. Adjektivierung von geographischen Bezeichnungen

Die disponiblen Suffixe sind zahlreich. Es kommt hier nicht auf Vollständigkeit, sondern auf die Erfassung der wichtigsten Bildungsmuster an. Die Derivate sind Adjektive, die zumeist aus Länder-, Landschafts-, Orts- oder Flußnamen abgeleitet sind. Sie können in adjektivischer wie auch substantivischer Verwendung als Bewohnernamen auftreten. Aus raumsparenden Gründen werden sie nicht noch einmal unter den Nomina aufgeführt.

-(a)in *m*/-(a)ine *f*: Maroc → marocain, analog alpin. Graphemwechsel qu/c: Afrique → africain, analog américain, mexicain; Alternanz e/é: Tibet → tibétain; Tilgung des Graphems «e»: Rome → romain, analog toulousain; der Endkonsonant wird hörbar: levan*t*in.
Sonderfälle: Poitou → poitevin, Anjou → angevin, Cuba → cubain. Zur Charakterisierung von Personen im weiteren Sinn erscheint das Suffix z. B. in: chapelain, châtelain, écrivain; mit demotiviertem Stamm: marraine, parrain. Erstarrt ist es in Adjektiven wie certain, hautain, prochain.

-ais *m*/-aise *f*: France → français, analog écossais, gabonais, islandais, marseillais, sénégalais, soudanais; Entnasalierung: japo*n*ais, lyo*nn*ais; Bindekonsonant: congo*l*ais; Stammverkürzung: anglais (< Angleterre); weitere Sonderfälle: Malta → maltais, analog ougandais; cing(h)alais (< Ceylan).

-an *m*/-ane *f*: das Morphem tritt an den Stamm
a) ohne Veränderung phonetischer Art: castillan, cordouan, padouan, persan, roman, sévillan,
b) bei Tilgung von einer oder zwei Endsilben: afghan (< Afghanistan), birman (< Birmanie), catalan (< Catalogne), texan (< Texas).

-asque *m/f*: selten. Bergamasque (< Bergame = it. Bergamo), monégasque (< Monaco).

-ate *m/f*: selten. Asiate, spartiate (< Sparte).

-and *m*/-ande *f*: selten. Allemand, flamand, normand.

-éen *m*/-éenne *f*: coréen, européen, guinéen; Tilgung des Endvokals am Stamm: Panama → panaméen, analog ghanéen.

-ien *m*/-ienne *f*: brésilien, danubien, égyptien, nigérien, prussien, tyrolien, vietnamien. Der Endkonsonant wird hörbar: parisien. Entnasalierung des finalen Konsonanten: iranien; Suffixtausch (ie/ien): Algérie ↔ algérien, analog australien, bolivien, géorgien, italien, malien (< Mali), tanzanien, tunisien; Graphem «y» anstatt «i»: nicaraguayen, paraguayen, uruguayen.

-ite *m/f*: Annam → annamite, Moscou → moscovite, Sodome → sodomite.

-ois *m*/-oise *f*: algérois (< Alger), chinois, grenoblois, leipzigois, lillois, viennois, zaïrois; Alternanz [ɛ]/[e]: Suède → suédois; Suffixtausch (ie/ois): Hongrie → hongrois. Weiterhin bavarois (< Bavière), danois (< Danemark), genevois (< Genève), munichois (< Munich). In Einzelfällen werden Appellativa gebildet: villageois; bourgeois (heute unmotiviert).

-ol *m*/-ole *f*: selten. Espagnol.

-on *m*/-onne *f*: bourguignon, brabançon, breton, gascon, saxon.
-ote *m*/*f*: cairote (< Le Caire), c(h)ypriote (< Chypre), smyrniote (< Smyrne); seltener -ot: solognot (< Sologne).
Nullsuffix: corse, suisse. Mit Tilgung des Stammendvokals: Arabie ↔ arabe, analog moldave, picard, russe, slovaque, turc; argentin (< Argentine).

Dazu kommen eine Reihe stark abweichender Konstruktionen:

Madagascar ↔ malgache, Berry ↔ berrichon, Grande Bretagne ↔ britannique, Monaco ↔ monégasque, Touraine ↔ tourangeau etc.

3.2.1.2.4. -able, -ible *m*/*f*: die Derivate mit diesen Suffixen weichen in der Transformation ab von den Bildungsmustern unter 3.2.1.1.3. Sie sind semantisch gleichwertig mit einer syntaktischen Konstruktion «avoir + Objekt»:

cet appartement a du confort ↔ cet appartement est confortable (vgl. Dubois, Phrase et transf., S. 126!).

Diesem Schema folgen die Ableitungen charitable, effroyable, équitable, passible, pénible, raisonnable, rentable, secourable, serviable. Im Gegensatz zu den Modaladjektiven unter 3.2.1.1.3. haben diese Konstruktionen keine passive Bedeutung. Manche Adjektive wie z. B. sensible können sowohl passivische als auch aktivische Bedeutung haben:

une différence à peine sensible/être sensible au chaud

3.2.1.2.5. -é, -u. Die mit diesen Ableitungselementen konstruierten Wortbildungen sind im Gegensatz zu ihren formalen Entsprechungen (s. 3.2.1.1.3.!) aus Nominalstämmen hervorgegangen. Ihnen entspricht eine Transformation mit Hilfsverb + Objekt: cet homme a une barbe ↔ cet homme qui a une barbe ↔ cet homme barbu. Die Derivate haben meistens die Bedeutung „versehen mit“:

a) das Affix schließt sich direkt dem Stamm an: affairé, ailé, azuré, cendré, dentelé, fortuné, imagé, lettré, rusé, sensé, vanillé, vitré; barbu, bossu, fessu, feuillu, fourchu, grappu, moustachu, pansu, poilu, pointu, têtu, touffu, ventru,
b) Das Suffix tritt vermittels Bindekonsonant an den Stamm: cacaoté; der Endkonsonant wird hörbar: accidenté, chocolaté; mit Stammveränderung: charnu (< chair), chevelu (< cheveux), joufflu (durch Annäherung an joue). Heute unmotivierter Stamm: cocu, farfelu, goulu (zu gueule).

3.2.1.2.6. -ent *m*/-ente *f*: dieses Suffix ist heute unproduktiv. Eine relative Motiviertheit ergibt sich aus der Tatsache, daß diesen Adjektiven oft ein Substantiv auf -ence u/o auch ein Verb zur Seite steht: négligent – négligence – négliger. Die meisten Derivate drücken „Veranlagung zu ...“ aus. Weitere Beispiele: déficient, excellent, insolent, pertinent.

3.2.1.3. A → A

In diesem Kapitel werden grundsätzlich nur solche Suffixe erscheinen, die die morphologische Klasse der Derivate gegenüber ihrer Basis nicht ändern, was in der

Wortbildungsart (Adjektiv aus Adjektiv) begründet ist. Inhaltlich lassen sich zwei größere Gruppen von Suffixen dieser Wortbildungsart herausstellen, u. zw. die Gruppe der sogenannten diminutiven oder attenuativen Suffixe und die Gruppe der pejorativen Suffixe. Es fällt auf, daß dabei Suffixe genannt werden, die bereits bei der Nominalisierung eine abschwächende oder abwertende Funktion übernehmen. Einzelne Suffixe der ersten Gruppe können auch abwertenden Inhalt erhalten. *Syntagmainterne semantische Struktur* der Derivate:

Stammbedeutung/Modifikator (trop peu; un peu) + Kategorem

3.2.1.3.1. Diminutive (oder attenuative) Suffixe

Das Suffix verleiht dem Derivat diminutiven Wert, der in einer syntaktischen Entsprechung einem Quantitätsadverb (trop peu, un peu, assez) gleichkommt.

-âtre *m*/*f*: wird gewöhnlich mit Farbadjektiven verbunden, andere Verknüpfungen sind jedoch nicht ausgeschlossen. Tritt an den Adjektivstamm; bei Adjektiven, die in der gesprochenen Sprache eine eigene Form für das feminine Genus haben, schließt es sich dieser Form an: bleu → bleuâtre, aber blanc/blanche → blanchâtre; ferner bellâtre, douceâtre, jaunâtre, noirâtre, rougeâtre, follâtre; mit geringfügiger Veränderung am Stamm: vert → verdâtre. In den Farbbezeichnungen beinhaltet -âtre Abschwächung, Annäherung: blanchâtre = qui tire sur le blanc. Dieses Wortbildungselement befindet sich im Schnittpunkt der Diminuierung und Pejorierung. Es kann daher auch pejorativen Wert annehmen; eindeutig abwertend sind die Adjektive bellâtre und douceâtre (in übertragener Bedeutung). Nicht zu verwechseln ist dieses Affix mit dem griechischen Element «lâtre» in Komposita, das ebenfalls pejorativ ist (idolâtre, hugolâtre)!

-(el)et *m*/-(el)ette *f*: der Anschluß an die adjektivische Basis erfolgt analog zu -âtre: aigre → aigrelet; weiterhin grand(el)et, jeunet, longuet, maigrelet, migno*nn*et, pauvret, propret, rondelet, verdelet. Veraltet: doucet. Etwas abweichend in der Bedeutung: clairet = clair et agréable; seulet = tout seul.

-ichon *m*/-ichonne *f*: selten. Maigrichon, pâlichon, folichon (aus fou/folle).

-ot *m*/-ot(t)e *f*: Anschluß an den Stamm wie bei -âtre: jeune → jeunot, analog pâlot, vieillot; etwas abweichend: petit → petiot (*f* -iote), fier → fiérot (*f* -ote), maigre → maigriot. Dieses Suffix verleiht auch – mehr oder weniger stark – pejorativen Wert (fiérot, jeunot, vieillot). Denominale Ableitung: boulot, manchot.

3.2.1.3.2. Pejorative Suffixe

-ard *m*/-arde *f*: drückt das Übermaß der in der Wurzel angegebenen Eigenschaft aus. Mit Adjektivstämmen heute kaum produktiv. Vgl. auch Nomina!

a) einfacher Anschluß an die Basis: faible → faiblard, analog patriotard, richard; der Endkonsonant wird hörbar: soûlard,

b) Suffixtausch: mignon → mignard,

c) auch Ableitungen von Verben sind möglich. In diesen Fällen kann das

Verbaladjektiv auf -eur als implizite Etappe innerhalb einer Transformation aufgefaßt werden, die nicht mehr oder nur virtuell vorhanden ist (vgl. Guilbert, GLLF, S. XLII!): pleurer → pleureur → pleurard, analog dazu babillard, chauffard, criard, cumulard, geignard, grognard, pillard, traînard, vantard, gueulard. Einzelne Derivate dieser Wortbildungsart sind nicht pejorativ: fuyard, nasillard.

-asse *m/f*: nicht produktiv. Zur Verknüpfung mit dem Stamm s. weiter oben! Beispiele: blondasse, fadasse, mollasse, savantasse, tiédasse. Denominale Ableitung: homasse. Auch bonasse ist aufgrund seiner Bedeutung hierher zu zählen, obwohl es aus einem provenzalischen Substantiv (bonassa) stammt. Filasse in seiner adjektivischen Verwendung ist durch Konversion aus einem Substantiv zu erklären.

-aud *m*/-aude *f*: nicht mehr produktiv. Court → courtaud, analog finaud, lourdaud, noiraud, pataud, salaud, rougeaud,

Auch die Kombination zweier Suffixe ist zu beobachten. Allerdings geschieht die Verbindung solcher Wortbildungselemente nicht beliebig. Zumeist begegnen folgende Kombinationen:

-ass + -ier: finassier (kann auch als sekundäre Ableitung vom Verb finasser interpretiert werden),
-ass + -on: mollasson,
-in + -et: blondinet,
-ouill + -et: grassouillet.

-elet und -ichon können gleichfalls als Kombinationen von Affixen betrachtet werden.

Aus einem einzigen Stamm können mehrere adjektivische Ableitungen mit verschiedenen Suffixen hervorgehen, die dann gewöhnlich geringe Bedeutungsschattierungen aufweisen:

gras/grasse → grasset, grassouillet,
fou/folle → folâtre, folichon, follet,
maigre → maigrelet, maigrichon, maigriot,
mou/molle → mollasse, mollasson, mollet.

3.2.1.3.3. -issime *m/f*. Dieses Suffix hat superlativische Bedeutung und ist nicht produktiv. Beispiele: rarissime, révérendissime.

3.2.2. Präfigierung

Hinsichtlich ihrer unmittelbaren Konstituenten finden wir im Bereich der präfigierten Adjektive zwei hauptsächliche *Strukturtypen*: P · TN · S (trans/continent/al) und P · TE (endo/gène). Der erste Strukturtyp hat die größte Zahl von Bildungen hervorgebracht. Dem zweiten Bildungsmuster folgt eine beschränkte Anzahl von Adjektiven, die zumeist Fachwortschätzen angehören. Sie sind bimorphematische Konstruktionen, die aus einem gelehrten Präfix und einem fremden Stamm zusammengesetzt sind, die also beide als freie Morpheme nicht vorkommen. Die adjektivischen Präfixe entsprechen im großen und ganzen den Nominalpräfixen. Grundsätzliches zur Präfigierung ist bereits bei der Behandlung der Substantive gesagt worden, braucht daher hier nicht wiederholt zu werden. Es sind also auch bei den Adjektiven jene Präfixe (sogenannte trennbare Präfixe), die als homonyme Morpheme auch frei vorkommen, von denen zu scheiden, die nur gebunden existieren (sogenannte untrennbare Präfixe). In diesem Teil der Darstellung der Präfixbildungen bleiben – entsprechend der Anlage des Abrisses – solche Präfixe aus dem Griechischen oder Lateinischen unberücksichtigt, bei denen die Motiviertheit des syntagmatischen Zusammenhangs mit dem Stamm verlorengegangen ist. Im Schlußteil des Abrisses werden in gedrängter Form solche Elemente ihren Platz finden.

In der Abfolge der Beschreibung der Präfixe werden wir dem semantischen Prinzip folgen, da die Rolle des Präfixes als semantischen Modifikators in den Wortbildungen entscheidend ist. Die präfixalen Bildungselemente verändern nicht die Wortklasse. Ein solches Kriterium ist daher ohne Bedeutung für deren Einteilung. Das präfigierte Adjektiv kann in einen Relativsatz mit Präpositionalphrase transformiert werden: les rayons qui sont au-dessous du rouge ↔ les rayons infrarouges.

Eine Reihe von Präfixen sind – wie übrigens auch bei den Nomina – polysemen Charakters: sur- = 1. Räumlichkeit (surrénal), 2. Intensität (surfin) u. a. Solche Morpheme werden daher mehrfach, d. h. in der jeweiligen semantischen Gruppe beschrieben.

Vom Gesichtspunkt ihrer Produktivität zählen nur wenige Präfixe im Allgemeinwortschatz der modernen Sprache zu ergiebigen Elementen, z. B. archi-, extra-, super-.

3.2.2.1. Präfixe, die Räumlichkeit ausdrücken

Morpheminventar: épi-, hyper-, sur-, supra-, sus- ≙ sur, au-dessus de (= über). Einige davon bezeichnen auch das Überschreiten des Normalmaßes oder einer Grenze ≙ au-delà de (= über).

épi-: selten, nur in wissenschaftlichen Terminologien: épicrânien.

hyper-: hyperfocal, hyperstatique, übertr. hypertendu.

supra-: supraliminaire, supranational; übertr. suprasensible, supraterrestre.

sur-: selten. Surcostal, surrénal; übertr. surnaturel, surréel.

sus-: mit Bindestrich: sus-hépatique, sus-maxillaire; sonst in bezug auf Erwähntes (= oben): susdit, susmentionné, susnommé, susvisé. In all diesen Fällen Zusammenschreibung.

Morpheminventar: hypo-, infra-, sous-, sub- ≙ sous, au-dessous de (= räumlich unten, unterhalb). Diese Gruppe bildet mit der vorangehenden Gruppe ein semantisches Subsystem der Opposition (sous/sur, sub/supra, hypo/hyper, infra/supra).

hypo-: hypodermique, hypotendu; in der Chemie: hypophosphoreux, hyposulfureux.

infra-: infrarouge; mit Bindestrich: infra-acoustique, infra-sonore.

sous-: alle Konstruktionen mit Bindestrich: sous-cutané, sous-marin, sous-maxillaire; Rangfolge kennzeichnend in: sous-admissible, sous-préfectoral. Sous-entendu, sous-exposé gehören nicht in dieses Modell, sie sind postverbale Ableitungen.

sub-: subalpin, sublingual; in der Bedeutung von au-delà de: subconscient, subsonique. In suburbain und subtropical hat das Präfix die Bedeutung von „um ... herum, nahe". In manchen Derivaten ist «sub» nicht motiviert: subsidiaire (< subside).

Morpheminventar: ecto-, exo-, extra-, hors- ≙ en dehors de, à l'extérieur de (= räumlich außen, außerhalb).

ecto-: ectodermique, ectophyte, ectopique. Nur in Fachtermini üblich. Läßt Bildungen nach beiden Strukturtypen zu.

exo-: exocrânien, exocrine, exogame, exomorphe. Wie ecto- in gelehrten Konstruktionen nach beiden Strukturtypen.

extra-: meist mit Bindestrich. Extra-atmosphérique, extragalactique, extra-utérin; übertr. extrabudgétaire, extra-légal, extra(-) conjugal, extra-linguistique.

hors-: hors-bord, hors concours sind keine echten Präfixbildungen, sie sind durch Konversion zu Adjektiven geworden.

Morpheminventar: endo-, intra- ≙ à l'intérieur de (= räumlich innen, innerhalb). Sie werden antonymisch zur vorangehenden Gruppe verwendet (extra/intra, ecto bzw. exo/endo).

endo-: endocrânien, endocrine, endocrinien, endogame, endogène, endothermique. Beide Strukturtypen sind vertreten.

intra-: intra-artériel, intra-articulaire; ohne Bindestrich: intracellulaire, intramusculaire, intraveineux; übertr. intrafamilial.

Morpheminventar: inter- ≙ entre (= räumliche Beziehungen zwischen zwei Größen).

inter-: intercommunal, interconfessionnel, intercontinental, interplanétaire, interstellaire; übertr. interdépendant, interdisciplinaire, interlingual, international, intersyndical, intervocalique.

Das erbwörtliche Pendant «entre-» erscheint nur in substantivischen und verbalen Derivaten.

Morpheminventar: anté-, pré ≙ avant, au-devant de (= räumlich vor).

anté-: einzige Bildung antépénultième.

pré-: selten. Préalpin, précordial, prémolaire.

Die entsprechenden Antonyme mit après-, arrière- oder post- sind bei den Adjektiven nicht ausgebildet.

Morpheminventar: circon-, circum- ≙ autour de (= räumliche Umfassung).

circon-, circum-: circonvoisin; circumlunaire, circumpolaire, circumterrestre. Die drei letzten Termini gehören der Astronomie an.

Morpheminventar: dia-, trans- ≙ à travers (= räumlich [quer] durch).

dia-: nur in Fachterminologien üblich: diaphane, diagonal.

trans-: in geographischen Bezeichnungen üblich. Transatlantique, transcaucasien, transcontinental, transsibérien. Die meisten dieser Termini verkörpern zwei verschiedene Bedeutungen:
transsibérien: = 1. qui est situé au-delà de la Sibérie; 2. qui traverse la Sibérie.

Morpheminventar: cis- ≙ en deçà de (= räumlich auf dieser Seite, diesseits). Bildet einen Gegensatz zu den Konstruktionen mit trans-.
cis-: begegnet nur in geographischen Termini: cisalpin, cisjuran (< Jura), cispadan (< Pô), cisrhénan (< Rhin).

3.2.2.2. Präfixe, die Temporalität ausdrücken

Morpheminventar: anté-, avant-, pré- ≙ avant (= Vorzeitigkeit).
anté-: antécambrien, antédiluvien. Hauptsächlich in geologischen Fachtermini.
avant-: einzige Bildungen avant-dernier und avant-coureur.
pré-: précité, préclassique, prénatal, prénuptial, préopératoire, préscolaire.

Morpheminventar: post- ≙ après (= Nachzeitigkeit). Bildet antonymische Konstruktionen zu Derivaten mit dem Präfix pré-.
post-: postclassique, postopératoire, postscolaire, postromantique, postuniversitaire. Präfigierungen mit arrière- sind nur im nominalen Bereich üblich.

Morpheminventar: co-, syn- ≙ avec (= Gleichzeitigkeit und Mitbeteiligung).
co-: *Morphemvarianten:* col-, con-. Coaxial, collatéral, congénère, consanguin. Präfixbildungen wie coaccusé, cobelligérant, cooccupant, copartageant, coparticipant, copossesseur sind zweiwertig als Adjektive und Substantive.
syn-: *Morphemvarianten:* sym-, sy-. Nur in einzelnen Fachtermini motiviert: symplectique, synchrone, syndactyle, systyle.

Morpheminventar: rétro- ≙ en arrière (= zeitlich zurück).
rétro-: rétroactif, rétrospectif.

3.2.2.3. Präfixe, die feindliche Haltung, Gegensatz ausdrücken

Morpheminventar: anti-, contra-, contre- ≙ contre.
anti-: entsprechend der Wortbildungsstruktur liegen zwei *Bildungsmuster* vor. Das erste Muster enthält als zweite Konstituente ein Adjektiv und ist nach dem Transformationsschema «une loi qui est contre la démocratie ↔ une loi antidémocratique» zu interpretieren: antialcoolique, anticolonialiste, anticommuniste, antifasciste, antimilitariste etc.; die Bedeutung „Schutz gegen ..." beinhalten die Adjektive anticancéreux, antidiphtérique, antigivrant, antituberculeux u. a. Dieses Bildungsmuster ist besonders im gesellschaftspolitischen und medizinischen Wortschatz produktiv.
Beim zweiten Muster ist die Konstituente, die dem Präfix folgt, ein Substantiv. Die entsprechenden Bildungen können wie folgt syntaktisch umgeformt werden: un produit qui est contre la rouille ↔ un produit antirouille. Analog dazu antibrouillard, antichar, antigel, antiparasite, antivol.
contra-: selten. Contrarotatif. Contraceptif (< contraception) und contraventionnel (< contravention) sind denominale Ableitungen.

3.2.2.4. Präfixe, die Freundschaft, Sympathie ausdrücken

Morpheminventar: pro- ≙ pour, en faveur de.

pro-: außerordentlich produktiv, vor allem in Verbindung mit Länderadjektiven oder Personennamen. Nicht alle Bildungen sind in den Wörterbüchern verzeichnet. Bildet antonymische Konstruktionen zu Derivaten mit dem Präfix anti-. Produktiv namentlich in der politischen Lexik.
Dieses Präfix drückt Anhängerschaft oder Sympathie für eine politische Richtung, Strömung oder Persönlichkeit aus. Infolge großer Bewegungen und Veränderungen in der Weltpolitik von heute ergeben sich bedeutsame politische Konstellationen für oder wider eine Sache: Procatholique, procapitaliste, procommuniste, proïmpérialiste, promarxiste; proaméricain, prosoviétique etc.

3.2.2.5. Präfixe, die Negation bzw. Mangel ausdrücken

Da eine strenge Trennung zwischen Privativa (Konstruktionen, die Mangel, Verlust, Entbehrung beinhalten) und Bildungen mit Negationspräfix nicht möglich ist, werden beide Gruppen hier zusammengefaßt. *Morpheminventar:* a(n)-, dé(s-) dis-, in- (im-, il-, ir-), mal-, mé-, non-, sans-.

a(n)-: ≙ sans. Die Variante an- erscheint vor Vokal. Das Präfix wird vielfach mit gelehrten (meistens griechischen) Stämmen verknüpft: amorphe, analphabète, anonyme, aphone, athée, atone, apatride. Auch Bildungen nach Strukturtyp I sind möglich: achromatique, amoral, anormal, apolitique, atonal, atypique. Die Derivate gehören in der Mehrzahl Fachwortschätzen an.

dé(s)-: Das Allomorph kommt vor Vokal oder «h» in Anwendung. Alle Bildungen folgen dem Strukturtyp I. Das Präfix drückt Negation aus. Beispiele: désagréable, désavantageux, défavorable, déloyal, désoeuvré, déraisonnable; déplaisant ist eine deverbale Ableitung.

dis-: beinhaltet Negation. Discontinu, discourtois, disgracieux, dissemblable, dissimilaire, dissymétrique. Nicht mehr produktiv.

in-: Produktivstes Negationspräfix für Adjektive in der Gegenwartssprache. Bei weitem nicht alle Bildungen sind in Wörterbüchern verzeichnet. Dieses Präfix kennt mehrere *Morphemvarianten:*
1. [in] = Digraph in: vor Vokal, z. B. inactif, inaltérable, inattendu, inégal, inélégant, inexploité, inintéressant, inoffensif. 2. [ɛ̃] = Digraph in oder im (letzteres vor b, m und p), z. B. imbuvable, immanquable, immangeable, impair, impur, imprévu; incommode, inconcevable, indécomposable, indivisible, intolérant. 3. [im] = Digraph im (nur vor m), z. B. immatériel, immémorial, immobile, immodéré, immodeste, immoral, immuable. 4. [il] = Digraph il, z. B. illettré, illimité, illisible, illogique. 5. [ir] = Digraph ir, z. B. irréalisable, irréel, irrégulier, irrésistible.
Manchen Konstruktionen steht kein Simplex zur Seite: insatiable, indubitable, ineffable. Das Simplex hat eine abweichende Wortbildungsstruktur: inconvenant/convenable, insignifiant/significatif. Auf Grund unterschiedlicher Distribution der Negationspräfixe existiert gewöhnlich für einen Adjektivstamm nur eine Präfixbildung. Die verschiedenen Präfixe dis-, mal-, a- etc.

differenzieren sich nach Fachwortschätzen. Wenn sich der gleiche Stamm mit mehreren Präfixen verbindet, bildet sich oft eine lexikalische Spezialisierung heraus: inconnu/méconnu, inhabile/malhabile, amoral/immoral, atemporel/intemporel etc.

mal-: drückt zunächst den Intensitätsgrad «insuffisamment» aus und bildet ein antonymisches Paar mit dem Präfix «bien». In diesen Fällen handelt es sich nicht um einfache Negierung: bienfaisant/malfaisant, bien bâti/malbâti, bienséant/malséant, bienveillant/malveillant, bienvenu/malvenu, bienheureux/malheureux. In anderen Fällen, wo kein präfigiertes Antonym vorhanden ist, ist mal- ein Negationspräfix. Hier steht das Derivat im Gegensatz zum Simplex: adroit/maladroit, analog malaisé, malavisé, malcommode, malcontent, malhonnête, malpoli, malpropre, malsain, malappris, malgracieux, malhabile, malodorant. Mitunter existiert kein Simplex in der gleichen Wortfamilie als Antonym: malencontreux, malchanceux, malsonnant. Malagauche ist eine scherzhafte Bildung analog zu maladroit.

mé-: selten. Mécontent.

non-: mit diesem Präfix gibt es einige adjektivische Bildungen: non-figuratif, non-fonctionnel, nonpareil. Die meisten Präfixbildungen sind jedoch deverbale Ableitungen: non-croyant, non-animé, non-achevé, non-arrondi (Vokal), non-engagé, non-motivé, non-polluant, non-spécialisé etc. Konstruktionen mit dem Suffix -iste sind zumeist zweiwertig als Substantiv und Adjektiv: non-conformiste, non-interventionniste ebenso wie non-belligérant.

sans-: Präfigierte Adjektive sind Konversionen aus Substantiven: sans-cœur, sans-gêne, sans-souci.

3.2.2.6. Präfixe, die Intensität ausdrücken

Morpheminventar: archi-, demi-, eu-, extra-, hémi-, hyper-, hypo-, mi-, semi-, sous-, sub-, super-, sur-, tout-, ultra-. Beide Strukturtypen sind vertreten. Die Präfigierungen drücken den Intensitätsgrad (Abschwächung oder Verstärkung) aus. Dabei entspricht semantisch die Basis dem Normalmaß. Das jeweilige Präfix beinhaltet den höheren oder tieferen Grad gegenüber der Stammbedeutung. Diese präfigierten Konstruktionen kommen Transformationen mit Quantitätsadverb (très, fort, plus; moins) gleich:

celui qui est fou à un degré extrême ↔ qui est archifou

Zum Ausdruck des Intensitätsgrades hat das Französische ein Präfixsystem ausgebildet, das aus lateinischen und griechischen Elementen besteht. Zunächst den Fachsprachen vorbehalten, sind solche Präfigierungen mit hyper-, extra-, semi- etc. allmählich in die Allgemeinsprache eingedrungen.

3.2.2.6.1. Präfixe, die ein Übermaß ausdrücken

Morpheminventar: archi-, extra-, hyper-, super-, sur-, ultra-.

archi-: sehr produktiv. Nicht alle Bildungen sind in Wörterbüchern verzeichnet. Beide Strukturtypen sind vertreten: archicélèbre, archicomble, archiconnu, archifaux, archimillionnaire, archisot.

extra-: produktives Präfix. Alle Konstruktionen werden mit Bindestrich geschrieben: extra-fin, extra-fort, extra-léger, extra-lucide, extra-plat, extra-souple.
hyper-: hypercorrect, hyperalcalin, hyperémotif, hypernerveux, hypersensible, hypertendu, hypertensif. Davon zu unterscheiden sind suffigierte Formen, die aus Komposita entstanden sind: hypertonique (< hypertonie), hypertrophié etc. Oft mit abwertender Tendenz gebraucht.
super-: superfin, superfluide.
sur-: suraigu, surfin, surgelé, surpeuplé, sursaturé. Surabondant, surchauffé, surclassé sind Derivate von Verben.
ultra-: mit Bindestrich: ultra-chic, ultra-court, ultra-royaliste, ultra-sensible. Ohne Bindestrich: ultracolonialiste, ultramoderne. Ultra-microscopique und ultra-sonique sind denominale Ableitungen.

Die Konstruktionen mit archi-, extra-, super-, ultra- stehen in Opposition zu Bildungen mit Nullaffix: fin/extra-fin. Sie haben superlativische Bedeutung. Die als positiv bewertete Steigerung wird durch extra- und super- ausgedrückt, während archi-, hyper- und ultra- gewöhnlich eine abwertende Komponente enthalten.

3.2.2.6.2. Präfixe, die den ungenügenden Grad ausdrücken

Morpheminventar: hypo-, sous- sub- ≙ trop peu.
hypo-: hyposulfureux, hypotendu, hypotensif; dagegen Derivate aus Komposita: hypotonique (< hypotonie), analog hypodermique.
sous-: sous-calibré. Deverbale Ableitungen: sous-alimenté, sous-developpé, sous-équipé etc.
sub-: einzige Bildung: subaigu.

Die Präfigierungen mit hypo- bzw. sous- bilden Antonyme zu Konstruktionen mit hyper- bzw. sur-. Viele Derivate mit hypo- stammen aus der Medizin oder Psychologie und sind in die Allgemeinsprache gewandert.

3.2.2.6.3. Präfixe, die der adverbiellen Wendung à moitié entsprechen

Morpheminventar: demi-, mi-, hémi-, semi-.
demi-: demi-circulaire, demi-fin, demi-mondain, demi-mort. Demi-queue und demi-sel sind Konversionen aus Substantiven.
hémi-: selten, z. B. hémifacial. Hémisphérique ist eine denominale Ableitung.
mi-: alle Konstruktionen haben Bindestriche. Produktives Präfix: elle portait une robe mi-rouge, mi-noire. Weitere Beispiele: mi-fermé, mi-ouvert. Konversionen aus Nomina: mi-laine, (poids) mi-lourd, (...) mi-moyen.
semi-: alle Konstruktionen mit Bindestrich: semi-automatique, semi-auxiliaire, semi-circulaire, semi-précieux.

3.2.2.6.4. Die Präfixe eu- und tout-

eu-: selten, z. B. (crème) eudermique. Entspricht dem Adverb «bien». Andere Prägungen sind denominale Ableitungen: euphémique, euphonique etc. Der Gegensatz mit caco- ist bei Adjektiven nicht ausgebildet. Vgl. auch Präfixe bien- und mal-!
tout-: ≙ Adverb tout: tout-fou, tout-puissant.

3.2.2.6.5. Das Präfix para-

para-: ≙ en marge de, z. B. parafiscal, paramagnétique, paramilitaire.

3.2.3. Parasynthetische Bildungen

Entsprechend unserer Ansicht, nur solche Wörter als Parasynthetika zu betrachten, bei denen der Stamm nie mit einem einzigen Affix, sondern immer kombiniert mit Präfix und Suffix existiert, kommen hier nur solche Bildungen in Betracht, die bislang in den Kapiteln außerhalb der Erörterung standen.
Die Zahl der echten parasynthetischen Adjektive ist im Vergleich zu anderen Derivaten gering. Ihrer morphologischen Struktur gemäß haben wir es mit dem *Strukturtyp* P · TN · S zu tun:

> accrêté, affriqué, éhonté, encagoulé, encalminé, encapsulant, encauchemardé, endiamanté, enguiché, enluné, ensellé, enturbanné, emmotté, emperruqué, enverduré, déphasé und andere.

Die Konstruktionen mit dem Präfix en- (em-) überwiegen, andere Präfixe kommen weniger in Frage. Bei einer Reihe dieser Ableitungen sind präexistente Verben in früheren Sprachperioden nachweisbar.

3.3. Komposition

Grundsätzlich ist zunächst zu sagen, daß Adjektivkomposita gegenüber Präfixbildungen und suffigierten Ableitungen im Bereich der Adjektive eine untergeordnete Rolle spielen. Auch mit der Zahl der Zusammensetzungen im Nominalbereich halten die adjektivischen Komposita nicht Schritt. Nichtsdestoweniger muß auch dem Verfahren der Komposition bei der Bildung von Adjektiven Augenmerk geschenkt werden, da sich der produktive Charakter dieser Bildungsweise im modernen Französisch – insbesondere in den Fachwortschätzen – stärker profiliert hat.
Vom Standpunkt des lexikalischen Bildungsmaterials sind die *Grundmodelle* M_{12} (sourd-muet), M_{15} (carnivore) und M_{16} (audiovisuel) vertreten.
Die *Grundmodelle* M_{12}, denen Bildungen zuzuordnen sind wie (robe) pur fil, (soie) feuille-morte, (sac) fourre-tout, (cognac) trois-étoiles, und M_{14} mit Beispielen wie (robe) café au lait, (excursion) casse-cou werden hier unberücksichtigt bleiben, da sie strukturell Komposita darstellen, aber zunächst als Substantive anzusehen sind und erst durch Konversion die Funktion von Adjektiven übernehmen können. Sie werden unter 3.4.2. abgehandelt. Wie bei den Nomina werden hier die adjektivischen Komposita in einer Anordnung beschrieben, die sich aus den syntagmainternen Strukturbeziehungen ergibt. Solche Beziehungen lassen sich auf zwei Grundtypen zurückführen: Subordination und Koordination.

3.3.1. Koordination

3.3.1.1. Morphologische Klassifizierung

Strukturtyp: $TA_1 + TA_2$. Wenn die Konstituenten in einem koordinativen Verhältnis zueinander stehen, handelt es sich um das Beziehungsgefüge Koordination. In einer äquivalenten syntaktischen Konstruktion entspricht solchen sogenannten Kopulativkomposita die Einfügung der Konjunktion «et» zwischen den beteiligten Gliedern. Im Kompositum ersetzt der Bindestrich die Konjunktion «et»:

une jeune fille qui est sourde et muette ↔ une jeune fille sourde-muette.

Die Zahl der koordinativen Bildungen bei Adjektiven ist gering, wenn man sie ins Verhältnis setzt zu den Komposita, die hinsichtlich der syntagmainternen Beziehungen zur Subordination zu rechnen sind.

3.3.1.2. Syntagmainterne strukturelle und semantische Beziehungen

Zwei *Strukturtypen* herrschen vor. Den ersten Typ verkörpern Komposita, deren Konstituenten französische Adjektivstämme darstellen: aigre-doux, clair-obscur, bleu-vert, grand-angulaire, ivre mort, plan-concave, plan-convexe, démocrate-chrétien, social-démocrate, national-socialiste.
Bei diesen Adjektiven sind die Konstituenten additiv miteinander verknüpft. Dies wird einerseits dadurch bezeugt, daß beide Glieder ihre morphosyntaktischen Merkmale behalten (une fille sour*de*-mue*tte*). Andererseits entspricht das Signifikat des Kompositums der Summe der Bedeutungsmerkmale aller Konstituenten. Diesen Kopulativkomposita verwandt sind die zusammengesetzten Numeralia wie vingt-quatre etc. (s. 6.2.!).
Ivre mort weicht etwas ab vom Bildungsmuster der übrigen Beispiele, da es aus einem Vergleich hervorgegangen ist: ivre comme un mort. Aber auch hier bleiben die morphosyntaktischen Eigenschaften völlig erhalten.
Neben dem vorherrschenden *Strukturtyp* TA + TA (mit Nullsuffix) gibt es auch den *Typ* TA + TA + Suffix (z. B. démocrate-chrétien). Die Lexeme, die dem politischen Wortschatz angehören, sind zumeist aus dem Deutschen entlehnte Bezeichnungen für Parteien: démocrate-libéral, démocrate-national, social-démocrate.
Der Bindestrich bei Farbenbezeichnungen, wie gris-bleu, gris-brun, gris-vert, bleu-vert etc., weist darauf hin, daß beide Konstituenten ihre Bedeutung bewahren. Von diesem Bildungsmuster sind solche Komposita zu unterscheiden, die durch Konversion aus Substantiven entstanden sind (vgl. 3.4.2.!): vert épinard, gris clair, bleu tendre, gris souris etc. Hier liegen syntagmainterne Beziehungen der Unterordnung zugrunde: un jupon bleu tendre = un jupon d'un bleu tendre.
Der zweite *Strukturtyp* ist dadurch gekennzeichnet, daß die erste Konstituente eine gelehrte (griechische oder lateinische) Wurzel darstellt. Die zweite Konstituente gehört der Allgemeinsprache an und ist ein mit einem Suffix versehener Adjektivstamm (Typ $TA_1 + TA_2 \cdot S$). Die erste Konstituente gelehrten Charakters fällt durch ihre besondere Morphologie (Endung auf «o») auf. Bei der zweiten Kon-

stituente überwiegen die Suffixe -aire, -al, -el, -eur, -eux, -ien und -ique: cérébro-spinal, gastro-intestinal, cardio-vasculaire, psycho-moteur, psycho-sensoriel, céphalo-rachidien, magnéto-électrique, alcalino-terreux. Héroï-comique ist durch Haplologie aus héroïco-comique zu erklären.
Auch dreigliedrige Adjektive dieser Art sind möglich: psycho-sensori-moteur. Die Mehrzahl der Bildungen nach dem zweiten Strukturtyp gehört den verschiedensten Fachterminologien an. Manche sind bereits in die Allgemeinsprache eingedrungen: politico-social, technico-scientifique, audio-visuel, électroménager u. a. Zum Kompositionstyp mit getilgten Silben vgl. 3.5.!
Auch beim zweiten *Strukturtyp* handelt es sich um additiv aneinandergereihte Adjektive, deren Gesamtbedeutung als Summe der Einzelbedeutungen betrachtet werden muß, was u. a. auch dadurch zutage tritt, daß in manchen Komposita die Konstituenten beliebig in ihrer syntagmatischen Anordnung vertauscht werden können:

psycho-somatique = somato-psychique.

Nicht überall jedoch führt die Vertauschung der Konstituenten zu sprachüblichen Formen. Bei manchen ersten Konstituenten ist Zusammenschreibung mit der folgenden Konstituente oder Schreibung mit Bindestrich fakultativ: électropositif oder électro-positif, psychomoteur oder psycho-moteur. Nur wenn der zweite Bestandteil des Kompositums mit Vokal beginnt, ist die Schreibung mit Bindestrich obligatorisch: électro-optique.
Im gesellschaftspolitischen Wortschatz erweisen sich Adjektivkomposita als sehr produktiv, die nach dem gleichen *Strukturtyp* geprägt sind. Beide Konstituenten sind von Völkernamen abgeleitete Adjektive. Die erste Konstituente endet nach dem gelehrten Modell auf -o, die zweite Konstituente entstammt der Allgemeinsprache:

relations hispano-françaises, analog anglo-russe, gallo-romain, franco-espagnol, afro-asiatique.

Solche Kopplungen dienen auch zur Charakterisierung der verschiedenen Sprachfamilien und -zweige:

les langues indo-européennes, austro-asiatiques, sino-tibétaines, chamito-sémitiques, malayo-polynésiennes, amérindiennes, nilo-chariennes, nigéro-congolaises, finno-ougriennes, thraco-phrygiennes, ouralo-altaïques, serbo-croate.

Andere syntagmainterne Beziehungen (Subordination) liegen vor, wenn mit einem Kompositum eine Einzelsprache gemeint ist:

la langue rhéto-romane, judéo-espagnole, judéo-allemande.

Alle diese Benennungen von Sprachen können nominalisiert werden und in der maskulinen Form des Singulars die jeweilige Sprache bezeichnen (s. Konversion!).

Nicht bei jeder Bildung, die diesem Strukturtyp anzugehören scheint, liegt ein primäres Adjektivkompositum vor. Sie kann eine postnominale Ableitung sein:

physiopathologie → physiopathologique, électrochimie → électrochimique, physico-chimie → physico-chimique, microbiologie → microbiologique.

Schwierig ist die Entscheidung bei Homonymen, die sowohl Adjektiv als auch Substantiv (Bezeichnung des Wissenschaftszweiges) sein können. Hier kann von Konversion vom Substantiv zum Adjektiv oder umgekehrt die Rede sein: électromécanique (Adj. u. Subst.), psycholinguistique (Adj. u. Subst.) u. a. In der Diachronie liegt gewöhnlich hier Adjektivbildung vor Substantivierung.
Abweichend von den genannten Bildungsmustern verhalten sich in bezug auf ihre Bildungsweise Völkeradjektive wie latino-américain, hispano-américain, franco-canadien. Diese Ethnika sind Derivate von Substantiven (l'Amérique latine oder hispanique, le Canada français), bei denen die eine Konstituente der anderen untergeordnet ist. Das zweite oder dritte Kompositum kann jedoch eine homonymische Konstruktion sein, bei der die beiden Konstituenten in einem koordinativen Verhältnis zueinander stehen: la guerre hispano-américaine (d. h. qui concerne à la fois l'Espagne et l'Amérique), analog franco-canadien (d. h. ce qui intéresse à la fois la France et le Canada).

3.3.2. **Subordination**

3.3.2.1. Morphologische Klassifizierung

Stehen die Konstituenten des Kompositums nicht in einem Koordinationsverhältnis, so handelt es sich um Determinativkomposita, deren Glieder auf der syntagmatischen Achse einander über- oder untergeordnet sind. Im Vergleich zu den vorher beschriebenen Kopulativkomposita begegnet man bei der Subordination einer größeren Zahl von *Strukturtypen:* (1) TAdv · TA · S (court vêtu), (2) TAdv' · TA (· S) (panaméricain, néo-celtique), (3) TAdv' · TV' (autocrate, allogène), (4) TN' · (TN') · TV' (pétrolifère, zoogéographe), (5) TN_1' · TN_2' (bacilliforme, cristalloïde).
Entsprechend der Syntagmatik der gelehrten Zusammensetzungen ist die Konstituentenfolge bei Komposita mit griechischen oder lateinischen Elementen der progressiven Folge französischer Konstituenten in Komposita entgegengesetzt (vgl. auch Nomina!). Ferner fällt auf, daß es Adjektivkomposita gibt, bei denen keine ihrer Konstituenten der Wortklasse „Adjektiv" entstammt (s. Typen 3, 4, 5!).

3.3.2.2. Syntagmainterne strukturelle und semantische Beziehungen

Dem Kopulativkompositum sourd-muet zu gleichen scheint der *Strukturtyp* (1) (TAdv · TA · S): dernier-né. Diese Bildung ist hingegen der syntaktischen Umformung «enfant qui est né le dernier ↔ enfant dernier-né» äquivalent. Die 1. Konstituente verkörpert ein Adjektiv in der Funktion eines Adverbs. Das 2. Glied ist ein Partizip II. Die dabei angewandten Stämme sind beschränkt. In Erststellung

befinden sich gewöhnlich die Lexeme dernier, frais, nouveau, premier, die Temporalität beinhalten, oder einige Dimensionsadjektive in der Funktion von Adverbien wie court, grand, haut, large: nouveau-né, premier-né, nouveau riche, frais émolu, nouveau marié. Da die erste Konstituente ein Adverb darstellt, bleibt sie unverändert: des filles nouveau-nées. Bei manchen Lexemen bestehen bezüglich Übereinstimmung Schwankungen: des roses fraîches cueillies, des yeux grand(s) ouverts, fonctionnaires haut(s) placés, bouches larges ouvertes.
Die Zusammenschreibung bei clairvoyant (Adv. + Part. I) und clairsemé (Adv. + Part. II) weist bereits auf eine stärkere Idiomatisierung hin, während bei primesautier (eine Ableitung von einem älteren nominalen prime-saut) und courbatu (< court-battu) völlige Demotivierung festzustellen ist.
Das subordinative Verhältnis von Adverb und Substantiv finden wir bei einigen geographischen und politischen Bezeichnungen: nord-américain, sud-vietnamien, nord-coréen, ouest-allemand u. a., die folgendermaßen transformiert werden können: qui est de l'Amérique du Sud ↔ qui est sud-américain. Bei diesen Wortbildungen dürften Nachahmungen angloamerikanischer und deutscher Bildungsmuster vorliegen.

Diesem Bildungsmuster anzunähern ist der zweite *Strukturtyp* (TAdv' · TA · S). Hier handelt es sich um Adjektive, die mit dem griechischen Element «pan» ≙ tout entier zusammengesetzt sind: panafricain, panaméricain, aus denen sekundäre Substantive wie panafricanisme etc. abgeleitet werden können. Im Falle von pangermanisme/pangermaniste und panhellénisme/panhellénique kann das Ableitungsverhältnis umgekehrt sein. Hier sind ferner Adjektive mit der ersten Konstituente «néo» ≙ de nouvelle manière zu nennen: néo-celtique, néogothique, néo-grec. Dieses moderne Wortbildungselement hat seinen größten Wirkungsbereich in der politischen Sphäre. Es kennzeichnet dort das Wiederaufleben einer Doktrin oder einer politischen Anschauung.

Die meisten Adjektive dieser Bildungsart sind Ableitungen von nominalen Komposita: néopositivisme → néopositiviste, ebenso néocolonialiste, néo-nazi etc.; des weiteren Komposita mit dem griechischen Element «télé» ≙ de loin; à distance: télédynamique. Die Mehrzahl der Morphemkonstruktionen dieses Musters können hingegen als denominale Derivate angesehen werden: téléphone → téléphonique, analog télégraphique u. a.

Strukturtyp (3) ist in bezug auf seine syntagmainternen Beziehungen anderer Natur. Seine beiden Konstituenten sind Stämme gelehrter Herkunft, die frei nicht existieren. Das erste Glied des Kompositums ist ein Adverb, das zweite ein Verbalstamm. Die in Frage kommenden Verbalstämme sind vor allem folgende: «gène» ≙ engendrer: homogène, hétérogène; «phone» ≙ parler: francophone, polyphone; «game» ≙ se marier; féconder: bigame, cryptogame, polygame; «crate» ≙ dominer: autocrate.

Diese Verbalstämme treten jedoch häufiger in Kombinationen mit anderen Konstituenten auf (vgl. weiter unten!).

Strukturtyp (4) (TN' · [TN'] · TV') hat eine Vielzahl von Wörtern, namentlich in Fachwortschätzen, hervorgebracht. Die Morphemkonstruktionen erscheinen ohne Suffix. Als Verbalstämme fungieren vorwiegend die griechischen und lateinischen

Elemente «cide, cole, crate, fère, fique, fuge, gène, grade, lâtre, mane, pare, phage, phile, phobe, vore».
Einer ersten Reihe (a) liegt ein syntagmatisches Verhältnis von Objekt und Verb zugrunde. Die zweite Reihe (b) folgt dem syntaktischen Schema Subjekt + Prädikat.

(a)

-cide: ≙ tuer. Gewöhnlich beziehen sich die Komposita auf chemische Erzeugnisse. Die erste Konstituente kennzeichnet Pflanzen oder kleinere Tiere, z. B. bactéricide, germicide, herbicide, insecticide. Auch die Komposita, deren 1. Bestandteil Personenbezeichnungen sind, können zumeist adjektivisch gebraucht werden: mère *infanticide*, ferner fratricide. Alle Konstruktionen können auch als Substantive fungieren.

-cole: ≙ cultiver; habiter. Die 1. Bedeutung finden wir in agricole, horticole, piscicole, sylvicole, viticole. Die 2. Bedeutung repräsentieren z. B. arboricole, alpicole, cavernicole. Vielen Adjektivkomposita dieses Typs entsprechen Nomina actionis auf -culture und Nomina agentis auf -culteur.

-fère: ≙ produire; porter; contenir; apporter. Dieses lateinische Element verkörpert unterschiedliche Bedeutungen in den einzelnen Fachterminologien. *Botanik:* ≙ produire, z. B. conifère, résinifère, oléifère. Das 1. Element stellt die Frucht bzw. das Produkt dar. *Zoologie:* ≙ porter, z. B. alifère, mammifère. Die erste Konstituente ist ein Bestandteil des Körpers. *Geologie:* ≙ contenir, z. B. argentifère, aurifère, cuprifère. Das 1. Glied bezieht sich auf Bodenschätze. Die Bedeutung von «apporter» haben calorifère, frigorifère, somnifère. Da das 1. Element lateinischer Herkunft ist, finden wir bei diesem Muster den Bindevokal «i». Der 1. Bestandteil kann auch aus der Allgemeinsprache kommen: *argent*ifère, *pétrol*ifère u. a. Diesem gelehrten lateinischen Element entspricht das griechische Element «phore» inhaltlich: galactophore, rizophore.

-fique: ≙ faire. In den meisten Fällen ist dieses Element nicht mehr motiviert: bénéfique, honorifique, magnifique, pacifique. Sie sind direkt dem Latein entlehnt. Eine Remotivierung hat in einigen französischen Bildungen stattgefunden: calorifique = qui fait la chaleur, analog frigorifique, sudorifique, soporifique.

-fuge: ≙ faire fuir. Fébrifuge, calorifuge, vermifuge. Transitiv ist das Muster in centrifuge = qui fuit le centre.

-gène: ≙ engendrer. Ist die 1. Konstituente griechischer Herkunft, tritt sie mit Bindevokal «o» an den 2. Bestandteil: androgène, photogène, halogène. Bei lateinischen Elementen wird die Bindung durch den Vokal «i» bewerkstelligt: aquigène, séricigène. Ist die 1. Konstituente ein französischer Stamm, sind beide Verknüpfungsweisen zu beobachten: cancérigène, aber gazogène u. a. Substantivische Entsprechungen haben als 2. Konstituente «génie».

-lâtre: ≙ adorer. Astrolâtre, idolâtre, hugolâtre, iconolâtre, zoolâtre. Substantivische Entsprechungen enden auf -lâtrie.

-mane: ≙ être fou de. Produktiv vor allem im Wortschatz der Psychiatrie: bibliomane, érotomane, morphinomane, nymphomane, pyromane. Griechische

Elemente bilden zumeist die 1. Komponente. Aber auch französische Stämme findet man in dieser Stellung: musicomane, anglomane, opiomane. Substantivische Entsprechungen haben als 2. Konstituente «manie».

-pare: ≙ engendrer. Die 1. Konstituente ist lateinischer Herkunft, daher Bindevokal «i»: ovipare, gemellipare. Das 1. Element kann auch ein Adjektiv mit substantivischer Funktion sein: vivipare, scissipare, unipare. Die Komposita beziehen sich auf die Fortpflanzung. In sudoripare bezeichnet das 1. Element eine einfache Ausscheidung. Dreigliedrige Komposita sind selten: ovovivipare.

-phage: ≙ manger. Anthropophage, bactériophage, hippophage. Die Komposita können auch als Substantiv fungieren. Das jeweilige Nomen actionis endet auf -phagie.

-phile: ≙ aimer. Bibliophile, cinéphile, discophile, haltérophile, anglophile. Dieses Bildungsmuster ist jederzeit disponibel. Auch hier können die Komposita als Substantive fungieren. Das Nomen actionis (Hang zu, Leidenschaft für) auf -philie ist ebenso disponibel.

-phobe: ≙ craindre. Die Bildungen mit diesem griechischen Element bilden einen semantischen Gegensatz zum vorangehenden Muster mit «phile»: germanophobe/germanophile, hydrophobe/hydrophile. Die substantivischen Entsprechungen auf -phobie drücken Abneigung, Feindschaft aus.

-vore: ≙ dévorer. Dient als Wortbildungselement in der zoologischen Nomenklatur: carnivore, herbivore, omnivore, piscivore. Bildungen aus anderen Bereichen: budgétivore, fumivore.

(b)

-crate: ≙ dominer. Bureaucrate, démocrate, technocrate. Diese Adjektive beziehen sich auf Personen. Zur Kennzeichnung von Einrichtungen, Meinungen etc. werden die Ableitungen auf -ique gewählt: démocratique etc. Zur substantivischen Entsprechung auf -cratie s. Nomina!

(c)

Ein drittes, etwas abweichendes Bildungsmuster umfaßt Komposita, bei denen die erste Komponente eine Umstandsbestimmung ist.

-grade: ≙ marcher. Digitigrade = qui marche *sur la plante du pied.* Ferner ongulігrade. Rétrograde ist eine Präfixbildung.

-moteur: ≙ faire mouvoir. Electromoteur = qui fait mouvoir *par l'électricité*, analog hydromoteur, turbomoteur, marémoteur, vasomoteur.

Den *Strukturtyp* (5) $TN'_1 \cdot TN'_2$ bilden Adjektivkomposita, deren 1. Komponente eine adjektivische Funktion gegenüber dem Nominalstamm (2. Konstituente) ausübt. Dabei können eine oder beide Konstituenten gelehrten Charakters sein. Mitunter tritt ein Adjektivalsuffix hinzu. Im Gegensatz zu den obenerwähnten Bildungstypen fußen die Komposita dieses Strukturtyps auf Nominalstämmen. Auch bei diesem Strukturtyp herrscht die dem gelehrten Bildungsmodell eigene umgekehrte Stellung der Konstituenten vor. In einer 1. Gruppe (a) treten hauptsächlich folgende Nominalstämme auf:

(a)

-céphale: ≙ tête. Dient zur Klassifizierung in der Anthropologie und Zoologie: hydrocéphale, macrocéphale, microcéphale. In den beiden letzten Beispielen sind die 1. Konstituenten Adjektivstämme.

-derme: ≙ peau. Pachyderme, malacoderme. Gehört dem Fachwortschatz der Zoologie an.

-forme; -morphe; -oïde: ≙ forme, apparence, aspect. Alle drei Konstituenten bilden den 2. Bestandteil in Komposita, die den verschiedensten Fachterminologien zuzuordnen sind. Sehr produktiv sind «forme» und «oïde». Die 1. Konstituente ist meistens ein Substantiv mit adjektivischer Funktion: bacilliforme = qui a la forme d'un bacille, analog cruciforme, digitiforme, filiforme. Die Verknüpfung der Glieder geschieht nach dem gelehrten lateinischen Bildungstyp mit «i». Nach griechischem Modell vollziehen sich nachstehende Bildungen: anthropomorphe, zoomorphe; mit Adjektiven als 1. Konstituente: isomorphe, polymorphe; cristalloïde, métalloïde, négroïde, rhomboïde. Das Element «oïde» bildet auch Substantive, von denen sekundäre Adjektive auf -al abgeleitet werden können, die z. T. Synonyme zu Konstruktionen ohne Suffix darstellen: colloïdal = colloïde, ellipsoïdal = ellipsoïde etc.

-pède: ≙ pied. Fissipède, palmipède; mit Zahlwort als 1. Konstituente: quadrupède.

-ptère: ≙ aile. Mégaptère, névroptère. Auch substantivisch gebraucht.

(b)

In der nachfolgenden Gruppe handelt es sich um eine Nominalbasis als 2. Konstituente, die dem französischen Allgemeinwortschatz entstammen oder gelehrt sein kann, und um ein Zahlwort oder quantifizierendes Element gelehrten Ursprungs als 1. Konstituente. Das Kompositum kann zusätzlich ein Suffix enthalten. Die Numeralia oder Quantitativa erscheinen oft alternierend in griechischer oder lateinischer Form. Als Suffixe treten vorwiegend auf: -aire, -ique, seltener -al, -el, -é, -iste.

uni- bzw. mono-: ≙ un. Qui a une seule cellule ↔ qui est monocellulaire oder unicellulaire.
Ohne Suffix: unicolore, unilingue, uniforme; monobloc, monolithe;
mit Suffix: unijambiste; monoatomique, monobasique, unidirectionnel etc.
Mitunter stehen Formen ohne Suffix und suffigierte Bildungen ohne Bedeutungsunterschied nebeneinander: monolithe = monolithique, monosyllabe = monosyllabique.

bi- bzw. di-: ≙ deux. Zum Beispiel biconcave, bicorne, bipède; dipode. Mit Suffix: bihebdomadaire, bilatéral, bimensuel; dichromatique, diphasé.

tri- (eine einzige Form): ≙ trois. Zum Beispiel tricolore, tricorne, trilingue; mit Suffix: triennal, trilatéral.

quadri- bzw. tétra-: ≙ quatre. Zum Beispiel quadriparti, quadriennal; tétrapode, tétrasyllabique.

quinqu(e)- bzw. penta-: ≙ cinq. Zum Beispiel quinquennal; pentaèdre, pentagonal.

hexa-: ≙ six. Zum Beispiel hexagone = hexagonal, hexamètre.
hepta-: ≙ sept. Zum Beispiel heptagone = heptagonal, heptamètre, heptasyllabe.
octo-: ≙ huit. Zum Beispiel octosyllabe oder octosyllabique, octogène.
ennéa-: ≙ neuf. Zum Beispiel ennéagonal, ennéasyllabe.
déca-: ≙ dix. Zum Beispiel décaèdre, décagone = décagonal, décasyllabe.
dodéca-: ≙ douze. Zum Beispiel dodécaèdre, dodécagyne.
cent(i)-: ≙ cent. Einzige Bildungen centigrade, centennal.

In der Physik werden zusätzlich Elemente verwendet, die Progression im Großen (méga = 1 Million mal mehr; giga = 1 Milliarde mal mehr) oder im Kleinen (micro = 1 Million mal weniger; nano = 1 Milliarde mal weniger; pico = 1 Million mal 1 Million mal weniger) bzw. extreme Größen wiedergeben.

multi- bzw. poly-: ≙ beaucoup. Zum Beispiel multicolore, multilingue, multiforme, multilatéral, multimilliardaire, multinational; polychrome, polysyllabique, polymère.
pluri-: ≙ plusieurs. Zum Beispiel pluriannuel, pluricellulaire, plurinominal, plurivalent.
équi-: ≙ égal. Zum Beispiel équilatéral, équidistant, équipotentiel.
iso-: ≙ égal. Zum Beispiel isomorphe, isotone, isotope.

Unter den bei dieser Gruppe angeführten, mit Numeralia oder Quantitativa gebildeten Adjektiven sind verschiedene Strukturen vertreten: reine Komposita, die nur aus gelehrten Elementen bestehen oder deren 2. Konstituente ein französisches Wort ist: unicolore, hexagone, monorail; Komposita, deren 1. Komponente ein Quantitativum bzw. Numeral ist und deren 2. Komponente ein Primäradjektiv darstellt: pluriannuel, équilatéral; suffigierte Derivate, die von gelehrten Komposita abgeleitet sind: hexagonal, trisyllabique.

3.4. Konversion

Adjektivierungen mit Hilfe des Verfahrens der Konversion sind im heutigen Französisch nicht selten.

3.4.1. Part → A

An erster Stelle wären die beiden Partizipformen zu nennen, die im Paradigma des Verbs gebräuchlich sind: agissant, compromettant, impressionnant, conclu, inclus, réfléchi etc.
Wir haben uns jedoch entschieden, sie im Rahmen der suffigierten Formen aus Verbalstämmen zu beschreiben (s. 3. 2. 1.1.!).

3.4.2. N → A

Viele Substantive können in adjektivischer Funktion andere Substantive näher bestimmen. Sie drücken Ähnlichkeit, Zugehörigkeit, eine allgemeine Beziehung oder etwas Ähnliches aus. Solche Konstruktionen sind oft transformierbar in der Art von:

des souliers qui ont la couleur de marron ↔ des souliers marron

Hierbei nehmen insbesondere Farbbezeichnungen einen breiten Raum ein: un complet *mastic*, des étoffes *citron*. Analog dazu können z. B. als Farbadjektive gebraucht werden: cerise, chocolat, lilas, moutarde, olive, orange, rouille, sogar Komposita wie vert olive, vert épinard, gris clair, rouge vif, bleu foncé, gorge-de-pigeon, vert pomme gemäß dem Transformationsmuster:

des chevaux qui ont la couleur du café au lait ↔ des chevaux café au lait.

Die 1. Konstituente des Kompositums ist aus einem Substantiv entstanden, daher bleibt es im Ganzen unveränderlich:

une robe de la couleur *du bleu foncé* ↔ une robe *bleu foncé*

Auf ähnliche Weise, d. h. vermittels Tilgung von Verbindungselementen, lassen sich auch andere adjektivisch gebrauchte Substantive erklären (s. auch unter Nominalkomposita!):

un costume *sport*, des manières un peu *peuple*, un succès *bœuf* (vulg.), une offre *bidon* (vulg.), un prix *choc*, une voiture *tout terrain*, des phares *anti-brouillard*, d'un air *bon enfant*, une excursion *casse-gueule*, la guerre *presse-bouton*, un canon (od fusil) *porte-amarre*, un personnage *fin de siècle*, une peinture *anti-rouille*, une politesse *très vieille France*, un ton *pince-sans-rire*, ferner in ähnlichem Gebrauch: bon marché, bonhomme, dernier cri, gros sel.

Wie die nachfolgenden Beispiele zeigen, können im adjektivisch gebrauchten Kompositum Präposition, Artikel und Konjunktion gelöscht sein; an deren Stelle tritt der Bindestrich:

les relations *entre les* élèves *et les* professeurs ↔ les relations élèves-professeurs (Schüler-Lehrer-Verhältnis)

Nur das syntaktische Pluralmerkmal bleibt erhalten, analog:

une rencontre enseignants-étudiants

Zum Schluß seien hier noch Adjektive genannt, die aus Zahlwort und Substantiv bestehende Komposita sind:

cognac (od hôtel) *trois-étoiles*, moteur *deux-temps*, navire *deux-ponts* (die beiden letzten werden elliptisch auch als Substantive verwendet), frères *trois-points* (Freimaurer).

3.4.3. Adv → A

Vom Adverb in adjektivischer Funktion zeugen folgende Beispiele:

des gens *bien*, une place *debout*, une traction *avant*, les roues *avant* d'une voiture, la marche *arrière*, des feux *arrière*.

Selten sind Adjektive, die aus Satzteilen stammen: comme il faut; débonnaire (< de bonne aire = de bonne famille), heute pejorativ (vgl. 2.3.2.1.1.(2)!).

3.5. Wortkürzung und Abkürzung

Die Domäne der Wortkürzung und Abkürzung sind die Substantive. Dort finden wir die meisten *Kurz-* und *Initialwörter*. Diese erreichen einen neuen lexikalischen Status, wenn sie die Basis neuer Ableitungen bilden. Im Adjektivbereich gibt es eine beschränkte Zahl von Wörtern, deren Stamm aus Initialen zusammengesetzt ist:

C. G. T. → cégétiste, SMIG → smigard, O. N. U. → onusien, C. F. D. T. → cédétiste, J. O. C. → jociste. Bei Guilbert (Créativité, S. 176) findet man ferner: P. U. C. → puciste, Z. U. P. (= Zone à urbaniser en priorité) → zupéen, C. A. P. E. S. (= Certificat d'Aptitude à l'Enseignement Second Degré) → capésien, E. N. A. (= Ecole Nationale d'Administration) → énarque.

Adjektivische Funktion können auch Initialen übernehmen: système D (aus dem Adjektiv débrouillard hervorgegangen) = débrouille (langue parlée courante), profilé en *T*, crochet *X*.
Die Wortkürzung ist beim Adjektiv wohl eher außergewöhnlich. Im Wortschatz des Handels findet man: inox = inoxydable, impec = impeccable, imperméable → imper; im Schülersonderwortschatz: trans = transcendant (s. Guilbert, Créativité, S. 270!); ferner formid = formidable, sensass = sensationnel und nach fremdem Muster nazi. Die zweite Konstituente ist getilgt in film (oder livre) *porno* (= pornographique). Noch seltener ist Aphärese, wie es z. B. in stratif (Jargon) = administratif belegbar ist.
Einen besonderen Typ stellen Kürzungen innerhalb von Komposita dar:

radio-télévisé < radiodiffusé et télévisé, aéro-thermique < aéronautique + thermodynamique, télégénique < télévision + photogénique, radio-actif < radiation + actif, d'électrotechnique < électricité technique u. a.

3.6. Reduplikation

Doppelungen bzw. Lautnachahmungen sind bei Adjektiven nicht sehr zahlreich Vgl. auch unter Nomina, wo eine Reihe von Beispielen angeführt werden, die auch als Adjektive fungieren!
Diesem Typ folgen in der langue parlée courante übliche Adjektive wie bébête, foufou (fofolle), cucu(l), gaga, mimi, pépère, riquiqui, die oft der Kindersprache entstammen.

4. Verben

4.1. Wortbildungsarten

Verbalisierung:

N → V, A → V, V → V
N → V (pêche → pêcher, télégraphie → télégraphier, bouton → bouton(n)er)
A → V (brun → brunir, franc → affranchir)
V → V (trembler → trembloter, couper → coupailler).

Im heutigen System der Bildung französischer Verben sind folgende *Grundmodelle* von Stämmen vertreten:

M_4, M_5, M_6, M_7, M_8, M_9.

Im Gegensatz zum nominalen und adjektivalen Bereich, wo ein Großteil von Wörtern weitgehend unausgeprägt, d. h. nicht durch kategorial einordnende Wortbildungsmorpheme geprägt erscheint, ist der morphologische Charakter französischer Verben in allen ihren Formen (wenn wir von Imperativen mit Nullmorphem absehen: chante!) konstruiert. Jedes Verb erscheint also mindestens als aus einem Kern + Flexionsmorphem bestehend im Text. Simplizia wie bei Substantiven (pêche, table) existieren somit nicht im Verbbereich. Es handelt sich hier außerdem – im Vergleich z. B. zu nominalen und adjektivalen Wortbildungen – um ein geringes Affixinventar, aus dem für Neubildungen geschöpft werden kann. Damit treten also erhebliche Frequenzunterschiede in den Auswahlmöglichkeiten im Suffixbereich zutage. Die Suffixarmut ist für das französische Verb typisch. Das französische Verbalsystem verfügt heute einzig über die Flexionsmorpheme -er und -ir zur Bildung neuer Verben. Die Konjugationsklassen mit Endungen auf -oir und -re sind in dieser Hinsicht unproduktiv.
Verbalisierungen ohne besonderes Wortbildungsmorphem gibt es im Französischen nicht, denn ohne -er bzw. -ir entsteht kein Infinitiv. Die genannten Verbalendungen sind einerseits Flexionsmorpheme, wenn man sie im System der übrigen verbalen Flexionsformen betrachtet, andererseits aber kann man nicht umhin, sie als Suffixe innerhalb der Wortbildung anzusehen, da mit ihrer Hilfe Verbalisierungen realisiert werden.
Neben Verbbildungen mit den genannten Endungen treten auch Konstruktionen mit erweiterten Morphemen auf. Die ersten Bestandteile der Erweiterungen werden auch Infixe genannt. Im heutigen Französisch haben wir es mit folgenden erweiterten Suffixen zu tun:

-aill/er, -ass/er, -et/er, -ill/er, -in/er, -nich/er, -och/er, -onn/er, -ot/er, -ouill/er und -oy/er.

Es fällt auf, daß die Infixe allesamt mit der Endung -er kombiniert werden. Zur aufgezählten Gruppe gesellen sich noch die erweiterten Verbalsuffixe -iser und -ifier hinzu. Während die erstgenannten in der Mehrzahl der Fälle in Korrelation stehen zu parallelen Verben mit einfacher Verbalendung, stehen den letztgenannten keine Verben mit nichterweitertem Suffix zur Seite. Alle aufgeführten Infixe modifizieren nicht die morphologische Klasse der Basis.

4.2. Explizite Ableitung

4.2.1. Suffigierung

4.2.1.1. Morphologische Klassifizierung

Bei der Ableitung von Verben in synchronischer Sicht finden wir folgende *Typen* entsprechend ihrer Morphologie:
TN (TN_1) · S (S_1), TA (TA_1) · S. Beispiele für den ersten Typ: trouer, numéroter, conditionner. Beispiele für den zweiten Typ: bavarder, grossir, angliciser. Typ 3 TV (TV_1) · S (S_1) folgen solche Verben wie tirailler, chantonner und rêvasser.
Eine Vielzahl von Verben werden nach dem ersten morphologischen Schema konstruiert. Ein unmodifizierter Nominalstamm verbindet sich mit der produktiven Verbalendung -er: groupe → grouper, analog masquer, avantager, téléphoner. Dasselbe Muster dient auch zur Ableitung zahlreicher sekundärer Verben, deren Nominalstamm bereits konstruiert ist: sélectionner, réglementer, ornementer, tirebouchonner, photographier, rétrograder. Ein zweites Bildungsmuster weicht vom vorhergehenden dadurch ab, daß die Verbalendung ein erweitertes Suffix (-ifier, -iser) ist: atomiser, alcooliser, codifier, étatiser, planifier. Der Stamm kann ein gelehrtes Wurzelwort sein: fructifier, pétrifier, saponifier, vitrifier.
Beim zweiten Typ leiten sich die Verben aus Adjektivstämmen ab. Hier begegnen wir sowohl Ableitungen auf -er (bzw. -iser, -ifier) als auch auf -ir: aveugler, amplifier, brunir, calmer, contenter, grandir, légaliser, maigrir, rougir, salir.
Der dritte Typ folgt dem Schema Verbalstamm + Infix + Suffix: brumasser, écrivasser, pleuvasser, rêvasser; coupailler, criailler, rimailler, tirailler, toussailler; becqueter, tacheter, voleter; boitiller, détortiller, entortiller, fendiller, frétiller (< *afz* freter), mordiller, pendiller, pétiller, sautiller, tortiller; dod(el)iner, piétiner (< piéter), trottiner; pleurnicher; bavocher, flânocher; chantonner, griffonner, tâtonner; baisoter, buvoter, clignoter, grignoter, mangeo*tt*er, pianoter, suçoter, tapoter, tournicoter, toussoter, vivoter; mâchouiller; coudoyer (idiomatisiert), flamboyer, larmoyer, poudroyer, rougeoyer, tutoyer, vertoyer.
Die meisten der hier angeführten Verben sind von den entsprechenden Simplizia abgeleitet (tirailler < tirer). In einigen Fällen liegt sekundäre Ableitung vor nach einem Paradigma Substantiv → Verb (Simplex) → Verb (poudre → poudrer → poudroyer). Das Simplexverb ist noch im Altfranzösischen nachweisbar wie im vorliegenden Fall. Auch dort, wo kein einfaches Verb belegt ist, kann das Ableitungsmodell Substantiv → einfaches Verb → sekundäres Verb als Grundlage in synchroner Sicht angenommen werden. Hierzu zählen die Prägungen: becqueter (< bec), dod(el)iner (< dodo), coudoyer (< coude), frétiller (< afz freter),

foudroyer (< foudre), gambiller (< dial. gambe), guerroyer (< guerrir), larmoyer (< larme), marmonner (< onomat. marme), pianoter (< piano), toupiller (< toupie).
Die Verben détortiller, entortiller, effilocher sind parasynthetische Ableitungen. Ihre Zahl ist gering. Die Infixbildungen, denen ein Adjektivstamm oder Pronominalstamm zugrunde liegt, fallen nicht ins Gewicht: nettoyer, rougeoyer, tutoyer, verdoyer, vouvoyer.

4.2.1.2. Morphophonemische Gesetzmäßigkeiten

Bei der Ableitung der unter 4.2.1.1. genannten Verben sind neben den regelmäßigen Fällen wie grouper, codifier, atomiser folgende morphophonemische Veränderungen am Stammauslaut im Code oral u/od Code graphique zu beachten:

4.2.1.2.1. Nominalstämme

(1) Hörbarwerden eines gewöhnlich stummen Auslautes:
aviser, camper, marchander, pavoiser, poignarder, réglementer, serpenter; bei gleichzeitiger Alternanz des Vortonvokals [o]/[ɔ]: pivoter oder von d/t: pied → piéter, von [s] oder [z]: tracas → tracasser, aber pavois → pavoiser; ferner poix → poisser, cicatrice → cicatriser.
(2) Einschub des Bindekonsonanten t:
numéro → numéroter (bei gleichzeitiger Alternanz von [o]/[ɔ]), clou → clouter; auch bei anderen Graphemen: jus → juter; bisweilen Einschub von d: faisan → faisander.
(3) Alternanz der Grapheme x/ch (≙ phonetisch [Nullphonem]/[ʃ]): faux → faucher.
(4) Hinzufügung des Halbkonsonanten [j]:
balai → balayer, différence → différencier, ferner privilégier, remédier.
(5) Entnasalierung des auslautenden Vokals (≙ auf Graphemebene: Alternanz n/nn bei onn): bouton → boutonner, conditionner; jedoch assassiner, cancaner, destiner, planifier; seltener Graphemalternanz (a)in, oin/(a)ign, oign: clin → cligner, dédain → dédaigner, témoin → témoigner.
(6) Graphemalternanz eau/el (≙ phonetisch [o]/[ə]):
agneau → agneler.
(7) Phonologische Alternanz [ɛ]/[ə] oder Nullphonem:
dentelle → denteler, étiquette → étiqueter.
(8) Bei Verben auf -ifier und -iser Alternanz eur/or (≙ phonetisch [œ:R]/[ɔ:R]):
moteur → motoriser.
(9) Bei den gleichen Verbtypen Alternanz französischer Stamm/gelehrter Stamm:
fruit → fructifier, monnaie → monétiser, pain → panifier, saint → sanctifier, schéma → schématiser.
(10) Hörbarwerden des Endkonsonanten bei denselben Verbtypen:
expert → expertiser.

4.2.1.2.2. Adjektivalstämme

(1) Hörbarwerden der Endkonsonanten:
contenter, grossir, grandir.

(2) Alternanz f/v:
actif → activer, captif → captiver.

(3) Einschub des Bindekonsonanten t oder c (≙ phonetisch [t] oder [s]):
bleu → bleuter, dur → durcir, analog éclaircir, noircir.

(4) Alternanz ique/iser oder ique/ifier, el/aliser, aire/ariser, able (ible, uble)/abiliser, (ibiliser, ubiliser):
politique → politiser, analog électriser, électrifier, synchroniser; vulgaire → vulgariser, analog militariser, actualiser, imperméabiliser, rationaliser, sensibiliser, solubiliser.

(5) Entnasalierung des Endvokals bei folgenden Alternanzen [ɛ̃]/[a], [ɛ̃]/[i]:
humain → humaniser, latin → latiniser.

(6) Alternanz französischer Stamm/gelehrter Stamm:
anglais → angliciser.

Beim *Bildungstyp* V → V gibt es keine besonderen morphophonemischen Regeln zu beachten.

4.2.1.3. Semantische Beziehungen

4.2.1.3.1. Einfach suffigierte Verben

Unter den einfach suffigierten Verben lassen sich zunächst 2 große Gruppen ausmachen: die transitiven und die intransitiven Verben. Eine semantische Gruppenbildung ist u. E. bislang nicht versucht worden. Analog zu deutschen Verben lassen sich vorläufig unter semantischem Aspekt (s. Marchand, S. 286, Fleischer, S. 288!) grob folgende Hauptgruppen nach dem Transformationsprinzip aufstellen:

Typ I
Substantiv als effiziertes Objekt (etwas bezeichnend, was entsteht, hergestellt wird):
beurrer, bourgeonner, (se) caraméliser, cicatriser, étinceler, germer. Hier sind vor allem Verben auf -er vertreten. Dazu gehören auch Verben, die den Vorgang des Gebärens bezeichnen: agneler, chevreter, chatonner, chienner, cochonner, lapiner u. a.

Typ II
Substantiv als adverbiale Ergänzung:
(a) Ornativa („versehen mit"): clouter, marquer, armer, capitonner, gifler, honorer, huiler, sucrer, saler etc. Hierzu zählen auch präfigierte und parasynthetische Bildungen: cacheter, dé-, re-; armer, dés-, ré-; enchaîner, déchaîner; emmailloter, démailloter; empailler, ensabler etc.
(b) Instrumentale Verben: coller, faucher, filtrer, freiner, limer, masquer, marteler, pelleter, scier, balayer; auch parasynthetische Bildungen: accrocher, décrocher.
(c) lokative Verben: camper. Präfigierte und parasynthetische Bildungen: atterrir, amerrir, alunir, s'agenouiller, emmagasiner, enterrer etc.

(d) Privativa: écailler, écorcer; meist jedoch präfigierte oder parasynthetische Bildungen mit «dé»: débrider, décapsuler, déficeler, démasquer, dépaqueter; demotiviert ist dépouiller.

Typ III
Substantiv als objektbezogenes Prädikatsnomen:
alcooliser, esquisser, filmer, grouper, tyranniser, vitrifier.

Typ IV
Substantiv als subjektbezogenes Prädikatsnomen:
Qn. est copain ↔ il copine. Analog assassiner, témoigner.
Dieser Bildungstyp, der vor allem intransitive Verben hervorbringt, scheint im Französischen wenig ausgeprägt zu sein. Der umgekehrte Prozeß der Bildung von Personenbezeichnungen aus Verben ist dagegen viel häufiger.

4.2.1.3.2. Infixverben

Bei den *Infixen* (bzw. *erweiternden Suffixen*) handelt es sich nicht um Kategoreme, die die kategorielle Einordnung in die Wortklasse der Verben bestimmen, sondern um Modifikatoren, die die lexikalische Bedeutung des Stammes beeinflussen (modifizieren). Alle diese Verben weisen die unmittelbaren Konstituenten Verbalstamm/Infix/Suffix auf, denen die syntagmainterne Struktur „lexikalisch-denotative Bedeutung des Stammes/semantischer Modifikator/Kategorem" entspricht.
Diese deverbalen Verben lassen zwei größere Bedeutungsgruppen erkennen, die man gewöhnlich als Frequentativa (oder auch Iterativa) und als Diminutiva in der einschlägigen Literatur führt. Letztere können auch einen pejorativen (oft mit augmentativem Charakter) Wert annehmen. Dem frequentativen oder diminutiven Element entspricht in der Transformation die syntaktische Adverbialbestimmung «à plusieurs reprises» oder «un peu» bzw. «légèrement»:

il tremble légèrement ↔ il tremblotte
il tire à plusieurs reprises ↔ il tiraille.

Das pejorative Element hat seine Entsprechung im Adverb «mal»:

il mâche mal ↔ il mâchouille

bzw. in der Kombination von Pejorativem und Augmentativem (mal + beaucoup):

il crie beaucoup et mal ↔ il criaille.
-aill-: frequentativ + diminutiv: toussailler,
frequentativ + pejorativ: coupailler, écrivailler,
diminutiv: piailler (ohne Simplexverb),
pejorativ: courailler, discutailler, disputailler, rôdailler, tournailler, traînailler.
-ass-: diminutiv: brouillasser, brumasser, dormasser, pleuvasser,
pejorativ: écrivasser; idiomatisiert finasser,
pejorativ und augmentativ: traînasser.
-et-: diminutiv: becqueter (ohne Simplexverb), claqueter,

diminutiv und frequentativ: craqueter, feuilleter (ohne Simplex), marqueter, tacheter, voleter.

-ill-: diminutiv: boitiller, croustiller, fendiller, pendiller, sautiller,
diminutiv + frequentativ: détortiller, entortiller, frétiller, gambiller, mordiller, pétiller (idiomatisiert), pointiller, tortiller, toupiller.

-in-: diminutiv: dodeliner, pleuviner, trottiner,
diminutiv + frequentativ: piétiner.

-nich-: frequentativ + pejorativ: pleurnicher.

-och-: diminutiv: flânocher,
frequentativ: effilocher,
pejorativ: bavocher.

-onn-: diminutiv: chantonner, mâchonner, tâtonner (idiomatisiert),
pejorativ: marmonner (idiomatisiert), rognonner.

-ot-: diminutiv + frequentativ: clapoter, crachoter, picoter, tapoter, toussoter,
frequentativ: clignoter,
frequentativ + pejorativ: tournicoter, tourn*iqu*er,
diminutiv: baisoter, buvoter, chipoter (idiomatisiert), friso*tt*er, grignoter (idiomatisiert), mangeo*tt*er (+ pejorativ), pleuvoter, siffloter, suçoter, travailloter, trembloter,
pejorativ: vivoter,

-ouill-: pejorativ: mâchouiller, pendouiller,
diminutiv: grattouiller.

-oy-: Dieses Infix hat mehrere Funktionen:
faktitiv: nettoyer, larmoyer, guerroyer, ondoyer, poudroyer; idiomatisiert in: coudoyer, côtoyer, foudroyer,
inchoativ: rougeoyer, verdoyer,
augmentativ: flamboyer,
diminutiv + frequentativ: tournoyer.
Sonderfälle sind die Bildungen mit Pronominalstamm: tutoyer, vouvoyer.
Bei einigen Verben sind die Simplizia nicht (mehr) existent (guerroyer, foudroyer, larmoyer u. a.). Sie fügen sich jedoch in das gleiche produktive Modell ein.

Die Infixbildungen sind nicht mit solchen Verben zu verwechseln, die denominale oder deadjektivische Ableitungen darstellen, die also de facto kein Infix aufweisen: bougon → bougonner, étincelle → étinceler, analog die Verben fredonner, ronronner, ronchonner, tourbillonner, mouliner etc.

-is-, -ifi-: Diese beiden Infixe sind von den übrigen Infixen abzusetzen. Sie bilden durchweg Faktitiva ausgehend von Nominal- oder Adjektivbasen: atomiser, latiniser, rationaliser, sensibiliser, vaporiser; amplifier, codifier, pacifier, planifier, solidifier etc.

4.2.2. Präfigierung

Grundsätzlich werden hier nur solche präfigierten Verben erfaßt, zu denen auch die entsprechenden Simplizia existieren (vgl. 4.2.3.!), mit denen sie in Ableitungsrelation treten. Folgende Präfixe gehören in diesem Zusammenhang zu den relevanten Bildungselementen: a-, co-, contre-, dé-, é-, en-, entre-, inter-, mé-, pré-, re-, sous-, super- und sur-.

4.2.2.1. Morphologische Klassifizierung

Die folgende Übersicht erfaßt die wichtigsten *Strukturtypen*. Alle hier erwähnten Präfixverben sind sekundäre Ableitungen von präexistenten Verben.

a- mit Morphemvarianten ac-, af-, al-, as-, at-: accoupler, accréditer, affaiblir, agrandir, amaigrir, amollir, assécher, assombrir, attiédir.

co- mit Allomorphen com-, con-: coexister, cohabiter, cohériter, compénétrer, conjurer, coopérer, coopter, coordonner, coposséder.

contre-: contrebalancer, contrebattre, contrecoller, contredire, (se) contrefoutre (vulg.), contresigner; mit Bindestrich: contre-disposer, contre-indiquer, contre-manifester.

dé- mit Morphemvarianten dés-, des-: Débloquer, décentraliser, déchaîner, dégonfler, démonter, démoraliser, dénationaliser; wenn der Stamm mit Vokal beginnt, tritt das Allomorph dés- in Erscheinung: désaccoutumer, désarmer, déshabiller; vor mit «s» anlautendem Stamm Einschub eines «s» ohne phonetische Auswirkung, d. h. bei Bewahrung von /s/: dessaler, desserrer, desservir.

é-: ébourgeonner, écrémer, émincer, évider.

en-: enchérir encocher, endurcir, engerber, engrosser (vulg.), enherber; mit Morphemvariante em-: empoisser.

entre- (Zusammenschreibung oder Schreibung mit Apostroph oder Bindestrich): s'entraccorder, s'entr'admirer, s'entraider, s'entr'aimer, entr'apercevoir, entrebâiller, entrechoquer, s'entre(-)communiquer, s'entrecouper, entrecroiser, s'entre(-)déchirer, s'entre(-)dévorer, s'entr'égorger, entrefermer, s'entre(-)heurter, entrelacer, entrelarder, entre(-)luire, s'entre(-)manger, entremêler, s'entremettre, entrouvrir, s'entre(-)regarder, s'entre(-)tuer, entrevoir. Die Schreibweise tendiert allgemein zur Zusammenschreibung. Eine Reihe von Verben lassen auch die Schreibung mit Bindestrich oder – bei Vokalanfang des Simplex – mit Apostroph zu.

inter-: interchanger, interclasser, interconnecter, interpénétrer, interposer, interrompre, intersectionner, intervenir.

mé-: nicht mehr produktiv, aber noch aktiv. Méconnaître, mécontenter, médire, se méfier, se méprendre, mépriser; vor Vokalanlaut Morphemvariante més-: se mésallier, mésestimer; manche Verben begegnen nur noch in der langue écrite: mécompter, mécroire, méjuger, mésententer, messeoir, mésuser, mévendre.

pré-: précompter, prédestiner, prédéterminer, prédiposer, préétablir, préformer, présupposer.

re-: *morphophonemische Gesetzmäßigkeiten:* das Präfix hat mehrere Varianten. Ihre Distribution hängt vom Anlaut des Simplexverbes ab. Vor konsonantischem Anlaut des Stammes erscheint in der Regel re-: recoller, recommencer, recouvrir, recréer, recycler, redemander, redire, redresser, refroidir, refaire, relire. Die Variante ré- tritt- vor Vokalanlaut bzw. h: réabonner, rééduquer, réélire, réintégrer, réintroduire, réinventer, réorganiser, réutiliser; réhabiliter. Die Bewahrung des Lautes /s/ beim Stamm wird durch Verdoppelung des Graphems gewährleistet: ressaisir, ressortir, jedoch resaler.
Die Variante r- begegnet vor einer mit /a/ oder /ã/ anlautenden Basis (ramener, ramollir, raccorder, rappeler, rapporter, rapprendre, rassurer, raviver, ravoir; rembarquer, rendosser), vor «h» (rhabiller, aber réhabiliter) oder vor /ou/ (rouvrir neben réouvrir).
Es entwickelt sich eine Tendenz, bei Verben, die bereits mit Präfix «em» bzw. «en» oder Präfix «a» gebildet sind, Dubletten mit ré- und r- zu formen: rajuster/réajuster, rembarquer/réembarquer u. a. Dabei ist zu beobachten, daß die Form ré- bei jenen Verben überwiegt, deren Präfix noch motiviert ist. Viele der mit r- anlautenden Verben sind heute ohnehin nicht mehr durchsichtig für den Sprecher (ramasser, rapprocher, rassembler u. a.) bzw. haben zwei Homonyme ausgebildet, von dem eines unmotiviert (*rattacher* un mot à une racine), das andere motiviert (*rattacher* ses lacets) ist; ähnlich ramener, rappeler, rapporter. Mitunter ist ein Verb mit Präfixvariante ré- zur Bedeutungsdifferenzierung erforderlich: rassembler/réassembler, rassurer/réassurer.

sous-: generell durch Bindestrich mit dem Simplexverb gekoppelt. Sous-estimer, sous-évaluer, sous-exposer, sous-louer, sous-titrer.

sur-: surabonder, suralimenter, surcharger, surchauffer, surenchérir, surentraîner, suréquiper, surestimer, surévaluer, surexposer, surfaire, surimposer, surpayer, surproduire, surtaxer, survolter. Zusammenschreibung ist obligatorisch.

Bei den nachfolgenden Präfixen ist lediglich je eine Bildung vorhanden:

anté-: antéposer.
juxta-: juxtaposer.
post-: postposer; postdater scheint eher eine denominale Ableitung (< postdate).
super-: superposer.

4.2.2.2. Morphophonemische Gesetzmäßigkeiten

Morphophonemische Regeln der Präfixverben sind im gegebenen Fall unter dem voranstehenden Punkt behandelt.

4.2.3. Parasynthetika

Hier handelt es sich um Verben, die nur bei gleichzeitiger Anfügung eines Präfixes und eines Suffixes zustande gekommen sind. Von diesen Konstruktionen sind die echten Präfigierungen zu unterscheiden (vgl. 4.2.2.!). In der Fachliteratur werden beide Verfahren der Verbbildung häufig nicht getrennt. Diese Wörter bestehen also generell aus der Konstituente, die den Stamm verkörpert, und der diskontinuierlichen Konstituente, die sich in Präfix und Suffix (gegebenenfalls erweitertes Suffix) aufspaltet:

$P \cdot T\,(T_1) \cdot S\,(S_1)$.

4.2.3.1. Morphologische Klassifizierung

Unter den parasynthetischen Konstruktionen sind verschiedene Strukturen zusammengefaßt:

4.2.3.1.1. Denominale Ableitungen: *Typ* $P \cdot TN\,(TN_1) \cdot S\,(S_1)$.

Vertreten sind hier die Präfixe a-, en- und dé-:

> aboucher, affronter, agenouiller, aguerrir, alunir, amerrir, anordir, atterrir; embrigader, emmagasiner, empoussiérer, emprisonner, encapuchonner, endoctriner, endolorir, enraciner; dénazifier, dépoussiérer.

4.2.3.1.2. Deadjektivische Ableitungen *Typ* $P \cdot TA\,(TA_1) \cdot S\,(S_1)$.

Die verwendeten Präfixe sind: a-, é-, en-, re-. Als unmittelbare Konstituenten sind einmal der Adjektivstamm und zum anderen die Kombination aus Präfix und Suffix anzusehen: é/court/er. Dem Basismorphem -court- ist also in Linksstellung das Präfix é- und in Rechtsstellung das Suffix -er zugeordnet.
Diesem Strukturschema folgen z. B.:

> abrutir, accommoder, adoucir, affadir, affermir, affiner, affoler, affranchir, aggraver, ajuster, alléger, allonger, alourdir, amenuiser, amincir, amocher, amoindrir, annuler, anoblir, aplanir, aplatir, appauvrir, appesantir, approfondir, approprier, arrondir, assagir, assainir, assouplir, assourdir, assurer, attarder, attendrir, atténuer, attrister, avilir; éclaircir, éclairer, écourter, effaroucher, égayer, éloigner, élucider, émincer, épurer; embellir, empuantir, enchérir, engourdir, enhardir, enivrer, enjoliver, enlaidir, ennoblir, enrichir, ensanglanter; rafraîchir, rajeunir, ralentir, rasséréner.

4.2.3.1.3. Isolierte Bildungen

Von den vorangehenden Strukturen sind die nachfolgend genannten zu unterscheiden. Wir können davon ausgehen, daß es Wurzeln gibt, die auf der rechten Seite der syntagmatischen Achse nur dann aktualisieren, wenn sie gleichzeitig Kombinationen auf der linken Seite der Wurzel eingehen.
Diese Stämme sind isoliert (unikal). Die relative Motiviertheit solcher Konstruktionen beruht auf Oppositionen innerhalb der Verbbildungen: débarrasser/embarrasser, atteler/dételer, débaucher/embaucher. Bei «ébaucher», das etymologisch derselben Familie des letztgenannten Wortpaares angehört, ist die Motivation verlorengegangen. Ein analoges Verhältnis liegt vor bei dem Paar attacher/détacher (losmachen). Dieses «détacher» ist von seinem Homonym «détacher» zu trennen, das die Bedeutung von „von Flecken befreien" hat und anders motiviert ist.

4.2.3.2. In morphophonemischer Hinsicht sind gegenüber den unter 4.2.1.2. genannten Fällen keine Abweichungen zu erwähnen.

4.2.4. Syntagmainterne strukturelle und semantische Beziehungen bei Präfixverben und Parasynthetika

Von ihrer Bedeutungsstruktur her können die in den vorangehenden Abschnitten aufgeführten Präfixe in mehrere Gruppen aufgeteilt werden. Für alle synchronisch noch segmentierbaren Präfixverben und parasynthetischen Verben gilt die gleiche syntagmainterne Struktur: den unmittelbaren Konstituenten Präfix/Stamm/Suffix entspricht die syntagmainterne Struktur semantischer Modifikator/lexikalisch-denotative Bedeutung des Stammes/Kategorem.

4.2.4.1. a-, é-, em-, en-

Ihr aspektueller Wert ist faktitiv und inchoativ. Die Verben können transitiv und intransitiv sein:

rendre faible ↔ affaiblir, devenir laid ↔ enlaidir.

Die genannten Präfixe sind zu bloßen Ableitungsmorphemen geworden, ohne deutlichen semantischen Gehalt. Sie sind auf synchroner Ebene nicht mehr motiviert, sondern grammatikalisierte Elemente, die in Verbindung mit dem Verbalsuffix der Überführung von Adjektiv- oder Substantivbasen in die Verbklasse dienen:

adosser, accréditer, affronter, alunir, amerrir, atterrir, allonger, alourdir, amaigrir, assombrir, attrister; embellir, empuantir, enchérir, endurcir, engourdir, emprisonner, empailler, ensabler.

Die Präfigierung mit «é» weist weniger Beispiele auf. Die Stämme sind durchweg Adjektive:

éborgner, échauder, égayer, élargir, épurer.

Die Funktion des Transitivierungsmorphems findet sich bei a- in amaigrir, amollir, affaiblir und assécher. Außer der Transitivität weisen sie gegenüber ihren Simplizia maigrir, mollir, faiblir und sécher keinen Bedeutungsunterschied auf. Mit Ausnahme der erwähnten Verben unterscheiden sich die Verben in intransitiver Verwendung von den transitiven Verben nicht durch den Gegensatz von Nullpräfix und Präfix, sondern in der Mehrzahl der Fälle durch reflexive Transformation:

devenir doux ↔ s'adoucir; analog s'affoler, s'enivrer, s'épurer u. v. a.

Faktitive Verben aus Adjektiv- oder Nominalstämmen müssen nicht unbedingt präfigierte Verben sein. Sie können auch nach dem Muster Stamm/Verbalsuffix (-er, -ir, -iser) gebildet sein:

aigr(e) + -ir → aigrir, ebenso épaisser, maigrir, noircir, tiédir; centraliser, nationaliser; alarmer, masquer.

Die diachronische Perspektive erklärt die Morphemvarianten des Präfixes «a(d)» durch Assimilation (af-, ag-, al- etc.). Alle nach diesem Bildungsmuster geprägten Verben entstammen dem älteren oder ältesten Französisch und entsprechen lateinischen Wortbildungsmodellen. Es handelt sich um nicht mehr produktive, wohl aber noch aktive Bildungstypen.
Es ist zu beobachten, daß Verbalisierungen von Adjektivstämmen in größerer Zahl das Verbalsuffix -ir als -er aufweisen (von Farbadjektiven abgeleitete Verben ausschließlich).
Eine Vielzahl von faktitiven Verben mit substantivischer Basis steht in Korrelation mit den entsprechenden Verben mit antonymischem Präfix «dé(s)»:

accrocher/décrocher, embarquer/débarquer,
encaisser/décaisser, enterrer/déterrer,
emmailloter/démailloter, agrafer/dégrafer,
brider/débrider, boiser/déboiser.

Zu diesem Verhältnis zwischen positiven und negativen Faktitiva kann ein drittes iteratives Verb hinzutreten, wobei das Positivum durch ein Simplexverb oder ein Präfixverb vertreten ist:

habiller/déshabiller/rhabiller,
armer/désarmer/réarmer,
accoutumer/désaccoutumer/réaccoutumer,
enchaîner/déchaîner/renchaîner.

Einigen wenigen Verben mit dem Präfix en- bzw. em- liegt etymologisch die Bedeutung «loin de» zugrunde: enfuir, enlever, emmener, entraîner. Dieses Bildungsmuster ist nicht mehr produktiv.
Im Gegensatz zur Gruppe 4.2.4.1. haben die nachfolgenden Präfixe einen deutlichen semantischen Gehalt, der die Bedeutung des Grundmorphems modifiziert.

4.2.4.2. Die Präfixe anté-, inter-, juxta-, post-, super- und sur- verkörpern lokale Bedeutung. Anté ($\triangleq$ avant), juxta ($\triangleq$ à côté), post ($\triangleq$ après) sind nur in wenigen Bildungen nachweisbar, die zudem Fachterminologien angehören. Sie haben jedoch dort eine für den Sprecher durchsichtige, d. h. segmentierbare Struktur.

inter-: $\triangleq$ Präposition «entre» in einer syntaktischen Fügung. Inter- ist in einer größeren Zahl von Derivaten belegbar (vgl. 4.2.2.!). Nicht mehr motiviert ist dieses Präfix in intercaler, intercéder, intercepter, interférer, interpeller und interroger.

super- bzw. sur- $\triangleq$ au-dessus de in einer syntaktischen Fügung. Beispiele: superposer; surélever, surfiler, surnager, sursemer, survoler (vgl. auch 4.2.4.3.!).

sous-: sous-titrer, stärker demotiviert: souligner; Hierarchie (mit syntaktischer Entsprechung von «en second») beinhaltet dieses Suffix in sous-louer und sous-traiter.

4.2.4.3. Entre-, mal-, sous-, sur- und contre- sind intensivierende Präfixe. In erster Linie sind die Ableitungen mit dem antonymischen Präfixpaar sous- und sur- zu nennen.

sous-: ≙ trop peu. Sous-estimer, sous-évaluer, sous-exposer.

sur-: ≙ trop. Surchauffer, surentraîner, surestimer, surévaluer, surexposer, surpayer, surproduire, surtaxer. Die Bedeutung von lediglich etwas Zusätzlichem enthalten die Verben surenchérir und survolter. Ähnlich, nur stärker idiomatisiert, bei den Verben survenir und survivre. Im Unterschied zu den sur-Präfigierungen werden die mit sous- präfigierten Verben mit Bindestrich geschrieben.

entre-: ≙ adverbialer Wendung «à demi» in entrebâiller, entrefermer, entrouvrir und entrevoir.
Die Modalität der Wechselseitigkeit kommt in zahlreicheren Konstruktionen mit entre- zum Ausdruck: s'entraider, s'entrégorger, s'entremanger, s'entre(-)nuire, s'entre(-)tuer etc.
Die Bedeutung „enge Verbindung" spiegelt sich in den transitiven Verben entrecroiser, entrelacer und entremêler wider.

contre-: Den höchsten Grad beinhalten die drei Bildungen s'en contrebalancer, s'en contreficher, s'en contrefoutre, die der Vulgärsprache angehören.

mal-: dieses Präfix bewahrt bei Verben die Bedeutung des Adverbs «mal»: malmener, maltraiter; veraltet: malfaire, malverser.

4.2.4.4. In einer vierten Gruppe fassen wir die beiden Präfixe co- und pré- zusammen.

co-: ≙ avec in einer syntaktischen Konstruktion mit Umstandsbestimmung. Coexister, cohabiter, cohériter, coopérer, coopter, coordonner und in wenigen Lexemen mit den Allomorphen com- und con-: compénétrer, compisser, conchier.

pré-: drückt Anteriorität aus: précompter, préconcevoir, prédestiner, prédéterminer, prédisposer, préétablir u. a.

4.2.4.5. Contre-, dé-, mé-, re-. Die verbalen Derivate mit diesen Präfixen haben aspektuellen Wert.

contre-: Die Bedeutung von entgegengesetzter Handlung oder von aufhebendem Gegensatz (≙ Präposition «contre») hat dieses Präfix in einer Reihe von Verben: contrebalancer, contrebattre, contredire, contre-indiquer, contre-manifester, contre-peser, contre-plaquer, contresigner, contre-tirer. Mit derselben Bedeutung, jedoch von Substantiven abgeleitet: contre-attaquer, contremarcher, contreminer. Das Präfix anti- mit gleicher Bedeutung (antiparasiter) bzw. mit temporalem Inhalt (antidater) tritt in anderen Verben nicht auf. Beide Lexeme sind zudem von präfigierten Nominalstämmen abgeleitet.

dé(s)-: gibt Negation an. Wir finden deadjektivische Ableitungen (dégourdir, décentraliser, démoraliser, dénaturaliser) wie auch denominale Derivate (déboîter, décrasser, démancher, déménager, dépaqueter) sowie viele deverbale Ableitungen (désarmer, déboucher, décapsuler, décroître, désenchanter etc.).
Oft korrespondieren diese Verben mit Ableitungen, die präfigiert sind mit a-, en- (em-) oder re- (s. weiter oben!). Zahlreiche Neubildungen auf -iser

haben als Antonyme Derivate mit dem Präfix «dé(s)»: solidariser/désolidariser, nationaliser/dénationaliser, militariser/démilitariser, politiser/dépolitiser usw. In der Bedeutung „Beseitigung, Entfernen, Verrücken" ist dieses Präfix nicht so häufig und überdies nicht mehr produktiv: décolleter, défigurer, démembrer, dépayser, déplacer.

mé(s)-: heute nicht mehr produktiv, aber noch aktiv. Entspricht häufig dt. „miß". In Abhängigkeit vom semantischen Charakter der 2. Konstituente umfaßt die Bedeutung dieses Präfixes die Angabe des vom Normalen nach dem Negativem (Verkehrtem, Falschem, Schlimmem) Abweichenden, s. weiter oben! Eine Reihe der Präfigierungen ist veraltet oder literarisch.

r(e)- od ré-: ≙ de nouveau. Beinhaltet Wiederholung, z. B.: recoller, rapprendre. Mit «re» präfigierte Verben können oft in ein Dreierverhältnis zu Verben mit komplementärer Bedeutung gestellt werden, die den gleichen Stamm enthalten:

classer/déclasser/reclasser,
boiser/déboiser/reboiser,
cacheter/décacheter/recacheter (vgl. 4.2.2.1.!).

Dieses Präfix ist außerordentlich produktiv. Nicht alle potentiellen Möglichkeiten werden von den Wörterbüchern erfaßt.

Den Aspekt der Intensität finden wir in den Verben renfoncer (= enfoncer encore plus avant), redoubler, rehausser, recourber, ressentir; andere Verben wiederum können Wiederholung und Intensität ausdrücken: rejaillir (= 1. jaillir avec force, 2. atteindre en retour), analog reconsidérer, recreuser, remonter, repenser, resserrer u. a.

Der Bedeutung „Wiederholung" verwandt ist die von „zurück", die wir ausgeprägt finden in: rejeter, relancer, rentrer, revenir etc.

Nicht gering ist die Zahl der Verben, wo das Präfix nicht mehr motiviert ist. Sie sind dann identisch mit den Simplexverben:

affermir = raffermir, allonger = rallonger,
affiner = raffiner, amollir = ramollir,
enchérir = renchérir, enfermer = renfermer,
entrer = rentrer (in bestimmten Kontexten),
transmettre = retransmettre.

Manchmal ist die erweiterte Form die geläufigere der beiden synonymischen Verben: remplir = emplir, renchérir = enchérir u. a.

Andererseits können die präfigierten Verben gegenüber den Simplizia eine unterschiedliche Bedeutung haben: ramasser/amasser, constituer/reconstituter, unir/réunir.

4.3. Komposition

Die Frage, ob es in der Gegenwartssprache Komposita-Verben gibt, die als solche vom Sprecher synchron erkannt werden, ist nicht einfach zu beantworten. Auf jeden Fall gibt es im Französischen Komposita aus Substantiv + Verb, wie

saupoudrer, bouleverser, colporter, maintenir u. a., die nur in diachronischer Perspektive als Komposita bezeichnet werden können. Der Gegenwartssprecher erkennt in ihnen keine Konstruktionen mehr, die aus einer substantivischen Konstituente und einer verbalen Konstituente bestehen. Für ihn ist der Verbalstamm keinesfalls mehr konstruiert. Ein Fall wie chèvrechouter (s. Mitterand, S. 56!), zudem nicht im Wörterbuch registriert, muß als Sonderfall und als untypisch für die Gegenwartssprache gelten. In arc-bouter ist die zweite Konstituente als Verb nicht mehr geläufig (sie existiert nur noch als verdunkelte Konstituente in nominalen Komposita wie boute-en-train, boutefeu, bouteroue, boute-selle) und kann daher als nicht relevant außer acht gelassen werden. Ähnlich verhält es sich bei champlever, virevolter und claquemurer. Chantepleure, als Substantiv aus 2 verbalen Konstituenten entstanden, hat heute kein Verb mehr zur Seite stehen. Vermoulu, ursprünglich Partizip des untergegangenen Verbs vermoudre (ver + moudre), ist heute ein isoliertes Adjektiv.
Es gibt allerdings eine Gruppe von periphrastischen Verbbildungen, die den Zusammensetzungen sehr nahe stehen. Sie werden in der Fachliteratur einerseits als phraseologische Wendungen, andererseits aber auch, namentlich in neueren Arbeiten (s. Guilbert, Créativité, S. 261ff.!), als Komposita geführt. Eine eindeutige Zuordnung ist schwierig. Wir sehen uns hier einem Phänomen gegenüber, das seinen Ausdruck in einem schwer zu bestimmenden Übergang von der phraseologischen Verbindung zum Einzelwort (Kompositum) findet. In allen Fällen ist Getrenntschreibung noch üblich. Aber orthographische Kriterien können kein entscheidendes Kriterium sein für eine Klassifizierung, wie dies schon bei Komposita in anderen Bereichen deutlich wurde.
Diese periphrastischen Konstruktionen bestehen aus einer verbalen Konstituente – die Zahl der in Frage kommenden Verben ist beschränkt – und einem Nomen (meist ohne Artikel) oder einer Umstandsbestimmung (Präposition + Nomen). Man kann sie mit deutschen Bildungen wie achtgeben, danksagen, sauberhalten, teilnehmen, übelnehmen, zu Bette gehen, zugrunde gehen usw. vergleichen. Während es aber im Deutschen Bildungen mit Zusammenschreibung oder Getrenntschreibung gibt, sind im Französischen nur gleichgebaute Konstruktionen zu erkennen, d. h. beide Konstituenten werden getrennt geschrieben.
In semantischer Hinsicht ist die erste Konstituente (das Verb) eines Teils ihrer speziellen begrifflichen Merkmale (verglichen mit dem entsprechenden autonomen Verb) verlustig gegangen. Der semantische Hauptakzent liegt auf der zweiten Konstituente. Die Tatsache, daß diese verbalen Wendungen einen einzigen Begriff verkörpern, nähert sie den Komposita. Oft steht ihnen synonymisch ein einfaches Verb gegenüber:

tomber d'accord = s'entendre, mettre en terre = enterrer, prêter la main = aider usw.

Die periphrastischen Konstruktionen spiegeln gewöhnlich eine archaische syntaktische Struktur wider, was in der artikellosen Angliederung des Objekts an das Prädikat deutlich wird:

avoir faim, faire autorité, donner congé, prendre froid, tenir tête etc.

Auf der anderen Seite handelt es sich noch um unfeste, d. h. begrenzt trennbare

Verbindungen, da der Einschub von näheren Bestimmungen möglich ist, was bei Komposita ausgeschlossen ist:

j'ai eu *très* peur, vous avez *bien* tort, tu as *grand* faim etc.

Es gibt ferner syntaktische Beschränkungen (Unveränderlichkeit des Numerus der 2. Konstituente, Unmöglichkeit der Passivtransformation und des relativischen Anschlusses usw.), die sie mehr den Phraseologismen als den Komposita zugehörig erscheinen lassen (vgl. Rohrer, S. 187ff., sowie S. N. Levit, K probleme analitičeskogo slova!). Diese widersprüchlichen Eigentümlichkeiten unterstreichen die Tatsache, daß der Prozeß der ständigen Entwicklung von freien syntaktischen Fügungen über phraseologische Verbindungen zu Komposita noch nicht seinen Abschluß gefunden hat.
Die Zahl solcher periphrastischer Konstruktionen ist ziemlich umfangreich. Wir begnügen uns in diesem Rahmen mit wenigen typischen Wendungen, wobei wir nur die hauptsächlichen Verben anführen, die sich mit einer zweiten Konstituente verbinden:

avoir: avoir faim, avoir besoin, avoir envie; mit Artikel: avoir l'air, avoir le droit de; mit Teilungsartikel: avoir de la chance, avoir de la peine
donner: donner acte, donner envie, donner prise; mit Artikel: donner l'assaut, donner la chasse; mit Teilungsartikel: donner du plaisir, donner de l'embarras.
faire: faire face, faire front, faire route; mit Artikel: faire la cuisine, faire la tête; mit Teilungsartikel: faire du bien à, faire du mal à.
mettre: mettre en doute, mettre en état, mettre en marche; mettre à l'air, mettre au désespoir, mettre fin à.
prendre: prendre feu, prendre froid, prendre garde; mit Artikel: prendre la fuite, prendre la parole; mit Teilungsartikel: prendre de l'initiative, prendre du repos.
tenir: tenir compte, tenir lieu, tenir parole, tenir séance.

Weitere Verben, die weniger Konstruktionen aufweisen:

demander pardon, entrer en contact, garder rancune, porter remède, rendre compte, rendre grâce, savoir gré.

4.4. Onomatopoetika

Dem Wortbildungsprinzip der Onomatopöie folgen auch einige Verben, die Klangimitationen darstellen. Wir beschränken uns hier auf wenige Beispiele:

babiller, barboter, caqueter, coasser, couiner, chatouiller, dringuer, froufrouter, hurler, marmonner, murmurer, piaffer, vrombir u. a.

5. Adverbien

Hier werden nur die – bei synchroner Betrachtung der französischen Gegenwartssprache – für die Wortbildung relevanten adverbialen Bildungsweisen behandelt. Außer acht bleiben die sogenannten ursprünglichen (unabgeleiteten) Adverbien, wie bien, ici, là, mal, mieux usw.
Adverbien sind transformierbar nach folgendem Schema:

il a une marche prudente ↔ il marche prudemment.

Der einzige heute noch produktive Bildungstyp weist als unmittelbare Konstituenten auf:

Adjektivstamm (feminine Form)/Suffix (-ment)
oder symbolisiert: TA · S,
z. B. lente/ment, juste/ment, essentielle/ment, sociale/ment, jedoch gent*i*/ment und jol*i*/ment.

Das Suffix -ment spielt eine formative und funktionelle Rolle, d. h. es ist einzig und allein Kategorem; die lexikalische Bedeutung des Adverbs ist in seinem Stamm begründet.
Bei der Bildung von Adverbien sind eine Reihe von morphophonemischen oder orthographischen Regeln zu beachten:

(1) Alternanz -ant/-amment bzw. -ent/-emment: brillamment, épatamment, évidemment, négligemment, récemment, vaillamment usw., jedoch présente*ment*.
(2) Graphem û + ment (anstatt -uement): assidûment, continûment, crûment, goulûment, (in)congrûment, (in)dûment, nûment, aber éperdument, ingénument, résolument.
(3) Phonem /e/ (= Graphem é) + ment (anstatt -ement): aveuglément, communément, énormément, expressément, immensément, importunément, opportunément, précisément, profondément und einige andere.

Einem geschlossenen System, da kaum noch produktiv, gehören die Adverbien an, die von anderen Wortarten als Adjektiven abgeleitet sind: diablement (< Substantiv), nuitamment (idem), vachement (idem) neben okkasionellen Bildungen bei Schriftstellern, wie z. B. chattement (bei Theuriet), chiennement (bei L. Bloy), hommement (bei Balzac); bougrement (< Interjektion), fichtrement (idem); quasiment (< Adverb); aucunement (< Pronominaladjektiv), mêmement (idem).
Unproduktiv, aber z. T. noch durchsichtig für den Gegenwartssprecher sind folgende Bildungstypen, die hier in der Art der Abfolge ihrer unmittelbaren Konstituenten aufgeführt werden:

(1) Verb/Suffix -on(s): à califourchon, à croupetons, à reculons, à tâtons. Diese Derivate existieren bereits seit dem Mittelalter. Ihre Bildungsweise ist heute unproduktiv.

(2) Präposition/Adverb/Substantiv: à mi-chemin, à mi-jambe.
(3) Adjektiv + Nullmorphem (= maskuline Form des Adjektivs): laver chaud, payer cher, tu es tombé dur?, vous vous rasez électrique?, s'habiller jeune, tomber juste, tricoter lâche od serré, habiller large, chanter faux, habiller deux enfants pareil, commencer petit, ce stylo écrit noir, la nuit tombe sec.
Es handelt sich um Adjektive, die in adverbieller Funktion gebraucht werden und daher wie alle Elemente der Klasse Adverb invariabel sind. Der hauptsächliche Unterschied zwischen adjectifs invariés und ihren (meist möglichen) Varianten auf -ment besteht darin, daß zwischen dem adjectif invarié und dem Verb ganz enge semantische Beziehungen existieren, während die semantische Bindung zwischen adjectif adverbialisé (auf -ment) und dem Verb locker ist. Solche Gebrauchsweisen des Adjektivs haben sich nicht erst in der Gegenwartssprache herausgebildet, sie sind schon im älteren Französisch nachweisbar. Neuerdings haben diese Formen eine Erweiterung gefunden, namentlich in der Sprache der Reklame oder Politik:
votez communiste! cuisinez fin (oder sain)! achetez français! meublez moderne! u. a. (s. L.-O. Grundt, Etudes sur l'adjectif invarié, sowie die Rezension von J. Klare, in: BRPh, 1/1975, S. 220–21!).
(4) Wendungen mit Komposita: à brûle-pourpoint, à cloche-pied, à la croque au sel, à la dérobée, à l'emporte-pièce, à saute-mouton, à tire-larigot, à vau-l'eau, cahin-caha, d'arrache-pied, en porte à faux u. a.
(5) Reine Komposita: Adverb + Adverb (aussitôt, bientôt, ci-dessous, ci-dessus, tantôt); Präposition + Adverb (d'ailleurs, deçà, dedans, dehors, dessous); Präposition + substantiviertes Adverb + (Präposition) (au-dehors [de], en dessous [de]); Präposition + Substantiv (à côté, à la fois, à l'aveuglette, à part, autour, davantage, ensuite, par cœur, parfois); Präposition + Adjektiv (d'ordinaire, partout); Adjektiv + Substantiv (autrefois, longtemps, nulle part, toujours); Präposition + Adjektiv (à droite, à la légère); Verb + Infinitiv (peut-être); Partizip (maintenant, nonobstant); Verb + Substantiv («le geste l'arrêta pile», s. Petit Robert!).
(6) Sätze in der Funktion eines Adverbs: à-la-décrochez-moi-ça, à-la-va-comme-je-te-pousse.

Manche Adverbien haben onomatopoetischen Charakter (oft mit Reduplikation): à gogo, cahin-caha, dare-dare.
Ein abweichender Bildungstyp von Adverbien des Ortes (in der Mehrzahl der Beispiele) ist charakterisiert durch Präfigierung mit outre-. Dieses Präfix wird mit geographischen Bezeichnungen (ausgenommen outre mesure) zur Bildung von adverbialen Wendungen verknüpft:

outre-Atlantique, outre-Manche, outre-mer, outre-monts, outre-Rhin.

6. Übrige Wortarten

6.1. Numeralia *

Der Bereich der französischen Zahlwörter ist ein geschlossenes Inventar von Morphemen und Morphemkonstruktionen, das Neubildungen kaum zuläßt. Die Analyse der vorhandenen Bildungen interessiert hier nur insofern, als sie noch für den Sprecher durchsichtige Kombinationen von Morphemen sind.

6.1.1. Explizite Ableitung (Suffigierung)

-ième: dient zur Bildung der meisten Ordinalzahlen: deuxième, dixième, centième, troisième (vgl. auch Pronomina!). Relativ neu ist die Bildung «ennième» oder «énième», die der mathematischen Terminologie angehört und „unbestimmte Größe“ ausdrückt (= dt. x-te(r)).

-uple: remotiviert wurden einige Vervielfältigungszahlen, die dem Lateinischen direkt entlehnt sind: quadruple, quintuple, centuple und n-tuple (= dt. x-fach).

Eng mit den Zahlwörtern korrelieren einige substantivische oder adjektivische Derivate bzw. Komposita:

sexagénaire, millénaire; dizaine, quinzaine; quatrain; bilingue, monosyllabe, uniforme usw.

Sie werden bei den Nomina und Adjektiven behandelt.

6.1.2. Komposition

Dem Bildungstyp, der zwei Adjektive (s. dort!) ohne Verbindungswort miteinander kombiniert, entsprechen bei den Kardinalzahlen die Zehner:

dix-huit, vingt-trois etc.

Der Bindestrich steht hier für die gelöschte Konjunktion «et» (man vergleiche z. B. vingt et un = 21!).
Anderer Art sind die Sequenzen, in denen Einer den Zehnern vorangehen:

quatre-vingts, trois cents, quatre mille.

---

* Auf Grund typischer Wortbildungselemente, die unter den «numéraux» anzutreffen sind, haben wir dieselben – entgegen den Einteilungsprinzipien französischer Grammatiken – als besondere Gruppe herausgestellt.

Hier kennzeichnet die Komposition „Vervielfältigung". Auch die Kombination von Suffigierung und Komposition begegnet bei den Ordinalzahlen:

le deux cent vingt-septième jour de l'année, trente et unième u. a.

6.2. Pronomen

Eux-mêmes, quelqu'un, pas un, celui-ci, ceci, auquel, quelque chose, grand-chose, n'importe qui, nous autres, quoi que sind Lexikalisierungen, die ihrer Struktur nach Komposita bzw. Agglomerationen von syntaktischen Verbindungen (n'importe qui) sind. Nach dem Modell der Ordinalzahlen (Suffigierung) ist das Interrogativum «combientième» gebildet.

6.3. Präpositionen und Konjunktionen

Die meisten Präpositionen und Konjunktionen, die etymologisch als Komposita analysiert werden können, sind für den Sprecher von heute monomorphematische, d. h. nicht mehr segmentierbare Einheiten:

parmi, pendant, nonobstant, envers, par-dessus, par-devant, cependant, pourtant, néanmoins.

Dagegen gibt es einige präpositionale und konjunktionale Wendungen, deren Motiviertheit dem Sprachbenutzer bewußt ist oder, mit anderen Worten, deren Bedeutung aus den konstitutiven Elementen erschlossen werden kann. Dazu gehören:

à cause de, à l'exception de, de crainte de, de devant, en faveur de, grâce à, loin de, z. B.: cet incident date *d'avant* mon retour.
Ferner comme si, aussitôt que, à condition que u. a.

6.4. Interjektionen

Neben den einfachen Interjektionen (ah!, allô!, chut!, fi!, zut!) gibt es Wendungen, die ihrer Struktur nach Zusammensetzungen darstellen (allons!, mon Dieu!, ma parole!). Da sie jedoch hinsichtlich ihrer Konstituenten gegenüber den Derivaten (z. B. allons!) nichts Abweichendes enthalten bzw. Aneinanderreihungen gemäß syntaktischen Verknüpfungen (mon Dieu!) darstellen, braucht hier nicht weiter in Einzelheiten gegangen zu werden. Solche Bildungen können übrigens auch als Konversionen angesehen werden. Ausgangspunkt für die entsprechenden Konversionen können sein: Substantive (pardon!), Adjektive (bon!), Adverbien (arrière!), Verben (suffit!) und ganze Sätze (ça y est!).

7. Literaturverzeichnis

7.1. Allgemeine Thematik und Einzelstudien

Allières, J., La formation de la langue française. Paris 1982.

Aronoff, M., Word Formation in Generative Grammar. Cambridge, Mass., 1976.

Augst, G., Lexikon zur Wortbildung. Morpheminventar. Bd. 1–3. Tübingen 1975.

Baldinger, K., Kollektivsuffixe und -begriff. Ein Beitrag zur Bedeutungslehre im Französischen mit Berücksichtigung der Mundarten. Berlin 1950.

Bally, Ch., Traité de stylistique française. 2 vol. Genève/Paris 1951³.

Banaru, V. I. und A. Ja. Alekseev, Funkcional'naja korrelacija glagol-imja vo francuzskom jazyke. Kišinev 1975.

Barz, I., Nomination durch Wortbildung. Leipzig 1988.

Bauer, L., English Word-Formation. London 1983.

Baylon, Chr./Fabre, P., Les noms de lieux et de personnes. Paris 1982.

Benveniste, E., Formes nouvelles de la composition nominale, in: Bulletin de la Société de Linguistique de Paris, 1966, t. LX, fasc. 1, 82–95.

–, Fondements syntaxiques de la composition nominale, in: Bulletin de la Société de Linguistique de Paris, 1967, t. LXII, fasc. 1, 15–31.

Bergenholtz, H./Mugdan, J., Einführung in die Morphologie. Stuttgart 1979.

Behrens, F., Umschreibung der Adverbialbildung durch die Verbindung Substantiv mit Präposition im Französischen. Göttingen 1915.

Berschin, H./Felixberger, J./Goebl, H., Französische Sprachgeschichte. München 1978.

Bierbach, M., Les composés du type portefeuille. Essai d'analyse historique, in: TraLiLi, 1983, XXI 1, 137–155.

–, Die Verbindung von Verbal- und Nominalelement im Französischen. Tübingen 1982.

Bierwisch, M., Über den theoretischen Status des Morphems, in: Studia Grammatica 1, Berlin 1965, 51–89.

Blümel, A., Von »abat-jour« bis »Zeitvertreib«, in: Die Neueren Sprachen, NF 14, 1965, 82–87.

Bork, H. D., Die lateinisch-romanischen Zusammensetzungen Nomen + Verb und der Ursprung der romanischen Verb-Ergänzung-Komposita. Bonn 1990.

Bornschier, M., Die Verbalpräfixe im Französischen und Deutschen, Zürich 1971.

Bourquin, J., La dérivation suffixale (théorisation et enseignement) au XIXe siècle. 2 vol. Lille-Paris 1980.

Brekle, H./Kastovsky, D. (eds.), Perspektiven der Wortbildungsforschung. Bonn 1977.

Brunot, F./Bruneau, Ch., Histoire de la langue française des origines à nos jours. Paris 1905–1953, t. I–XIII, 1re éd.; Paris 1966–1968, t. I–XIII, 2e éd.; Antoine, G. et R. Martin, Paris 1985, t. XIV.

Calvet, L.-J., Les sigles. Paris 1980.

Caput, J.-P., La language française: histoire d'une institution. 2 t., Paris 1972, 1975.

Chaurand, J., Histoire de la langue française. Paris 1969.

–, Introduction à l'histoire du vocabulaire français. Paris 1977.

Chaurand, J./Mazière, F. (eds.), La définition. Paris 1990.

Chomsky, N., Some Concepts and Consequences of the Theory of Government and Binding. Cambridge, Mass., 1982.

Cohen, M., Histoire d'une langue: le français. Paris 1967[3].
Corbin, D., La formation des mots: structures et interprétations. Introduction, in: Lexique 10, 1991.
–, Morphologie dérivationnelle et structuration du lexique. 2 vol. Tübingen 1987.
Coseriu, E., Die lexematischen Strukturen, in: Sprache, Strukturen und Funktionen. Tübingen 1970, 159–179.
–, Einführung in die strukturelle Betrachtung des Wortschatzes. Tübingen 1970.
Dardano, M., La formazione delle parole nell'italiano di oggi. Roma 1978.
Darmesteter, A., De la création actuelle de mots nouveaux dans la langue française et des lois qui la régissent. Paris 1877.
–, La vie des mots étudiés dans leurs significations. Paris 1887.
–, Traité de la formation des noms composés. Paris 1894[2].
Debaty-Luca, I., Théorie fonctionnelle de la suffixation (appliquée principalement au français et au wallon du Centre). Paris 1986.
Deroy, L., L'emprunt linguistique. Paris 1956.
Désirat, C./Hordé, T., La langue française au XXe siècle. Paris 1983.
Dingel, I., Beobachtungen zur Entwicklung des französischen Vokabulars: Petit Larousse 1968 – Petit Larousse 1981. Frankfurt am Main/Bern 1987.
Dokulil, M., Zur Theorie der Wortbildungslehre, in: Wiss. Ztschr. der KMU. Leipzig 1968, 2/3, 203–211.
Droixhe, D., Histoire de la langue française. Bruxelles 1987.
Dubois, J., Etude sur la dérivation suffixale en français moderne et contemporain. Paris 1962.
–, Grammaire structurale du français: la phrase et ses transformations. Paris 1969.
–, Le vocabulaire politique et social en France de 1869 à 1872. A travers les œuvres des écrivains, les revues et les journaux. Paris 1962.
Dubois, J./Guilbert, L./Mitterand, H./Pignon, J., Le mouvement du vocabulaire français de 1949 à 1960 d'après un dictionnaire d'usage, in: Le Français Moderne, avril 1978, 86–106; juillet 1978, 196–210.
Ducháček, O., Précis de sémantique française. Brno 1967.
Erben, J., Einführung in die deutsche Wortbildungslehre. Berlin 1983[2].
Eschmann, J., Die Numerusmarkierung des Substantivs im gesprochenen Französisch. Tübingen 1976. (Beiheft 158 zur ZRPh).
Etiemble, R., Parlez-vous franglais? Paris 1964.
Ettinger, S., Diminutiv- und Augmentativbildung. Regeln und Restriktionen. Tübingen 1974.
–, Form und Funktion in der Wortbildung. Tübingen 1980[2].
Fleischer, W., Wortbildung der deutschen Gegenwartssprache. Leipzig 1969.
François, A., Histoire de la langue française cultivée des origines à nos jours. 2 vol. Genève 1959.
Gauger, H.-M., Durchsichtige Wörter. Zur Theorie der Wortbildung. Heidelberg 1971.
–, Untersuchungen zur spanischen und französischen Wortbildung. Heidelberg 1971.
Geckeler, H. (ed.), Strukturelle Bedeutungslehre. Darmstadt 1978.
–, Strukturelle Semantik des Französischen. Tübingen 1973.
Giraud, J./Pamart, P./Riverain, J., Les mots dans le vent. Paris 1971.
–, Les nouveaux mots dans le vent. Paris 1974.
Giurescu, A., Les mots composés dans les langues romanes. The Hague/Paris 1975.
Goga, E., Lexicologie romanică (lexic profesional). București 1976.
Goosse, A., La néologie française aujourd'hui. Paris 1975.
–, Mélanges de grammaire et de lexicologie françaises. Louvain-la-Neuve 1991.

Gougenheim, G., Les mots français dans l'histoire et dans la vie. 3 tomes. Paris 1963–1975.
Grive-Schumacher, M., Die Nominalkomposition im Französischen. Winterthur 1960.
Gruaz, C., La dérivation suffixale en français contemporain. Rouen 1988.
Grundt, L.-O., Etudes sur l'adjectif invarié en français. Bergen/Oslo/Tromsö 1972.
Gsell, O., Gegensatzrelationen im Wortschaft der romanischen Sprachen. Tübingen 1979.
Guilbert, L., La créativité lexicale. Paris 1975.
Guiraud, P., Le français populaire. Paris 1965.
–, L'argot. Paris 1956.
–, Les gros mots. Paris 1975.
–, Les locutions françaises. Paris 1962².
–, Les mots étrangers. Paris 1967.
–, Les mots savants. Paris 1968.
–, Structures étymologiques du lexique français. Paris 1967.
Haensch, G./Lallemand-Rietkötter, A., Wortbildungslehre des modernen Französisch. München 1972.
Hansen, B./Hansen, K./Neubert, A./Schentke, M., Englische Lexikologie. Einführung in Wortbildung und lexikalische Semantik. Leipzig 1985².
Hasselrot, B., Etudes sur la formation diminutive dans les langues romanes. Uppsala 1957.
–, Etude sur la vitalité de la formation diminutive française au XXᵉ siècle. Stockholm 1972.
Heinimann, S., Die italienischen Imperativkomposita, in: ASNS 186, 1948, 136–143.
–, Les mots déformés et abrégés en -o dans l'argot, dans le langage populaire et dans la langue commune, in: Mélanges de linguistique et de littérature romanes offerts à Mario Roques. Bade/Paris 1952, vol. 2, 151–163.
Henzen, W., Deutsche Wortbildung. Tübingen 1965³.
Hilty, G., Langue Française. Phonétique, morphologie, syntaxe. Différences de structure entre le français et l'allemand. Zürich 1975.
–, Sémantique et formation des mots, in: TRANEL 5 (1983), 85–104.
Höfler, M., Zur Integration der neulateinischen Kompositionsweise im Französischen, dargestellt an den Bildungen auf -(o)manie, -(o)mane. Tübingen 1972.
Iordan, L./Bahner, W., Einführung in die Geschichte und Methoden der romanischen Sprachwissenschaft. Berlin 1962.
Kerbrat-Orecchioni, C., La connotation. Lyon 1977.
Kesselring, W., Die französische Sprache im 20. Jahrhundert. Charakteristik – Tendenzen – Probleme. Tübingen 1970.
Kilani-Schoch, M., Introduction à la morphologie naturelle. Berne 1988.
Kiparsky, P., Lexical morphology and phonology, in: Yang, I. S. (ed.), Linguistics in the morning calm. Seoul 1982.
Kjellman, H., Mots abrégés et tendances d'abréviation en français. Uppsala 1920.
Klein, H.-W., Schwierigkeiten des deutsch-französischen Wortschatzes. Germanismen – Faux Amis. Stuttgart 1968.
Knauer, K., Vulgärfranzösisch. Charakterzüge und Tendenzen des gegenwärtigen französischen Wortschatzes. München 1954.
Kocourek, R., La langue française de la technique et de la science. Wiesbaden 1982.
Körner, K.-H., Einführung in das semantische Studium des Französischen. Darmstadt 1977.
Kreuzer, K., Der Typus Guardavalle (Schauinsland) in den romanischen Sprachen. Tübingen 1967.

Kühnhold, I./Wellmann, H., Deutsche Wortbildung: Typen und Tendenzen in der Gegenwartssprache. 1. Das Verb. Düsseldorf 1973.
Kurschildgen, E., Untersuchungen zu Funktionsveränderungen bei Suffixen im Lateinischen und Romanischen. Bonn 1983.
Lang, M. F., Spanish Word Formation. Productive Derivational Morphology in the Modern Lexis. London and New York 1990.
Lebel, P., Les noms de personnes. Paris 1962.
Leopold, S.-A./Mauritz, I., Traité de la formation des mots en français. Groningen 1965[3].
Levit, Z. N., K probleme analitičeskogo slova v sovremennom francuzskom jazyke. Minsk 1968.
Lévite, S. N., Cours de lexicologie française. Minsk 1963.
Lexikon der germanistischen Linguistik (LGL). Tübingen 1973.
Lieber, R., On the organisation of the lexicon. M.I.T., Indiana University Linguistics Club 1981.
Lipka, L./Günther, H. (eds.), Wortbildung. Darmstadt 1981.
Lombard, A., Les constructions nominales dans le français moderne. Uppsala/Stockholm 1930.
Lopatnikova, N. N./Movchovitch, N. A., Précis de lexicologie du français moderne. Moscou 1958.
Lüdtke, J., Prädikative Nominalisierungen mit Suffixen im Französischen, Katalanischen und Spanischen. Tübingen 1978. (Beiheft 166 zur ZRPh).
Lyons, J., Einführung in die moderne Linguistik. München 1972.
Marchand, H., Die Ableitung deadjektivischer Verben im Deutschen, Englischen und Französischen, in: IF 74, 1969, 155–173.
–, Die Ableitung desubstantivischer Verben mit Nullmorphem im Englischen, Französischen und Deutschen, in: Die neueren Sprachen 10, 1964, 105–118.
Marouzeau, J., Composés à thème verbal, in: Le Français Moderne 20, 1952, 81–86.
Martin, R., Inférence, antonymie et paraphrase. Paris 1976.
Martinet, A., Le mot, in: Problèmes du langage. Paris 1966, 33–53.
Matoré, G., Histoire des dictionnaires français. Paris 1968.
Matthews, P. H., Morphology: An Introduction to the Theory of Word Structure. Cambridge 1974.
Mayerthaler, W., Studien zur theoretischen und zur französischen Morphologie. Tübingen 1977.
Meinicke, M., Das Präfix Re- im Französischen. Weimar 1904.
Messner, D., Einführung in die Geschichte des französischen Wortschatzes. Darmstadt 1977.
–, Essai de lexicochronologie française. Salzburg 1975.
Meunier, L.-F., Les composés qui contiennent un verbe à un mode personnel en latin, en français, en italien et en espagnol. Paris 1875.
Meyer-Lübke, W., Historische Grammatik der französischen Sprache. 2. Wortbildungslehre. Heidelberg 1966[2].
Mitterand, H., Les mots français. Paris 1965[2].
Möhle, D., Das neufranzösische Adjektiv. Wortinhalt und sprachliche Leistung. München 1968.
Motsch, W., Zur Stellung der Wortbildung in einem formalen Sprachmodell, in: Studia Grammatica I. Berlin 1965, 31–50.
Müller, B., Le français aujourd'hui. Paris 1985.
Muller, Ch., Initiation à la statistique lexicale. Paris 1977.
Naumann, B., Wortbildung in der deutschen Gegenwartssprache. Tübingen 1972.

Neumann, W. (ed.), Theoretische Probleme der Sprachwissenschaft. 2 Bde. Berlin 1976.
Nyrop, K., Grammaire historique de la langue française. 3. Formation des mots. Copenhague/Paris 1936².
Ohnheiser, I., Wortbildung im Sprachvergleich. Russisch-Deutsch. Leipzig 1987.
Olsen, S., Wortbildung im Deutschen. Stuttgart 1986.
Osthoff, H., Das Verbum in der Nominalcomposition im Deutschen, Griechischen, Slavischen und Romanischen. Jena 1878.
Paepcke, F., Die französischen Nominalkomposita. München 1946.
Peter, M., Über einige negative Präfixe im Modernfranzösisch als Ausdrucksmittel für die Gegensatzbildung. Bern 1949.
Peytard, J., Recherches sur la préfixation en français contemporain. 3 tomes. Lille/Paris 1975.
Pichon, E., Les principes de la suffixation en français. Paris 1942.
Picoche, J., Précis de lexicologie française. Paris 1977.
Picoche, J./Marchello-Nizia, C., Histoire de la langue française. Paris 1989.
Pottier, B., Systématique des éléments de relation. Paris 1962.
Price, G., The French Language: Present and Past. London 1971.
Quemada, B., Les dictionnaires du français moderne (1539–1863). Etude sur leur histoire, leurs types et leurs méthodes. Paris 1967.
Reinheimer-Rîpeanu, S., Les dérivés parasynthétiques dans les langues romanes: roumain, italien, espagnol, français. The Hague/Paris 1974.
Rettig, W., Sprachliche Motivation. Zeichenrelationen von Lautform und Bedeutung am Beispiel französischer Lexikoneinheiten. Frankfurt am Main/Bern 1981.
Rey, A., La lexicologie. Paris 1970.
–, La terminologie. Paris 1979.
Rickard, P., Geschichte der französischen Sprache. Tübingen 1977.
Ricken, U. (ed.), Einführung in die französische Lexikologie. Halle 1983.
Rohrer, Chr., Die Wortzusammensetzung im modernen Französisch. Tübingen 1977².
Rosetti, A., Le mot. Esquisse d'une théorie générale. Copenhague/Bucarest 1947².
Rostaing, Ch., Les noms de lieux. Paris 1965.
Sandmann, A. J., Wortbildung im heutigen brasilianischen Portugiesisch. Bonn 1986.
Sauvageot, A., Portrait du vocabulaire français. Paris 1964.
Scalise, S., Generative morphology. Dordrecht/Cinnaminson 1984.
Schapira, C., Les noms composés „Verbe + Objet Direct", in: TraLiLi XX, 1, 271–282.
Schifko, P., Aspekte einer strukturalen Lexikologie. Bern 1977.
Schippan, T., Einführung in die Semasiologie. Leipzig 1972.
Schmitt, Chr., Sondersprachen, in: Lexikon der Romanistischen Linguistik (LRL). Bd. V,1. Französisch. Tübingen 1990, 283–307.
Schwarze, Chr./Wunderlich, D. (eds.), Handbuch der Lexikologie. Königstein/Ts. 1985.
Sciullo, A.-M. di/Williams, E., On the definition of word. Cambridge, Mass., 1987.
Selkirk, E., The syntax of words. Cambridge, Mass., 1982.
Serébrennikow, B. A. (ed.), Allgemeine Sprachwissenschaft. Bd. 2. Berlin 1975.
Sergijewskij, M. W., Geschichte der französischen Sprache. München 1979.
Simionică, I., Limba franceză contemporană. Lexicologie. Bucureşti 1970.
Söll, L., „Shampooing" und die Integration des Suffixes „-ing", in: Verba et vocabula. Ernst Gamillscheg zum 80. Geburtstag. München 1968, 565–578.
Spratte, H., Französische Komposita vom Typ „abat-jour". Morphologische, syntaktische, semantische Strukturen. Kassel 1979.
Staib, B., Antonymische Relationen bei sekundären Verben, in: Stimm, H./Raible, W. (eds.), Zur Semantik des Französischen. ZfSL Beih. NF 9 (1983), 80–91.

–, Generische Komposita. Funktionelle Untersuchungen zum Französischen und Spanischen. Tübingen 1988.
Stehli, W., Die Femininbildung von Personenbezeichnungen im neuesten Französisch. Bern 1949.
Stein, G., Primäre und sekundäre Adjektive im Französischen und Englischen. Tübingen 1971.
Štejnberg, N. M., Affiksal'noje slovoobrazovanije vo francuzskom jazyke. Suffiksacija i prefiksacija. Leningrad 1976.
Stepanowa, M. D., Methoden der synchronen Wortschatzanalyse. Halle 1973.
Thiele, J., La formation des mots en français moderne. Montréal 1987.
–, Zu theoretischen Positionen und Aufgaben der französischen Wortbildungsforschung, in: ZPSK 29, 5/6, 1976, 601–603.
Timeskova, I. N./Tarchova, V. A., Essai de lexicologie du français moderne. Leningrad 1967.
Tollemache, S. J. F., Le parole composte nella lingua italiana. Roma 1945.
Ullmann, S., Précis de sémantique française. Berne 1965[3].
Wagner, M. L., Historische Wortbildungslehre des Sardischen. Bern 1952.
Wagner, R. L., Les vocabulaires français. 2 tomes. Paris 1967/70.
Wandruszka, U., Französische Nominalsyntagmen. Relationsadjektivkonstruktionen. Substantiv-Substantiv-Komposita. Präpositionssyntagma. München 1972.
–, Probleme der neufranzösischen Wortbildung. Tübingen 1976.
Wartburg, W. von, Evolution et structure de la langue française. Berne 1965[7].
Weber, M., Contributions à l'étude du diminutif en français moderne. Essai de systématisation. Zürich 1963.
Wellmann, H., Deutsche Wortbildung: Typen und Tendenzen in der Gegenwartssprache 2. Das Substantiv. Düsseldorf 1975.
Williams, E., On the notions „lexically related" and „head of a word", in: Linguistic Inquiry 12-2, 1981, 245–274.
Wolf, H. J., Die Bildung der französischen Ethnica (Bewohnernamen). Genf/Paris 1964.
–, Französisch -ache, -iche, -oche, -uche, in: Philologische Studien für Joseph M. Piel. Heidelberg 1969, 224–234.
–, Französische Sprachgeschichte. Heidelberg/Wiesbaden 1991[2].
Wunderli, P., Die Strukturen der Wortbildungen mit „avant-", in: Höfler, M. et al. (ed.), Festschrift Kurt Baldinger zum 60. Geburtstag. Bd. 1. Tübingen 1979, 330–360.
–, Französische Lexikologie. Einführung in die Theorie und Geschichte des französischen Wortschatzes. Tübingen 1989.
Zgusta, L., Manual of lexicography. Praha 1971.
Zumthor, P., Abréviations composées. Amsterdam 1951.
Zwanenburg, W., Productivité morphologique et emprunt. Amsterdam/Philadelphia 1983.
–, Wortbildungslehre/Formation des mots, in: Lexikon der Romanistischen Linguistik (LRL). Bd. V,1. Tübingen 1990, 72–77.

7.2. Wörterbücher und Zeitschriften

Baudry, H., Dictionnaire d'abréviations françaises et étrangères. Paris 1951.
Dauzat, A., Dictionnaire étymologique des noms de famille et des prénoms de France. Paris 1951.

Dauzat, A./Dubois, J./Mitterand, H., Nouveau dictionnaire étymologique. Paris 1964.
–/Rostaing, Ch., Dictionnaire étymologique des noms de lieux en France. Paris 1963.
Esnault, G., Dictionnaire historique des argots français. Paris 1965.
Gilbert, P., Dictionnaire des mots nouveaux. Paris 1971.
Grand Larousse de la Langue Française, sous la dir. de Guilbert, L./Lagane, R./Niobey, G., vol. 1–7. Paris 1971–78.
Juilland, A., Dictionnaire inverse de la langue française. London/Paris 1965.
Le Grand Robert de la Langue Française. 9 vol. Paris 1985.
Le Trésor de la Langue Française, vol. 1–14. Paris 1971–1990.
Martinet, A. (sous la dir. de), Le Langage. Paris 1968.
Parčevski, C. (sous la dir. de), Dictionnaire des abréviations de la langue française. Moscou 1968.
Pottier, B. (sous la dir. de), Le Langage. Paris 1973.
Rongus, O., Le Rongus. Dictionnaire international des sigles. Paris 1973.
Wartburg, W. von, Französisches Etymologisches Wörterbuch (F.E.W.). Leipzig/Tübingen/Basel/Paris seit 1921.

Cahiers de lexicologie. Paris 1959 ff.
La Banque des mots. Paris 1971 ff.
Langages. Paris 1966 ff.
Langue Française. Paris 1969 ff.
Le Français Moderne. Paris 1933 ff.
Lexique. Publication thématique annuelle. Lille 1982 ff.
Mots. Saint-Cloud 1980 ff.
Studia Grammatica I, Berlin 1965. XV, Berlin 1977.
Quemada, B. (sous la dir. de), Matériaux pour l'histoire du vocabulaire français. – Datations et documents lexicographiques. 1re série. Paris 1959–1965, vol. A–C; 2e série. Paris 1970–88, vol. 1–31.
Travaux de linguistique 23, 1991. Louvain-la-Neuve. (Actes du Colloque de lexicologie française „Où en sont les études sur le lexique? Bilan et perspectives" du 21 au 23 mars 1991).
Vie et Langage. Paris 1950 ff.

8. Verzeichnis der Abkürzungen und Symbole

A	Adjektiv
Adv	Adverb
af od afz	altfranzösisch
arg.	argot
dial.	dialektal
dt.	deutsch
frz.	französisch
GLLF	Grand Larousse de la Langue Française
grch.	griechisch
jarg.	jargon
lex.	lexikalisiert
LGL	Lexikon der germanistischen Linguistik
lit.	literarisch
l. p. c.	langue parlée courante
lt.	lateinisch
N	Nomen
P	Partizip
Präp	Präposition
TA	thème adjectival = Adjektivbasis
TAdv	thème adverbial = Adverbialbasis
TE	thème étranger = gelehrte Basis
TN	thème nominal = Nominalbasis
TV	thème verbal = Verbalbasis
TA′, TN′, TV′	drücken eine Morphemvariante im jeweiligen Stamm aus
übertr.	übertragen
V	Verb
vulg.	vulgaire
+	drückt das kopulative Verhältnis zwischen Konstituenten aus
—	verbindet zwei Konstituenten einer Morphemkonstruktion, die als gemeinsame Konstituenten in einem Kompositum oder Derivat auftreten
·	drückt das determinative Verhalten zwischen Konstituenten aus
<	entstanden aus
>	wurde zu, wird zu
*	nicht belegte Form
[ ]	für phonetische Umschrift und fakultative erläuternde Zusätze im Text
/ /	kennzeichnet Phoneme
/…/	grenzt die Konstituenten voneinander ab
≙	äquivalent mit, entspricht
≠	ist nicht identisch mit, entspricht nicht
→	wird ersetzt durch, wird umgewandelt in
↔	1. Ausdrucksalternative bei Transformationen, 2. Ableitungsverhältnis

9. Anhang: Tabellarische Übersichten über die französischen Wortbildungsmorpheme

9.1. Präfixe, die im modernen Französisch noch produktiv bzw. aktiv sind

Präfix incl. Varianten	Herkunft	Bedeutung	Art des Stammes	Beispiele
a-, ac-, af-, al-, as-, at-	lt.	faktitiv	verbal	accoupler, affaiblir, agrandir, allonger, assombrir, attiédir
a-, an-	grch.	Negation; Mangel	nominal u. adjektival	apesanteur; atypique, analphabète, anonyme
amphi-	grch.	räumliche Umfassung	nominal	amphithéâtre
ana-	grch.	1. wieder; 2. zurück; 3. entgegen	nominal u. adjektival	anabaptiste; anachronisme; anaplasie
anté-, anti-	lt.	Vorzeitigkeit	adjektival nominal	antécambrien; antidate
anti-, anté-	grch.	Gegensatz; Schutz gegen	nominal u. adjektival	antirévolutionnaire; antimilitarisme; anticancéreux; Antéchrist
après-	lt.	Nachzeitigkeit	nominal u. adverbial	après-guerre; après-demain
arch-, archi-	grch.	1. höchster Grad; 2. höchster Rang; 3. Hyperonym	adjektival; nominal; nominal	archiconnu; archiduc; archiphonème
arrière-	lt.	1. räumlich hinter; 2. zeitlich nach	nominal	arrière-garde; arrière-saison
avant-	lt.	1. räumlich vor; 2. Vorzeitigkeit	nominal; nominal u. adverbial	avant-train; avant-veille; avant-hier
bien-	lt.	Intensitätsgrad	verbal, adjektival u. adverbial	bien-être; bienséant; bientôt
circon-, circum-	lt.	räumliche Umfassung	nominal u. adjektival	circumnavigation; circonvoisin; circumpolaire

Präfix incl. Varianten	Herkunft	Bedeutung	Art des Stammes	Beispiele
cis-	lt.	diesseits	adjektival	cisrhénan
co-, com-, con-, col-, cor-	lt.	Gleichzeitigkeit	nominal	coprésident; compatriote; concitoyen; corrélation; collocation
			verbal	coexister
contre-	lt.	1. Entgegengesetztes;	nominal u. verbal	contrecoup; contre-indiquer;
		2. räumlich gegenüber;	nominal	contre-rail;
		3. ausgleichende Reaktion;	nominal u. verbal	contre-visite; contrebalancer;
		4. hierarchische Unterordnung;	nominal	contre-amiral;
		5. höchster Grad	verbal	s'en contreficher
contra-	lt.	Entgegengesetztes	adjektival u. nominal	contrarotatif; contraception
dé-, dés-	lt.	1. Negation;	nominal u. adjektival	désordre; désœuvré, désavantageux;
		2. gegensätzliche Handlung	verbal, adjektival u. nominal	démoraliser; désarmer; désenchanter
dia-	grch.	quer durch	adjektival u. nominal	diaphane; diascope
demi-	lt.	halb	nominal u. adjektival	demi-pension; demi-circulaire
dis-	lt.	1. Negation;	adjektival u. nominal	discontinu; disproportion;
		2. Trennung	verbal	disjoindre
ecto-	grch.	außerhalb	nominal	ectoparasite, ectodermique
é-	lt.	faktitiv	verbal nominal	élargir; ébourgeonner
em-, en-	lt.	1. faktitiv;	verbal	endurcir;
		2. in, hinein;	nominal u. verbal	enterrer; enfermer;
		3. Trennung	verbal	emmener, enlever
en-	grch.	in, hinein	nominal	encéphale
endo-	grch.	innerhalb	nominal	endocrine
entr(e)-	lt.	1. halb;	verbal	entrouvrir;
		2. zwischen (räumlich);	nominal u. verbal	entrecôte; entrecouper;
		3. zwischen (zeitlich);	nominal	entre-temps;
		4. Wechselseitigkeit	verbal	s'entr'aider

Präfix incl. Varianten	Herkunft	Bedeutung	Art des Stammes	Beispiele
épi-	grch.	über, oberhalb	nominal u. adjektival	épicentre; épicrânien
eu-	grch.	gut	nominal u. adjektival	euphonie; eudermique
ex-	lt.	ehemalig	nominal	ex-sénateur
exo-	grch.	außerhalb	nominal	exosmose, exocrine
extra-	lt.	1. außerhalb;	nominal u. adjektival	extra-territorialité; extra-utérin;
		2. höchster Grad	adjektival	extra-fin
hémi-	grch.	halb	nominal u. adjektival	hémicycle; hémifacial
hors-	lt.	1. außerhalb;	nominal	hors-bord;
		2. Überschreitung des Normalmaßes	nominal	hors ligne
hyper-	grch.	Übermaß	nominal u. adjektival	hypertension; hyperstatique
hypo-	grch.	1. unterhalb;	nominal	hypoderme;
		2. unzureichendes Maß	nominal u. adjektival	hypotension; hyposulfureux
in-, im-, il-, ir-	lt.	Negation; Mangel	adjektival u. nominal	inactif, imbuvable, illogique, irréel; inexpérience; indignité
infra-	lt.	unterhalb	nominal u. adjektival	infrastructure; infrarouge
inter-	lt.	zwischen	nominal, adjektival u. verbal	intergroupe; intersyndical; interpénétrer
intra-, intro-	lt.	innen, hinein	adjektival u. nominal	intra-artériel; intrados; introversion
juxta-	lt.	neben	verbal u. adjektival	juxtaposer; juxtalinéaire
mal-	lt.	1. Negation;	adjektival	maladroit;
		2. zum Negativen abweichend	nominal u. verbal	malfaçon; maltraiter
mé-, més-	lt.	1. Negation;	verbal	se méfier;
		2. schlecht	verbal, nominal u. adjektival	mésestimer; méfait; mécontent
méta-	grch.	nach	nominal	métalangue
mi-	lt.	halb	nominal u. adjektival	mi-temps; mi-ouvert
non-	lt.	Negation	nominal u. adjektival, pronominal	non-conformisme; nonpareil; non-moi

Präfix incl. Varianten	Herkunft	Bedeutung	Art des Stammes	Beispiele
outre-	lt.	jenseits	nominal	outremer, outre-Rhin
para-	grch.	1. gegen;	nominal	parafoudre;
		2. am Rande von, neben	adjektival u. nominal	paramilitaire; paratyphoïde
per-	lt.	Übermaß	nominal	peroxyde
pén(é)-	lt.	beinahe	nominal	pénombre, pénéplaine
péri-	grch.	um ... herum	nominal	périscope
post-	grch.	1. zeitlich nach;	adjektival u. nominal	postscolaire; postdate;
		2. räumlich nach	verbal nominal	postposer; posthypophyse
pré-	lt.	1. räumlich vor;	nominal	prémolaire;
		2. zeitlich vor	verbal, adjektival u. nominal	prédire; préclassique; présélection
presqu(e)-	lt.	beinahe	nominal	presqu'île
pro-	grch.	1. für, zugunsten;	adjektival	procapitaliste;
		2. (nach) vorn;	nominal	prognathe;
		3. anstelle	nominal	propharmacien
quasi-	lt.	beinahe	nominal	quasi-délit
re-, ré-, r-	lt.	1. wieder;	verbal	recoller, réélire, rhabiller;
		2. zurück;	verbal	rejeter;
		3. Intensivierung	verbal	raffoler
rétro-	lt.	zurück	nominal u. adjektival	rétrofusée; rétroactif
sans-	lt.	Mangel, Fehlen	nominal	sans-abri
semi-	lt.	halb	nominal u. adjektival	semi-consonne; semi-précieux
sous-	lt.	1. räumlich unten;	adjektival u. nominal	sous-marin; sous-bois;
		2. unzureichendes Maß;	verbal u. nominal	sous-estimer; sous-alimentation;
		3. unterer Rang	nominal u. verbal	sous-chef; sous-louer
sub-	lt.	1. unten;	adjektival	subalpin;
		2. untere Stellung;	verbal u. nominal	subdiviser, subdivision;
		3. beinahe	adjektival	subaigu
super-	lt.	1. oberhalb;	nominal, verbal	superstructure, superposer,
		2. hoher Grad	nominal, adjektival	supercarburant; superfin
supra-	lt.	oberhalb	adjektival nominal	supraterrestre; supraconductibilité

Präfix incl. Varianten	Herkunft	Bedeutung	Art des Stammes	Beispiele
sus-	lt.	oben	adjektival u. nominal	susnommé, sus-maxillaire; sus-dominante
sur-	lt.	1. räumlich über;	verbal, nominal, adjektival;	surnager; survêtement; surrénal;
		2. Übermaß;	verbal, adjektival, nominal	suralimenter; suraigu; surcharge;
		3. jenseits	adjektival	surnaturel, surréel
syn-, sym-, syl-, sy-	grch.	Gleichzeitigkeit	nominal	synchrone; symbiose; syllogisme; symétrie
tout-	lt.	ganz	adjektival u. nominal	tout-puissant; tout-épice
trans-	lt.	1. quer durch;	adjektival	transcontinental;
		2. jenseits	verbal u. adjektival	transpercer; transsonique
ultra-	lt.	1. Übermaß;	adjektival	ultrachic;
		2. jenseits	nominal u. adjektival	ultrason; ultraviolet
vice-	lt.	anstelle	nominal	vice-chancelier

9.2. Nominalsuffixe

Suffix incl. Varianten	Herkunft	Bedeutung	Art des Stammes	Beispiele
-ade	roman. Sprachen	1. Vorgang; Ergebnis;	verbal	brimade, baignade;
		2. Mischung	nominal	orangeade
-age	lt.	1. Vorgang; Ergebnis;	verbal	sabotage, emballage;
		2. Zustand;	nominal	esclavage;
		3. Sammelbezeichnung	nominal	outillage
-aie, -eraie	lt.	Anpflanzung	nominal	chênaie, oliveraie
-ail, -aille	lt.	Instrument	nominal	épouvantail, cisaille
-aille(s)	lt.	1. Instrument;	nominal	tenailles;
		2. pejorativ;	nominal	flicaille;
		3. Sammelbezeichnung	nominal	fiançailles

Suffix incl. Varianten	Herkunft	Bedeutung	Art des Stammes	Beispiele
-ain	lt.	1. Bewohner;	nominal	Romain;
		2. Silbenmaß	numeral	huitain
-aine	lt.	Anzahl	numeral	centaine
-aire, -ataire, -itaire	lt.	1. Handlungsträger;	nominal	disquaire, dépositaire, destinataire;
		2. Sammelbezeichnung;	nominal	vocabulaire;
		3. Objekt	nominal	lampadaire
-(a)ison, -oison	lt.	1. Vorgang; Ergebnis;	verbal	livraison; guérison; pâmoison;
		2. Periode	nominal	olivaison
-al	lt.	Aldehyd	nominal	éthanal
-ales Pl.	lt.	Ordnung (Pflanzen)	nominal	rosales
-ance, -ence, -escence	lt.	1. Vorgang; Ergebnis;	partizipial	divergence; croyance; défience;
		2. Eigenschaft	adjektival	phosphorescence
-ane	lt.	gesättigter Wasserstoff	nominal	propane
-ant	lt.	Handlungsträger	verbal	assistant
-ard	germ.	1. Bewohner;	nominal	campagnard;
		2. pejorativ	verbal, adjektival u. nominal	babillard; faiblard; soiffard
-ase	grch.	Diastase	nominal	maltase
-asse, -ace	lt.	pejorativ	nominal verbal	vinasse; populace; dégueulasse
-at	lt.	1. Amt; Funktion;	nominal	inspectorat;
		2. Sammelbezeichnung;	nominal	prolétariat;
		3. Vorgang	verbal	assassinat
-ate	lt.	Salz	nominal	phosphate
-é	lt.	Rechtsprechung	nominal	doyenné
-eau, -ereau, -ceau, -eteau	lt.	diminutiv	nominal	chevreau; lapereau, lionceau; caneteau
-ée	lt.	Inhalt	nominal	assiettée; journée
-ées, -acées	lt.	Pflanzenfamilien	nominal	cactées, rosacées
-(el)et *m*, -(el)ette *f*	lt.	diminutiv	nominal	agnelet; balconnet; tartelette; chevrette
-elle	lt.	diminutiv	nominal	tourelle
-(e)ment	lt.	Vorgang; Ergebnis	verbal	regroupement; accomplissement; blanchiment
-ène	grch.	ungesättigter Wasserstoff	nominal	méthylène

Suffix incl. Varianten	Herkunft	Bedeutung	Art des Stammes	Beispiele
-er	engl.	1. Handlungsträger;	verbal u. nominal	reporter; docker;
		2. Instrument	verbal	mixer
-erie	lt.	1. Ergebnis; Vorgang;	verbal	taquinerie; agacerie;
		2. Ort	nominal	boulangerie
-eron	lt.	Beruf	nominal	forgeron
-esse	lt.	1. Eigenschaft;	adjektival	sagesse;
		2. Femininum	nominal	princesse; tigresse
-eton	lt.	diminutiv	nominal	caneton
-eur	lt.	Eigenschaft	adjektival	pâleur
-eur, -ateur, -(i)teur	lt.	1. Handlungsträger;	verbal u.	chercheur; adorateur; expéditeur; rédacteur;
			nominal	chroniqueur;
		2. Instrument	verbal	calculateur
-ien, -icien	lt.	Berufsbezeichnung	nominal	acousticien; grammairien
-ide		homologe Reihe (Chemie)	nominal	glucide
-ides, -idés	lt./grch.	Familie (Zool.)	nominal	annélides; bovidés
-ie, -erie	lt.	1. Eigenschaft;	adjektival, nominal	jalousie; niaiserie; pitrerie;
		2. Wissenschaft;	nominal	biologie;
		3. Land;	adjektival	Mongolie;
		4. Rechtsprechung	nominal	baronnie
-ier, -er	lt.	1. Handlungsträger;	nominal	cuisinier; berger;
		2. Baum;	nominal	pommier;
		3. Instrument; Behältnis	nominal	beurrier
-ière	lt.	Behältnis; Ort	nominal	soupière; rizière
-il	lt.	Ort	nominal	chenil
-ille	lt.	diminutiv	nominal	flottille
-illon, -aillon	lt.	diminutiv	nominal	taurillon; poétaillon
-in m., -ine f	lt.	1. diminutiv;	nominal	diablotin; figurine;
		2. pejorativ	nominal	plaisantin
-ine	lt.	1. Produkt;	nominal	brillantine;
		2. Amin (Chemie)	nominal	méthylamine
-inés Pl., -inées Pl.	lt.	Klasse	nominal	ovinés; abrétinées
-is	lt.	Ergebnis	verbal	frottis

Suffix incl. Varianten	Herkunft	Bedeutung	Art des Stammes	Beispiele
-ise	lt.	Eigenschaft; Vorgang	adjektival, nominal u. verbal	bêtise; maîtrise; convoitise
-isme	lt./grch.	System, Lehre	adjektival, Eigenname, verbal	amoralisme; marxisme; dirigisme
-iste	lt./grch.	1. Anhänger;	adjektival, Eigenname, verbal	socialiste; marxiste; arriviste;
		2. Beruf	nominal	physiologiste
-ite	grch.	1. Entzündung;	nominal	appendicite;
		2. Erz	nominal	bauxite
-ité, -(e)té	lt.	Eigenschaft	adjektival	fermeté; santé; facilité
-(i)tude	lt.	1. Eigenschaft;	adjektival	aptitude; désuétude;
		2. Zustand	nominal	négritude
-o, -ot	frz.	1. Beruf;	nominal	métallo; cheminot;
		2. pejorativ	nominal	prolo
-ol	lt.	Alkohol	nominal	éthanol
-oir, -oire	lt.	1. Instrument;	verbal	accoudoir; passoire;
		2. Ort	verbal	abattoir
-ole, -iole	lt.	diminutiv	nominal	artériole; banderole
-ome	grch.	Geschwulst	nominal	carcinome
-on, -eron, -eton	lt.	1. diminutiv;	nominal	chaton;caneton; puceron;
		2. pejorativ	verbal	grognon, avorton
-one	lt.	Keton	nominal	propanone
-ose	grch.	1. Erkrankung;	nominal	furonculose;
		2. Glykosid	nominal	maltose
-ot *m*,	lt.	diminutiv	nominal	îlot;
-ot(t)e *f*			verbal	parlotte; jugeote
-tion, -ation, -ition, -faction, -cation, -(s)sion, -xion	lt.	Vorgang; Ergebnis	verbal	dérivation; rédaction; finition; cokéfaction; unification, expression, extension; crucifixion
-ule, -(i)cule	lt.	diminutiv	nominal	plumule; pellicule; animalcule
-um	lt.	Metall	nominal; Eigenname	potassium; californium
-ure, -ature	lt.	1. Ergebnis;	verbal	coupure; couverture;
		2. Sammelbezeichnung;	nominal	toiture;
		3. Ort;	verbal	filature;
		4. Salz (Chemie)	nominal	sulfure

9.3. Adjektivalsuffixe

Suffix incl. Varianten	Herkunft	Bedeutung	Art des Stammes	Beispiele
-able, -ible, -uble	lt.	1. Ausführbarkeit; Möglichkeit;	verbal	punissable; nuisible; soluble;
		2. die Eigenschaft habend	nominal	équitable
-ain	lt.	Länderadjektiv	Eigenname	marocain
-aire	lt.	1. die Eigenschaft habend;	nominal	réactionnaire;
		2. in bezug auf		planétaire
-ais	germ./lt.	Länderadjektiv	Eigenname	sénégalais
-al	lt.	bezüglich; in der Art wie	nominal	automnal
-an	lt.	1. Länderadjektiv;	Eigenname	persan;
		2. zugehörig	Eigenname	mahométan
-and	germ.	Länderadjektiv	Eigenname	flamand
-ant	lt.	bewirkend	verbal	pétillant
-ard	germ.	pejorativ	adjektival u. verbal	soûlard; vantard
-asse	lt.	pejorativ	adjektival	mollasse
-ate	lt.	Länderadjektiv	Eigenname	asiate
-âtre	lt.	1. Ähnlichkeit;	adjektival	bleuâtre;
		2. pejorativ	adjektival	bellâtre
-aud	germ.	pejorativ	adjektival	courtaud
-é	lt.	die Eigenschaft habend	nominal	imagé
-éen	lt.	1. Länderadjektiv;	Eigenname	européen;
		2. typisch für	Eigenname	cyclopéen
-el	lt.	in bezug auf	nominal	naturel
-ent	lt.	die Eigenschaft habend	nominal	négligent, déficient
-escent	lt.	die Eigenschaft annehmend von ...	nominal u. verbal	fluorescent; dégénérescent
-esque	grch./lt.	typisch für	nominal, Eigenname	romanesque; dantesque
-estre	lt.	die Eigenschaft habend	nominal	terrestre
-(el)et	lt.	diminutiv	adjektival	mignonnet, aigrelet
-eur m, -euse f,	lt.	bewirkend	verbal	charmeur/-euse;

Suffix incl. Varianten	Herkunft	Bedeutung	Art des Stammes	Beispiele
-eur m, -eresse f, -ateur m,-atrice f, -iteur m, -itrice f				enchanteur/-eresse; organisateur/-trice; expéditeur/-trice
-eux, -ieux, -ueux	lt.	1. die Eigenschaft habend; 2. fähig	nominal	amoureux; audacieux; luxueux; chatouilleux
-ichon	lt.	diminutiv	adjektival	maigrichon
-ième	lt.	Ordnungszahl	numeral	huitième
-ien	lt.	1. typisch für; 2. Länderadjektiv	Eigenname Eigenname	brechtien; italien
-ier	lt.	bezüglich	nominal u. adjektival	mobilier; journalier
-if, -atif	lt.	die Eigenschaft habend	nominal u. verbal	fautif; normatif; inventif
-il(e)	lt.	1. die Eigenschaft habend 2. bewirkend	nominal verbal	viril, fébril volatil
-in	lt.	1. zugehörig; 2. Länderadj.	nominal Eigenname	cristallin; levantin
-ique, -atique	grch./lt.	in bezug auf; typisch für	nominal	atomique; problématique; judaïque
-isant	grch./lt.	sympathisierend mit	verbal	fascisant
-issime	lt.	superlativisch	adjektival	rarissime
-iste	grch./lt.	Anhänger von	nominal	gaulliste
-ite	grch./lt.	zugehörig; Bewohner	nominal	moscovite
-oire, -atoire	lt.	bewirkend	verbal	évocatoire; illusoire
-ois	lt.	Länderadjektiv	Eigenname	chinois, hongrois
-ol	lt.	Länderadjektiv	Eigenname	mongol
-on	lt.	Länderadjektiv	Eigenname	breton
-ot(e)	lt.	1. diminutiv; 2. Bewohner	adjektival; Eigenname	vieillot; cairote
-ple, -uple	lt.	vervielfältigend	numeral	centuple
-u	lt.	versehen mit	nominal	barbu

9.4. Verbalsuffixe und -infixe

Infix	Herkunft	Bedeutung	Art des Stammes	Beispiele
-aill-	lt.	frequentativ; diminutiv; pejorativ	verbal nominal	tirailler, toussailler; écrivailler; piailler; discutailler; ferrailler
-ass-	lt.	diminutiv; pejorativ	verbal	dormasser; écrivasser
-et-	frz.	diminutiv; frequentativ	nominal u. verbal	marqueter; voleter; claqueter
-ifi-	lt.	faktitiv	nominal u. adjektival	planifier; amplifier
-ill-	lt.	frequentativ; diminutiv	nominal u. verbal	boitiller; pointiller
-in-	lt.	diminutiv; frequentativ	verbal u. nominal	trottiner; piétiner
-is-	lt.	faktitiv	adjektival u. nominal	sensibiliser; vaporiser
-nich-	?	frequentativ; pejorativ	verbal	pleurnicher
-och-	?	frequentativ; pejorativ	verbal	bavocher, effilocher
-onn-	lt.	diminutiv; pejorativ	verbal	mâchonner; marmonner
-ot-	frz.	frequentativ; diminutiv; pejorativ	verbal	crachoter; tournicoter; buvoter
-ouill-	lt.	frequentativ; pejorativ	verbal	pendouiller; grattouiller
-oy-	lt.	faktitiv; inchoativ	adjektival u. nominal	nettoyer; ondoyer; rougeoyer

einzig produktive Flexive (Suffixe) bei Verben sind:

-er	lt.		nominal u. adjektival	grouper; aveugler
-ir	lt.		adjektival; selten nominal	grandir; alunir

9.5. Adverbialsuffixe

Suffix	Herkunft	Bedeutung	Art des Stammes	Beispiele
-(e)ment	lt.	Art u. Weise	adjektival	justement, essentiellement;
			nominal	diablement;
			adverbial	quasiment;
			interjektional	fichtrement
-ément	lt.	Art u. Weise	partizipial u. adjektival	modérément; communément
-ûment, -ument	lt.	Art u. Weise	partizipial u. adjektival	dûment; nûment; éperdument, résolument
-amment, -emment	lt.	Art u. Weise	partizipial u. adjektival	brillamment, récemment, évidemment
à + -on(s)	frz.	Art u. Weise	verbal	à califourchon, à reculons, à tâtons

10. Schlagwortregister